법과 문학

고전과 영화 속 법 이야기

법과 문학_고전과 영화 속 법 이야기

펴 낸 날   2022년 02월 23일

지 은 이   김기정
펴 낸 이   이기성
편집팀장   이윤숙
기획편집   서해주, 윤가영, 이지희
표지디자인   서해주
책임마케팅   강보현, 김성욱
펴 낸 곳   도서출판 생각나눔
출판등록   제 2018-000288호
주   소   서울 잔다리로7안길 22, 태성빌딩 3층
전   화   02-325-5100
팩   스   02-325-5101
홈페이지   www.생각나눔.kr
이 메 일   bookmain@think-book.com

• 책값은 표지 뒷면에 표기되어 있습니다.
  ISBN 979-11-7048-367-0 (03360)

사 **김기정** 지음

법과 문학

고전과 영화 속 법 이야기

생각나눔

머리말

━━━━

2001년 3월, 법대에 갓 입학한 새내기 대학생은 최종고 저 『법학통론』 표지를 넘기는 것으로 법의 세계에 발을 내디뎠다. 세월이 지나 법학을 공부한 지 20년이 넘었고, 법으로 먹고 산 지 17년 가까이 되었다. 나름대로 열심히 살아왔다고 생각했는데 막상 법조인으로서 뭘 이루었을까 찾아보니 이렇다 할 것이 없었다. 그렇게 공허한 고민을 거듭하던 중 추석 연휴를 앞두고 화이자 1차 백신을 접종했다. 백신 후유증에 시달리던 다음날 새벽, 얕은 잠에서 깨어 멍하니 누워 있던 중 문득 책을 써야겠다는 생각이 머리를 스쳐 지나갔다. 찰나의 잡념을 시작으로 평소 세상과 법에 관하여 갖고 있던 이러저러한 생각들을 정리하여 글을 쓰기로 결심했다.

사람들은 법이 너무 어렵고 딱딱하다고 한다. 나 역시 법을 처음 배우기 시작했을 때 같은 생각이었다. 그때 나는 나중에 법조인이 되어서는 법을 쉽고 친절하게 소개하는 사람이 되겠다고 다짐했다. 하지만 법을 배우면 배울수록, 그리고 법을 항상 접하고 법으로 먹고사는 사람이 된 이후 법이 어렵고 딱딱한 것은 어쩔 수 없다는 결론에 이르렀다. 패기와 상상력 넘치던 어린 법학도는 어느새 보수적 가치관을 지닌 기성 법조인이 되어 버렸다. 이러한 나의 모습을 성찰하면서 어린 시절 했던 다짐을 한 번 실천해 보기로 했다.

법에 관한 초심을 떠올리며 선택한 주제는 바로 '법과 문학'이다. 평소 영화와 소설을 보면서 법학도이자 법조인의 한 사람으로서 했던 이러저러한 생각들이 있었다. 그런 생각들을 세상에 드러내고 다른 사람들과 공유하는 것은 충분히 의미가 있다는 결론에 이르렀다. 물론 이 주제에 관하여는 이미 여러 사람들이 다룬 많은 책들이 존재한다. 서울대학교 법과대학 안경환 교수님의 '법과 문학 사이'를 비롯해 많은 선구자분들이 시도한 작업이고 어쩌면 진부한 주제일지도 모른다.

하지만 아직도 문학 속에는 법으로 풀어낼 수 있는 이야기가 무궁무진하며 작품 속에서 다양한 법의 모습을 발견할 수 있다. 문학 작품은 끊임없이 생산되며 법도 세상의 변화에 맞춰 모습을 바꿔 간다. 그렇기에 비록 부족하지만 법과 문학이라는 공간에 내가 끼어 들 수 있는 자리가 조금은 있을 것이라는 기대를 갖고 키보드를 두드리기 시작했다. 이러한 취지에서 이 책에서는 최대한 기존의 책에서 언급되지 않았던 문학 작품을 다루는 한편, 이미 다른 책에서 다뤄진 적이 있는 작품도 새로운 시각에서 해석하려 했다.

이 책에는 총 24편의 영화와 고전 소설 및 그에 관련된 법 이야기가 담겨 있다. 1부 '국가, 사회 그리고 인간'은 공법 분야, 2부 '권리의 보호와 의무의 이행'은 민사법 분야, 3부 '범죄의 성립과 처벌'은 형사법 분야를 각각 다루고 있다. 이 책에는 해당 작품의 스포일러가 나와 있으니 되도록 해당 작품을 먼저 볼 것을 권한다. 한편 이 책은 연구, 논문이 아닌 교양서적에 가깝다. 이에 따라 참고문헌은 각주로 처리하지 않고 책의 말미에 간략히 표시한 점 양해를 구한다. 내용 중 삽화, 사진 등은 구글 크레이티브 커먼즈 라이센스(Google Creative Commons License) 및 공공누리 사이트를 통해 상업적 저작권 사용이 가능한 것을 활용했다.

책을 집필하면서 가장 뼈저리게 느꼈던 것은 내가 참 글을 못 쓰는 사람이라는 사실이다. 변호사는 말과 글로 먹고사는 사람인지라 나는 스스로 글을 잘 쓰는 축에 속한다고 착각했다. 하지만 초고를 완성한 후 수정을 위해 찬찬히 읽었을 때, 그리고 1차 교정본을 인쇄해서 읽었을 때의 당혹감은 지금도 생생하다. 여러 차례의 수정 작업을 거치면서 쉽고, 간결하며, 정확한 글을 쓰기 위해 많은 고민을 했으나 얼마나 목표에 다가갔을지 걱정이다. 글을 쓴다는 게 얼마나 어려운 일인지 깨달았고, 먼저 책을 출간한 많은 분들이 대단하게 느껴졌다. 많은 작가들이 책을 출간하면서 본인의 저서를 졸저(拙著)라 칭하며 겸손을 떤다. 하지만 이 책은 사전적 의미의 졸저라 하겠다. 부디 이 책에 담긴 법과 문학에 관한 접근법과 해석론에 집중해 주시고 글의 졸렬함에 대해서는 눈감아 주실 것을 부탁드린다.

　책을 쓰면서 두 번째로 느낀 점은 내가 법을 참 모르고 있었다는 점이다. 생각해보면 사법연수원 2년차 시험을 끝으로 제대로 법을 공부한 적이 없었다. 법리를 전개하면서 내가 알던 법과 판례가 맞는지 확신이 없었다. 이 과정에서 20년 전에 봤던 낡은 책들을 다시 꺼내 보고 평소 잘 보지 않던 다양한 법학 서적을 접하는 소중한 기회를 갖게 되었다. 일부 주제에 관하여는 법의 내용이 내가 알던 것과 전혀 달라 결론을 맺지 못했다. 이렇게 빠진 주제들에 관하여는 좀 더 연구한 후, 혹시 다음 책의 출간 기회가 주어졌을 때 소개하도록 하겠다. 한편 이 책은 '다큐'가 아닌 '예능'을 지향한다. 문학 속에서 법 이야기를 끄집어내는 과정에서 다소 무리한 논리 및 법리의 전개가 있더라도 너그럽게 넘어가 주시기 바란다.

　이 책을 출간하는 데 도움을 준 모든 사람들에게 감사의 인사를 전한다. 처 허유하 변호사는 이 책의 출간을 응원해준 가장 큰 후원자다. 허유하 변호사는 책의 전반적인 내용 검토는 물론이고, 특히 삼성전자 법무실 수석변호사로서 사내변호사, 아동노동, 영업비밀 등 다양한 전문 분야와 관련된 여러 조언을 해 줬다. 이 책의 삽화 중 일부는 아들 하민이, 하준이가 담당했으며, 이 과정에서 마포 그림아트 스튜디오 김보민 선생님으로부터 많은 도움을 받았다. 법무법인 해율 서초사무소장 이충윤 변호사는 책의 전반적인 내용 검토 및 교정 작업을 도와줬다. 법률사무소 도화의 박준영 대리는 책의 출간과 관련한 행정적인 작업을 담당했다. 졸저의 출간을 받아주신 이기성 대표님을 비롯한 도서출판 생각나눔의 모든 직원분들께도 감사의 말씀을 전한다.

아무쪼록 독자들이 이 책을 통해 영화와 고전을 바라보는 새로운 시각을 얻을 수 있기를 바란다.

2022년 2월 10일 도화동 자택에서

著者 씀

Content

·2부· 권리의 보호와 의무의 이행

·3부· 범죄의 성립과 처벌

제1부

국가, 사회 그리고 인간

01. 왜 선악과를 따 먹으면 안 되는데?

▥ 성경 속 '선악과' 이야기와 법의 정의

헌법 제40조 입법권은 국회에 속한다.

법은 무엇이고 왜 지키는가?

'법이란 무엇인가?'는 어려운 질문이다. 우리는 '대한민국'이라는 법치주의 국가에서 법의 지배를 받으며 살아가고 있다. 우리는 매년 수많은 법이 만들어지고 수정되며 없어지는 것을 목격한다. 사람들은 법 때문에 웃고 법 때문에 눈물을 흘린다. 하지만 대체 그 '법'이 무엇인지 묻는다면 시원하게 대답하기 힘들다. 이는 법학을 오랜 기간 동안 배우고 또한 법에 관련된 직업을 가진 사람일수록 더욱 그렇다.

'법'에 관하여 국립국어원 표준대국어사전에서는 '국가의 강제력을 수반하는 사회 규범. 국가 및 공공 기관이 제정한 법률, 명령, 규칙, 조례 따위'라고 설명한다. 법학을 처음 접하는 학생들이 보는

『법학통론』 책에서는 '① 사회규범, ② 정치적으로 조직된 사회의 강제성을 띤 규범, ③ 정의라는 법이념을 향한 문화규범, ④ 존재와 당위 사이의 '물건의 본성'으로서의 규범, ⑤ 상대적이면서도 절대적인 규범'의 5가지를 법의 특성으로 설명한다. 국회에서 제정한 법률은 사람들이 떠올리는 대표적인 법의 한 모습이다. 하지만 이러한 '법률' 외에도 행정부가 내리는 '명령', '규칙', 지방의회가 제정하는 '조례'도 역시 법의 범주에 포함된다. 한편으로는 성문(成文), 즉 글로써 만들어지지는 않았지만, 사람들이 반복적으로 행한 관행이 사회적으로 인정받아 '관습법'이 되기도 한다.

국어사전에서 설명하는 것처럼 법은 강제력을 수반한다. 법 중에는 강제력이 없는 것도 있지 않은가 생각할 수 있다. 예를 들어 "사람은 19세로 성년에 이르게 된다."라는 민법 제4조에는 무언가 강제하는 내용이 보이지 않는다. 하지만 이 법 규정에도 강제력이 있다. 이 법 규정은 "19세가 되지 않은 사람은 성년으로 취급하지 말라."라고 사람들에게 명령하고 있기 때문이다. 국가는 이처럼 '법'이라는 것을 만들고 여기에 '강제력'을 부여하여 사람들이 법을 지키도록 강제한다. 만일 사람들이 법을 지키지 않으면 '형벌'과 같은 제재가 가해지기도 한다.

현대 법치주의 국가를 살아가는 우리는 법을 지켜야 한다는 것을 너무도 당연하게 여기고 '왜 지켜야 하는지?'에 의문을 갖지 않는다. 하지만 법을 왜 지켜야 하는지는 인류 역사에서 끊임없이 반복된 질문이다. 이 주제에 관하여 수많은 학자와 법률가들이 연구하였음에도 오늘날까지 명쾌한 답변이 나오지 않고 있다. 따라서 이 글에서도 '법을 왜 지켜야 하는지?'라는 질문에 대한 정답을 제시하지는 못한다. 다만 한 이야기를 통해 역사적으로 사람들이 '법을 왜 지켜야 하는지?'라는 질문에 관하여 어떻게 생각했는지를 살펴보고자 한다.

성경 속 '선악과' 이야기

성경 속 '선악과'는 너무도 유명한 이야기다. 신[1]이 세상을 창조하고 지구의 모든 피조물을 만들었다. 신은 하늘과 바다, 산과 강, 온갖 식물과 동물을 만들고 마지막에 인간을 만들었다. 신은 에덴동산을 만들고 그곳에 인간이 살게 하면서 그들에게 세상을 다스리라고 하였다. 신은 인간에게 말했다.

---

1) 세상을 창조하고 전지전능한 능력을 가진 절대자를 가리키는 단어는 여러 가지이다. 개신교회에서는 '하나님', 카톨릭 교회에서는 '하느님', 이슬람교에서는 '알라'라고 칭한다. 또한 사상과 종교에 따라 다양한 용어가 존재한다. 이 책에서는 이를 통칭하여 '신(神)'이라 칭하도록 하겠다.

"세상의 모든 것을 먹어도 되지만 에덴동산 한가운데 있는 나무에서 열리는 선악과는 절대로 먹어서 안 된다. 만일 선악과를 먹으면 죽을 것이다."

그런데 뱀의 꾀에 넘어간 인간은 선악과를 먹게 되었고, 결국 에덴동산에서 쫓겨났다. 이후 인간 남자는 노동의, 인간 여자는 출산의 고통을 겪으며 살아가게 되었다(창세기 3장).

Adam and Eve– François Lemoyne (French, 1688~1737)

'천지창조와 선악과'는 성경의 맨 처음에 나오는 이야기다. 선악과 이야기에 관하여는 역사적으로 수많은 사람들의 종교적, 철학적, 문학적 해석이 존재한다. 천지창조와 선악과가 실제 사건인지 아닌지, 선악과가 존재한다면 그것이 무엇인지, 악마에게 휘둘린 인간의 모습은 무엇을 상징하는지 등 이와 관련한 논쟁이 지금도 이어지고 있다. 그리고 이 책에서는 신과 인간의 관계, 특히 명령과 위반이라는 측면에서 선악과 이야기를 살펴보고자 한다.

최초의 법: 신의 명령

법은 강제력을 갖는다. 법에 따라 사람은 무엇을 하거나 하지 않는다. 이처럼 법은 사람에게 명령하는 것이다. 그렇다면 그 명령의 근거는 무엇인지, 왜 법이 명령한다고 따라야 하는지, 그리고 명령을 위반한다고 하여 이에 대해 제재를 가하는 것이 정당한지 의문이 제기된다. 요약하자면, 법이 갖는 강제력의 근거가 무엇인지가 문제라 할 것이다.

역사를 살펴보면 고대(古代) 사람들은 법이 가진 강제력의 근거를 '신의 명령'에서 찾았던 것으로 보인다. 절대적 존재이자 창조주인 신이 '그렇게 하라.' 혹은 '그렇게 하지 말라.' 했으니 피조물인 인간은 그 명령에 따라야 한다. 신의 명령에는 다른 이유가 필요 없다. 왜냐하면, 신의 의지는 그 자체로 정당하며 여기에 거부하거나 대항하는 것은 신에게 거역하는 것이기 때문이다. 신에게 거역하는 것은 죄이며 그 대가는 형벌이었다. 고대 국가에서는 중대사를 결정할 때 제사를 지내거나 점을 쳐서 해당 결정에 신의 권위를 부여하곤 했다.

선악과를 먹지 말라는 신의 명령은 성경 속에서 확인되는 인류에게 내려진 최초의 법이다. 선악과 이야기에서 신이 인간에게 내린 명령은 간단하고 명쾌하다. 신은 인간에게 "선악과를 먹지 말라." 하면서 "만일 이를 먹으면 죽는다."라고 경고했다. 사람들이 선악과를 먹고도 죽지 않은 것을 보면 신이 언급한 '죽음'은 선악과를 먹어서는 안 되는 '이유'보다는 명령 위반에 대한 '대가', 즉 '형벌'이라고 보는 것이 타당할 것이다. 그런데 이러한 경고 외에 창세기에서는 인간이 선악과를 먹어서는 안 되는 이유, 신의 명령을 따라야 하는 이유에 관하여 설명하고 있지 않다.

여기에는 사실 이유가 필요 없다. 이는 세상을 창조한 절대적 존재인 신의 의지로 설명되기 때문이다. 선악과 이야기처럼 법을 지켜야 하며 법을 어길 때 제재당하는 근거를 신의 명령에서 찾는 것은 역사적으로 대부분의 문명에서 찾아볼 수 있다. 고대의 신정 일치 사회에서는 종교가 국가 그 자체였다. 국가는 국민을 다스리기 위해 법을 만들면서 그 강제력의 근거를 신에게서 찾았다. 중국의 황제를 칭하는 '천자(天子)'는 말 그대로 하늘의 아들, 즉 신의 아들이었기에 신하와 백성들은 천자의 명령에 복종했던 것이다.

신의 명령에 대한 의심

하지만 역사가 흐르며 종교와 권력이 분리되기 시작했고, 사람들은 점점 이성(理性)에 눈을 떴다. 그러면서 사람들은 신의 명령에 대해 의심하기 시작했다. 중세 유럽에서는 '신의 대리인'으로 불린 로마 가톨릭 교황에게 막강한 권위가 인정되었다. 교황이 갖는 막강한 권위의 근거는 다름 아닌 신의 명령이었다. 교회의 규범은 일상생활의 법이었고, 교회는 사람들의 송사를 해결하는 재판소 역할을 했다. 중세 유럽의 국왕들 역시 그 통치권의 근거를 신에게서 찾았다. 이 때문에 '신의 대리인'인 교황과 대립하는 것은 매우 어려운 일이었고, 그 자체로 범죄가 되기도 했다.

하지만 중세 이후 종교개혁과 르네상스 시대를 관통하면서 법이 가지는 강제력의 근거를 '신의 명령'에서 찾는 논리는 더 이상 유지되기 힘들어졌다. 사람들은 똑똑해졌고 교황과 국왕이 내세우는 '신의 명령'이라는 것이 사실은 실체가 모호하다는 것을 깨닫기 시작했다. 사람들은 좀 더 구체적이며 합리적인 근거를 원했고 '신의 명령'이라는 추상적인 근거로 통치자가 내린 일방적인 명령에 따르기를 거부하기 시작했다. 왜 선악과를 따 먹으면 안 되는지, 왜 선악과를 먹으면 죽음이라는 형벌이 내려지는지 고분고분 받아들이지 않게된 것이다.

카노사의 굴욕: 중세에는 왕이 교황으로부터 파문을 당하면 '신의 명령'에 따라 더 이상 권력을 유지할 수 없었다.

새롭게 찾은 '법을 지켜야 할 이유'

신의 명령이 아니라면 무엇을 근거로 사람에게 어떠한 일을 하게 하거나 하지 않도록 하고 이를 어길 때 제재를 가할 것인가? 예를 들어 "사람을 죽이면 안 된다."라는 규범을 생각해보자. 이는 거의 모든 문화권과 시대에서 발견되는 사람들이 지켜야 할 보편적인 규범이다. 그런데 '신의 명령'이 더 이상 법이 갖는 강제력의 근거가 될 수 없다고 해서 사람을 죽이는 것을 막을 수 없고, 사람을 죽이는 자를 처벌할 수 없게 되는 것은 누가 보아도 부당하다.

그 외에도 수많은 법이 신의 명령에 근거하여 만들어졌고 사람들은 이를 지키고 있었다. 신의 명령이 아니더라도 그러한 법들은 사람들이 살아가는 데 필요하다. 하지만 법을 지켜야 하는 근거를 찾지 못하면 사람들은 법을 지키지 않을 것이고 인간 사회는 자연법칙에 따라 사는 짐승들의 세계와 다를 바 없게 될 것이다. 이에 관하여 수많은 근대 철학자들이 논쟁을 펼쳤고, 우리는 학창 시절 역사, 사회, 윤리 시간에 그 이론들을 공부하였다. 지금도 수많은 사람들이 여러 논쟁을 펼치고 있지만, 일단 현대의 많은 국가에서는 법을 지키는 근거를 사람들 간의 '약속'에서 찾고 있다. 사람들이 어떠한 법을 만들고 법에 강제력을 부여한 것은 '그렇게 하기로 약속했기 때문'이라는 논리다.

사회계약론

학창시절 윤리 교과서에서 '사회계약론'이라는 개념을 들어봤을 것이다. 사회계약론은 근대 철학자 장자크 루소가 1762년에 집필한 책의 제목이다. 루소는 이 책을 통해 "모든 사람은 국가가 성립되기 이전인 자연 상태에서 이미 생명·자유 및 재산에 대한 자연법상의 권리를 갖고 있으며, 이 권리를 확실히 보장하기 위해 그 사회 구성원들의 합의에 의한 계약에 따라 국가라는 조직을 성립시켰다."라는 이론을 펼쳤다. 이 이론은 자연스럽게 국가의 통치 근거인 법의 정의(定意)와도 연결된다.

장 자크 루소(Jean–Jacques Rousseau, 1712~1778)

사람들은 자신들의 생명을 보호하기 위해 다른 사람들과 '사람을 죽이지 말자.'라는 약속을 하게 된다. 이는 사회 구성원들 간의 합의이며, 일종의 계약이다. 이에 따라 "사람을 죽이면 안 되며 이러한 규범을 어겼을 때 처벌한다."라는 법이 만들어지게 된 것이다. 사회계약론에서는 법의 강제력, 법을 지켜야 하는 근거를 사람들 간의 약속, '계약'에서 도출해낸다.

국회의원의 법률 제정 - 사람들끼리의 약속

이러한 모습은 우리나라 헌법에서도 찾아볼 수 있다. 대한민국 헌법 제1조에서는 국가의 권력은 국민으로부터 나온다고 규정하며 제40조에서는 국회에서 법률을 만들 수 있다고 되어 있다. 헌법 제41조에 따르면 국회를 구성하는 국회의원은 국민에 의해서 선출된다. 국민이 선출한 국민의 대표자인 국회의원들이 '이건 이렇게 하자.' 약속하면 바로 그것이 법이 되는 것이다. 정부 역시 직접적 또는 간접적으로 국민의 뜻에 따라 구성된다. 국민투표로 선출된 대통령과 그 대통령이 임명한 여러 공무원이 국가 운영에 필요한 각종 명령과 규칙을 만든다. 이처럼 우리가 법을 지키는 근거는 우리가 그렇게 하기로 약속하였기 때문이다.

물론 '나는 그런 법을 지키겠다고 약속한 적이 없는데?'라고 생각할 수 있다. 하지만 사람들이 약속한 법 중에는 '다수결의 원칙'이라는 것도 있다. 누군가 찬성하지 않았던 법이라도 다수결의 원칙에 따라 법으로 제정되었다면 일단 이를 지키기로 약속한 것이다. 이러한 약속의 결과 사람들은 자신이 반대한 법도 지켜야 하며 이를 어기면 제재를 받는 것이다. 본인이 태어나기도 전에 만들어진 법을 지켜야 하는 이유는 무엇인가? 일단 제정된 법은 모두가 합의하여 만든 것으로 하기로 사람들끼리 약속 하였다고 보아야 한다. 그리고 우리는 국가라는 틀 안에서 사람들과 부대끼며 본인의 권리를 보호받고 살아가고 있다. 그 순간 우리는 원하든 원치 않든 사람들 간의 계약에 참여하게 된 것이며 기존에 체결된 계약의 효력도 받아들인다는 의사를 표시한 것이다.

선악과를 먹으면 안 되는 이유: 신과의 약속

다시 성경 속 선악과 이야기로 돌아가 보자. 현실에서 신의 명령은 더 이상 유효하지 않으므로 선악과를 마음껏 따 먹어도 되며 명령을 어겼다고 하여도 제재를 받아서는 안 되는 것인가? 그럼에도 "선악과를 따 먹어서는 안 된다."라는 규범은 유효하며 인간은 여기에 따라야 한다는 해석이 가능하다. 신은 인간을 만들고 인간에게 만물을 다스릴 권한과 '에덴동산'이라는 낙원을 만들어줬다. 세상 모든 것에는 공짜가 없으며 대가가 따른다. 신은 인간에게 명령에 복종할 것을 대가로 세상을 다스릴 권한과 낙원을 '약속'해 준 것이다. 인간은 신과의 약속에 따라 신의 명령을 따르기로 선택하였다. 따라서 인간은 신의 명령인 "선악과를 따 먹지 말라."라는 법을 지켜야 한다.

　로마 시스티나 성당의 천장에 그려진 「천지창조」는 르네상스 시대의 화가 미켈란젤로의 대표 작품이다. 천지창조에는 신과 최초의 인간 아담이 서로의 손가락을 맞대는 장면이 나온다. 사람들은 손가락을 맞대는 장면의 의미를 '신이 사람을 만든 다음 생명을 불어넣는 장면을 표현한 것'으로 해석한다. 하지만 이 장면을 다른 시각에서 보면 신과 인간이 약속하기 위해 손가락을 내미는 것으로 해석할 수도 있다. 인간은 결국 신과의 약속을 어겼고 신이 보장해준 낙원에서의 삶을 잃어버렸다.

The Creation of Adam(1512): Michelangelo(Italian, 1475~1564): 신이 최초의 인간 아담에게 한 것은 명령인가 약속인가?

선악과에서부터 시작된 법을 향한 인간의 여정

인간은 신과의 약속을 어긴 벌로 험난한 세상에 나와 고된 삶을 살아야 했다. 인간은 에덴동산에서 쫓겨난 이후에도 오랜 세월 동안 법을 지켜야 하는 근거를 신의 '명령'에서 찾았다. 세월이 흘러 인간은 신의 명령이 아닌 '서로의 약속'에서 법을 지켜야 하는 근거를 찾았고, 약속을 위한 시스템을 갖추었다. 오늘날 우리는 국회의원과 대통령을 뽑고 이들이 만들어낸 각종 법을 지키며 살아간다. 이러한 우리의 모습은 최초의 인간이 신과의 약속을 깨고 선악과를 한입 문 순간 예정되었던 것일지도 모른다.

02. 개구리들의 도박

〰️ 이솝우화 「개구리들의 임금님」과 국민주권

헌법 제1조

② 대한민국의 주권은 국민에게 있고, 모든 권력은 국민으로부터

나온다.

민주주의는 당연하고 보편적인가?

우리는 현대 민주주의 국가, 즉 국민이 주인인 나라에서 살고 있
다. 우리는 국민이 주인이라는 것을 너무나 자연스럽게 받아들이며
그것이 당연하다 생각한다. 하지만 우리나라가 민주주의 국가가 된
것 자체가 100년이 채 되지 않았고, 제대로 된 민주주의가 정착된
것은 비교적 최근의 일이다. 개중에는 우리나라가 여전히 민주주의
국가가 아니라고 생각하는 사람들도 존재한다. 이렇게 보면 생각보
다 민주주의는 당연한 것이 아니다.

막상 따져 보면 민주주의는 보편적인 것도 아니다. 세계 여러 나

라 중 민주주의가 정착한 나라보다 그렇지 못한 나라가 훨씬 많다. 아직도 지구 상에는 수많은 왕국(王国, Kingdom)들이 존재한다. 이 중에는 영국, 덴마크처럼 왕은 형식적·상징적 역할을 맡되 실제 주권은 국민에게 있는 경우도 있지만, 아라비아 반도의 여러 왕국처럼 왕이 실제로도 막강한 권한을 행사하는 곳도 있다. 민주주의를 표방하지만 실제는 절대 왕정 국가인 나라들도 볼 수 있다. 당장 우리나라 옆의 북한이나 중국 모두 형식적으로는 '민주주의' 국가이다. 그러나 북한이나 중국을 민주주의 국가라고 보는 사람은 없으며, 이들을 민주주의 국가라고 주장하는 사람이 있다면 의심의 눈초리를 갖고 경계해야 할 것이다.

북한도 정식 명칭은 무려 '조선민주주의인민공화국'이다. 하지만 북한은 민주주의도 아니며, 인민의 나라도 아니며, 공화국도 아니다.

민주주의에 들어가는 비용과 비효율

민주주의의 의미 그리고 핵심 요소는 '국민이 나라를 다스린다.' 라는 것이다. 이를 위해 대부분의 민주주의 국가에서는 국민으로부터 권력을 위임받아 국민을 대신하여 나라를 다스릴 사람을 선출하는 과정을 거친다. 우리는 대한민국의 대통령과 국회의원을 우리 손으로 뽑는 것을 당연하게 생각한다. 만일 대통령이나 국회의원이 잘못할 경우 국민의 손으로 끌어내릴 권리가 있다고 생각한다. 이 때문에 대통령과 국회의원들은 국민을 두려워하며 국민의 뜻이 무엇인지, 국민이 무엇을 좋아하는지에 귀를 기울이게 된다.

민주주의는 많은 사람들의 민의(民意)를 모으는 과정이 필수적이며 이를 위한 절차적인 부분을 중요하게 생각한다. 민주주의에서는 적법하고 정당한 절차를 따르는 것이 중요한데, 이러한 과정에서 비용이 발생하며 필연적으로 '비효율'이라는 문제가 제기된다. 또한, 다수의 민의가 반드시 옳거나 좋은 결과로 연결된다고 할 수도 없다. 사람들은 어리석은 판단을 내리기도 하며, 어리석은 판단들이 모여 내려진 결론 역시 어리석기 마련이다.

이러한 논리에서 어떤 사람들은 다수의 민의가 아닌 현명한 소수의 의견에 따라 나라를 이끌어야 한다는 주장을 펼치기도 한다. 학창 시절 윤리 교과서에서 배운 그리스 철학자 플라톤의 '철인정치론(哲人政治論)'이 바로 그러한 주장의 대표적인 예이다. 아리스토텔레스는 '중우정치(衆愚政治)'라는 개념을 통해 민주주의의 문제점을 지적하였다. 이처럼 민주주의가 갖는 비효율성이라는 문제는 고대 그리스의 민주주의에서도 마찬가지로 논쟁거리였다.

School Of Athens(17th Century)- Follower of Raphael (Italian, 1483~1520): 민주주의의 효율성에 관한 논쟁은 고대 그리스 시절부터 이어졌다.

이솝우화 「개구리들의 임금님」

이솝우화 「개구리들의 임금님」은 이러한 고대 그리스 민주주의의 상황을 다룬 이야기라고 한다. 이솝우화의 지은이 이솝(Aesop)은 고대 그리스 말로 '아이소포스'라고 불렸으며 기원전 6세기 고대 그리스 사람이라고 전해진다. 하지만 이솝이 출신, 신분 등에 관하여 정확히 알려진 것은 없으며, 혹자는 이솝은 가상의 인물이라고도 한다.

「개구리들의 임금님」 이야기의 내용은 이렇다. 어느 연못에 개구리들이 살고 있었다. 개구리들은 마음대로 뛰고 헤엄치며 자유롭게 살았다. 그런데 개구리들은 본인들을 다스릴 임금님이 없는 것이 불만이었다. 개구리들은 임금님이 있으면 숲의 다른 동물들처럼 강해질 것이란 생각에 신에게 '듬직한 임금님'을 보내달라고 빌었다. 신은 커다란 나무토막을 던져줬다. 개구리들은 처음에는 듬직한 임금님이 온 줄 알고 기뻐했으나, 곧 나무토막이라는 것을 알고 실망했다. 개구리들은 다시 신에게 '저런 바보 같은 나무토막이 아니라 키가 크고 용맹하며 잘생긴 임금님을 보내달라.' 빌었다. 신은 개구리들의 소원을 들어주어 키가 크고 용맹하며 잘생긴 임금님을 보내줬다. 개구리들은 새로운 임금님이 온 것을 기뻐했다. 그런데 임금님은 개구리를 한 마리씩 잡아먹기 시작했다. 결국, 모든 개구리들

은 임금님에게 잡아먹혔고 연못에는 개구리가 한 마리도 남지 않
았다. 연못에는 오직 키가 크고 용맹하며 잘생긴 황새 한 마리가
살게 되었다.

강력한 군주가 행하는 효율적 정치의 폐해

이 이야기에는 여러 해석이 존재한다. 개구리들은 고대 그리스
시민들을 가리키며 임금님을 보내달라고 신에게 비는 것은 민주주
의를 통한 통치를 버리고 강력한 군주를 갈망하는 당시 그리스 시
민들의 모습을 풍자한 것이라고 한다. 하지만 강력한 군주는 폭군
일 수 있으며, 폭군은 필연적으로 시민들을 탄압한다는 것이다. 국
가의 문제를 국민 스스로 해결하지 않고 외세에 의존하면 결국 국
가가 전복되고 만다는 교훈을 준다는 해석도 있다. 어떠한 해석이
든 결국 개구리들의 어리석은 선택을 비웃는 것이라는 점에서 동
일하다.

민주주의의 비효율성을 주장하며 독재자를 선택하였다가 국민
들이 고통을 겪은 대표적인 경우가 히틀러 치하의 나치 독일이
다. 1차 세계대전 패전 이후 독일 국민들은 실의에 빠졌다. 바이
마르 공화국의 통치는 비효율적이었고 독일은 유럽에서 약한 존

재가 되었다. 독일 국민들은 강력한 지도자를 원했고 이러한 독일 국민의 열망을 충족해 준 이가 바로 히틀러다. 히틀러는 '수권법(授權法, Ermächtigungsgesetz)'을 통해 의회를 배제하고 독일의 법을 제정할 힘을 얻었다. 이를 통해 바이마르 공화국은 무너졌고 히틀러는 의회의 방해 없이 매우 효율적으로 필요한 법을 만들기 시작했다.

하지만 히틀러는 '홀로코스트'라는 끔찍한 인종 학살극을 벌였으며, 제2차 세계대전을 일으켰다. 그 결과 독일은 또다시 참혹한 폐허가 되었으며, 수백만의 독일 국민은 목숨을 잃었다. 황새에게 잡아먹히는 연못 속 개구리들의 모습에서 2차 세계대전의 전장에서 죽어간 독일 국민의 모습이 떠오른다.

민주주의는 언제나 절대로 옳은 것인가?

그런데 연못 속 개구리들의 생각이 과연 틀렸다고만 볼 수 있을까? 플라톤은 '철인정치론'을 통해 어리석은 다수가 아닌 현명한 소수가 다스리는 것이 낫다는 이론을 제시했다. 물론 플라톤의 철인정치 사상을 오늘날 액면 그대로 받아들여 민주주의를 배제하고 소수가 다스려야 한다는 주장에 절대적으로 동의할 사람은 없을 것이다. 그러나 어리석은 다수는 분명 존재하고 이로 인한 중우정치의 문제점을 해결하지 못하면 민주주의는 실패할 수도 있다. 이러한 논의는 고대 그리스 시대 이후로도 수없이 이어져 왔다.

실제로 민주주의가 정착된 여러 나라에는 '어리석은 다수의 잘못'을 '현명한 소수'를 통해 견제하는 장치가 존재한다. 예를 들어 우리나라의 헌법재판소 제도를 살펴보자. 헌법재판소 재판관은 국민에 의해 선출된 사람들이 아니다. 그럼에도 대한민국 국민들을 대표하는 국회의원들이 만든 법이 정당한지 판단하고 심지어 이를 무효로 만들 수도 있다. 결국, 어리석은 다수가 아닌 현명한 소수가 다스려야 한다는 플라톤의 사상이 현대 대한민국에서 일부 실현되고 있는 것이다. 그 외에도 다수의 판단이 절대적으로 옳은 것은 아니므로 현명한 소수에 의해 통제되어야 한다는 취지에서 도입된 제도는 여러 곳에서 찾아볼 수 있다.

민주주의가 작동하기 위한 전제조건

다수의 민의를 모으는 것 자체가 불가능하거나, 또는 다수의 민의가 중우정치로 흘러갈 가능성이 크기에 강력한 소수의 지배가 어쩔 수 없이 필요한 때도 있다. 민주주의는 매우 고도로 발달한

정치체제로서 여러 요소가 유기적으로 작동하는 섬세한 시스템이다. 민주주의가 정착하기 위해서는 여러 전제조건이 필요하다. 민주주의는 시민들의 자발적인 참여를 전제로 한다. 이를 위해 시민들은 법률, 권리, 의무 등 최소한의 개념을 이해할 수 있는 정도의 교육을 받아야 한다. 시민들은 주체적으로 '선택'을 하고 결과에 '책임'을 진다는 것에 익숙해야 한다.

우리는 이러한 조건이 어느 정도 구비된 국가에서 살고 있기에 이를 당연하다고 생각한다. 하지만 지금도 우리나라와 여러 선진민주주의 국가들에서는 어리석은 유권자들을 비판하는 '중우정치'라는 말이 나오고 있다. 다른 수많은 나라에서는 이러한 전제조건이 준비되지 못한 채 형식적인 민주주의가 도입되어 혼란을 겪는 것을 보기도 한다. 민주주의는 현재까지 인류가 개발한 여러 정치체제 중 가장 우수한 것임에는 틀림없다. 그러나 민주주의 체제가 모든 나라와 시대에 적용될 수 있고, 또한 반드시 적용되어야만 한다고 보는 것은 지나친 오만일지도 모른다.

터키를 통해 배를 타고 유럽으로 가려다 해변에서 죽은 채 발견된 시리아 난민 '쿠르디(당시 3세)'의 모습은 시리아 내전의 참상을 대표하는 장면이다.

필요악(?)으로써의 독재

2011년 중동 지역에 '아랍의 봄'이라는 민중혁명이 일어났다. 중동의 여러 독재 국가들에서 민주주의 시위가 일어나고 독재 정권이 무너지기 시작했다. 이때 많은 서방의 전문가들은 독재가 무너지고 시민들이 민주주의 체제에서 자유와 권리를 보장받을 것이라는 장밋빛 전망을 내놨다. 하지만 그 결과는 참혹했다. 독재 정권이 무너진 빈자리는 이슬람 극단주의가 차지했고, 몇몇 측면에서는 오히려 독재 정권 시절보다 자유와 인권의 보장이 후퇴하였다.

미국은 이라크의 독재자 사담 후세인을 무너뜨렸고 이라크 국민들은 일시적으로 기뻐했다. 하지만 이후 이라크 국토의 상당 부분은 민주주의, 자유, 인권 같은 것들과는 훨씬 동떨어져 있는 IS 세력에 점령되었다. '사담 후세인 치하 이라크 국민의 모든 고통의 합'과 'IS 치하 이라크 국민의 모든 고통의 합' 중 무엇이 더 클지 생각해보자. 이들 여러 중동 국가 국민의 상황은 독재자가 통치할 때보다 훨씬 열악해졌고 이들 지역으로부터 탈출한 난민은 전 세계적인 문제가 되었다. 2015년에 시리아에서 유럽으로 탈출하려던 배가 뒤집혀 터키 해변에서 발견된 3살 아기의 시신을 생각해보자.

역설적으로 독재 정권에 의해 국민의 기본권이 오히려 보장되는 경우도 찾아볼 수 있다. 특히 소련과 사회주의의 영향을 받은 독재자들은 종교를 억압하는 경향이 있었다. 그런데 하필 그 종교가 극단주의, 원리주의적인 교리를 갖고 있을 경우 종교 박해를 통해 '종교에 의한 기본권의 침해'가 방어되는 희한한 결론에 이르게 된다. 또한, 독재자들은 단기적으로 일부에게 손해가 되지만 장기적으로 다수에게 이익이 되는 정책을 추진하기 쉽다.

우리나라의 건강보험 정책은 '의료' 분야에서의 수요와 공급, 가격 결정 문제를 국가가 개입하여 일방적으로 결정하는 구조를 갖는다. 하지만 사람들은 우리나라 건강보험 제도에 대해 극찬을 하고 있으며, 우리 국민은 의료에 관하여 다른 국가들보다 훨씬 높은 권리를 보장받고 있다. 이러한 우리나라의 건강보험 정책은 박정희를 비롯한 군사 독재 정권 시절에 그 기틀이 만들어졌다. 이처럼 강력한 독재가 주는 효율성은 간혹 사람들에게 달콤함을 선물하며 사람들로 하여금 '강력한 군주'를 갈망하게끔 한다.

개구리들이 왕을 원한 이유

다시 개구리들이 사는 연못으로 가 보자. 개구리들은 분명 실수를 했고 그 대가는 참혹했다. 그렇다면 개구리들은 어떻게 해야 했을까? 이에 대한 답을 찾기 위해 우선 '왜 개구리들은 왕을 원했는가?'를 생각해보자. 개구리는 숲에 사는 여러 동물 중 약한 축에 속한다. 이솝우화에서는 개구리들이 연못에서 '평화롭게' 살았다고 하는데 실상 숲 속 연못은 결코 평화로운 곳이 아니다. 뱀과 같은 수많은 포식자가 연못에 찾아와 개구리들을 잡아먹었을 것이다. 그런데 개구리는 그 습성상 연못과 같이 물이 있는 곳에서 살아야 한다. 따라서 개구리들에게는 보다 넓은 세상으로 '도망' 간다는 옵션이 없다.

개구리들은 신에게 '듬직한 왕', '강력한 왕'을 요청했다. 개구리들은 왜 '지혜로운 왕'이나 '자비로운 왕'을 원하지 않고 '힘이 있는 왕'을 원했을까? 그 이유는 개구리들이 처한 상황을 보면 알 수 있다. 개구리들은 숲 속에서 약한 동물이고 연못을 벗어나서는 살 수 없다. 개구리들은 여러 포식자들에게 잡아먹히는 문제를 해결해야만 했다. 개구리에게 '지혜'란 결국 얕은꾀에 불과하고 근본적인 문제를 해결할 정답지가 아니었다. 세상은 냉정하며 오직 강력한 '힘'만이 세상을 헤쳐 나갈 유일한 무기인 상황에서 '자비'가 무슨 소용이겠는가?

신에게 누군가를 보내달라고 하지 말고 개구리 중 누군가가 힘 있는 왕이 되는 것은 어떨까? 개구리가 아무리 힘이 세 봤자 포식자들을 막을 수는 없다. 개구리 수백 마리가 연합한다고 해도 뱀 한 마리를 못 당해낼 것이다. 개구리 중 한 마리는 개구리들의 구원자가 되기는 어려웠을 것이다.

비난할 수만은 없는 개구리들의 도박

이러한 상황에서 개구리들이 스스로 지도자를 선택해 힘을 기르려 하지 않고 신에게 '강력한 왕'을 보내달라고 한 것은 나름대로는 해 봄 직한 도박이었다. 결과적으로 개구리들은 황새에게 잡아먹혀 실패했지만, 황새가 오지 않았다고 한들 개구리들이 무사했을까 생각해보자. 좀 더 개구리들이 영리하여 황새의 습성을 일찍 눈치채고 황새와 거래를 하였다면 어떠할까? 예를 들어 매월 몇 마리의 개구리를 공양하거나 다른 생물을 잡아서 바치는 것을 조건으로 황새로부터 보호를 받는 방식 말이다.

시리아의 경우 소수종교인 기독교도들이 기존 독재 정권을 지지하는 경향이 있다. 시리아 독재 정권은 소수종교를 보호해주고 대신 소수종교는 독재 정권의 연장에 협조했다. 만일 독재 정권이 없는 상황이었다면 다른 중동 이슬람 국가에서처럼 기독교도들을 비롯한 소수종교는 다수종교인 수니파 이슬람 세력으로부터 엄청난 핍박을 받았을 것이다. 물론 시리아 독재 정권에 의해 기독교도들도 분명 피해를 입었겠지만, 그 피해는 상대적으로 봐야 한다. 시리아 내전이 발생하고 다수를 차지하는 수니파 이슬람 세력이 강해지자 수많은 기독교도를 비롯한 소수종교 신자들은 학살을 당하고 난민이 되어 고국을 떠나야 했다. 시리아의 소수종교 신자들을 연못 속 개구리라고 한다면 이들이 강력한 독재자를 원하는 것이 잘못된 선택이었다고 비난할 수만은 없을 것이다.

영원히 풀 수 없는 난제: 헌법, 기본권, 민주주의

헌법과 기본권 그리고 민주주의는 정말 어려운 문제다. 헌법에 규정된 국민주권의 원리는 절대 간단하지가 않다. 오죽했으면 고대 그리스 민주주의 시대에도 중우정치를 비판하며 철인정치론을 펼치는 철학자들이 있었고, 한편으로 이러한 사상을 비판하는 우화가 나왔겠는가? 그럼에도 사람들은 민주주의와 국민주권의 원리가 현존하는 가장 선진적이며 더 많은 사람들에게 이익이 되는 정치체제라고 결론지었다. 우리나라 역시 헌법에 국민주권의 원리가 규정되어 있다. 따라서 국민주권의 원리를 지키고 이에 기반하여 국가를 운영하는 것은 우리 앞에 놓인 문제에 대한 여러 선택지 중 '정답'이라 할 것이다.

사람들은 오늘도 수천 년 동안 풀지 못한 민주주의의 여러 문제와 함께 살아가고 있다. 그 과정에서 정답이라 생각했던 민주주의가 여러 문제를 낳고 오히려 사람들의 권리를 억압하는 모순적인 상황을 보기도 한다. 포식자가 우글거리는 숲 속 연못에 살던 개구리들의 선택은 실패했다. 우리는 개구리들의 모습에서 어떤 교훈을 얻고 우리가 개구리들의 상황이 되었을 때 어떤 선택을 할 것인가?

03. 릴리 엘베가 여자가 된 순간

▒▒ 영화 「대니쉬걸」과 성(姓)

가족관계의 등록 등에 관한 법률 제104조(위법한 가족관계 등록기록의 정정)

① 등록부의 기록이 법률상 허가될 수 없는 것 또는 그 기재에 착오나 누락이 있다고 인정한 때에는 이해관계인은 사건 본인의 등록기준지를 관할하는 가정법원의 허가를 받아 등록부의 정정을 신청할 수 있다.

법에서 정하는 것

법치주의(法治主義)란 말 그대로 법이 다스리는 국가 체제를 가리킨다. 법치주의가 발달할수록 국가는 많은 분야에 법의 이름으로 관여하고 사람들 사이에 생긴 문제는 법을 통해 해결된다. 모든 것을 법으로 통제하고 해결하려는 것을 비판하는 '법률 만능주의'라는 개념은 법치주의의 어두운 면을 보여준다. 이처럼 법이 사람들이 사는 세상에 관여하여 개념을 정립하고, 특정한 행위를 하도록 또는 하지 않도록 강제하는 이유는 무엇일까?

　이는 사람들이 사는 세상에는 '다툼'이 있기 때문이다. 그리고 다툼의 발생은 사람들의 서로 다른 생각의 충돌에서부터 시작된다. 곽경택 감독의 2001년 작 영화 「친구」에서 동수와 준석이는 조오련과 거북이 중 누가 더 빠른지 논쟁한다. 이 문제에 관하여 동수와 준석이는 서로 다른 생각을 갖고 있다. 조오련과 거북이 중 누가 더 빠른지로 인한 다툼은 소소하며 애들 싸움에 불과하다. 조오련과 거북이 중 누가 빠른지에 따른 이득과 손해가 발생하지 않기에 이는 중요한 문제가 아니다. 하지만 수많은 사람들에게 영향을 미치는, 결코 소소하다고 할 수 없는 중요한 문제들에 대해 사람들의 생각이 충돌하는 경우라면 이야기가 달라진다. 이 경우 국가는 법이라는 수단을 통해 적극적으로 개입하고 사람들의 생각을 정리해주어야 한다.

　다만 사람들에게 매우 중요한 문제임에도 사람들의 생각이 다르지 않다면 굳이 법이 개입할 필요가 없다. 인류에게 '태양'이 얼마나 중요한지 생각해보자. 이토록 중요한 태양의 정의, 즉 태양이란 무엇인지에 관하여 법은 아무런 규정을 두고 있지 않다. 태양은 인류에게 당연한 것이며 태양이 무엇인지 사람들의 생각이 다르지 않기 때문이다. 지구, 달, 물 등 인간에게 중요한 수많은 개념에 대해 법은 관여하지 않는다. 하지만 역사가 흐르고 세상이 바뀌면서 사람들의 생각이 달라진다. 과거에는 사람들 간에 생각의 차이가 없었던 당연한 개념이 이제는 당연하지 않게 되고 그 반대 상황이 발생하기도 한다.

Moses with the Tablets of the Law— Claude Vignon(French, 1593~1670): 십계
명 중 제1계명은 "나 외에 다른 신을 섬기지 말라."라는 것이다. 이는 신이 하
나인지 여럿인지에 관하여 사람마다 생각이 달랐고, 그것이 매우 중요한 문제
였다는 점을 보여준다.

중요하지만 법에는 안 나와 있는 것들

문제는 법은 느리다는 것에서 출발한다. 법은 하늘에서 뚝 떨어지는 것이 아니라 사람들의 뜻, 즉 민의가 모여 국민의 대표자들이 의회에서 논의해 만들어진다. 민의가 모이는 것은 쉬운 일이 아니다. 왜냐하면, 법의 제정 또는 개정에 따라 이익을 보는 사람과 손해를 보는 사람이 생기기 때문이다. 사람들이 법의 제정 또는 개정으로 발생하는 손해와 이익에 관하여 정당하지 않다고 판단하면 국민의 대표자를 의심하고 이들에 대한 신뢰를 거둔다. 법의 제정 및 개정 절차는 신중할 수밖에 없고, 사회과 과학의 발전보다 뒤처지는 것이 보통이다.

현실과 법이 맞지 않을 경우 어떻게 해야 하는가? 이 경우 판사, 검사, 변호사를 비롯한 법률가들은 딜레마에 빠진다. 기존의 법을 문자 그대로 해석하여 적용하면 편하다. 하지만 변화된 현실과는 동떨어진, 그야말로 탁상공론에 불과한 기존의 해석을 그대로 적용할 경우 법과 현실 간의 괴리가 발생한다. 그렇다고 현실에 맞는 법이 만들어질 것을 마냥 기다리기만 할 수도 없다. 그래서 법률가들은 최대한 현행법을 현실에 맞게 해석하고 이러한 작업을 통해 법의 공백, 느림을 보충한다.

영화 「대니쉬걸」: 아이나르 베게너에서 릴리 엘베가 된 사람

세상의 변화에 따라 당연하던 개념이 당연하지 않게 된 대표적인 예가 바로 '성(姓)'이다. 법이 성의 개념에 관하여 어떻게 접근하는지를 보여주기 위해 가져온 작품은 영화 「대니쉬걸(The Danish Girl)」이다. 「대니쉬걸」은 데이비드 이버쇼프가 2000년에 발표한 소설을 원작으로 2015년 개봉한 톰 후퍼 감독, 에디 레드메인 주연의 영화다. 이 소설 및 영화는 인류 역사상 최초로 성전환 수술을 받았던 릴리 엘베라는 여성(남성이었을 때의 이름은 아이나르 베게너)의 일대기를 그린 작품이다.

릴리 엘베의 이야기는 이렇다. 1920년대 덴마크의 남성 화가 아이나르 베게너에게는 역시 화가로 활동하는 부인 게르다가 있었다. 어느 날 부인 게르다의 발레리나 모델이 자리를 비웠을 때 베게너는 부인을 도와주기 위해 여성 발레리나 옷을 입고 모델로 서게 된다. 베게너는 여성의 옷을 입고 알 수 없는 감정을 느낀다. 베게너 안의 여성으로서의 자아가 깨어나고, 베게너는 본인의 성 정체성에 관하여 고민한다. 베게너는 결국 독일 드레스덴의 의사로부터 두 차례의 성전환 수술을 받는다. 베게너는 두 번의 수술 끝에 완전한 여성의 몸을 얻었지만, 수술 후유증으로 사망하게 된다.

영화의 주인공은 '아이나르 베게너'라는 남성으로 태어나 '릴리 엘베라'는 여성으로 죽었다. 주인공은 처음에는 본인의 성별이 무엇인지 혼란스러워했으나, 여성으로서의 새로운 자아, 아니 본래의 자아를 인정하고 여성으로 살아갈 것을 결심한다. 주인공은 남성의 몸을 한 여성으로서 고민하고 방황하지만, 결국에는 성전환을 통해 완전한 여성이 된 후 죽었다.

남자와 여자를 구분하는 기준

　남자와 여자를 어떻게 구분할 것인지는 매우 간단한 문제였다. 막상 남자가 무엇인지 여자가 무엇인지 명쾌하게 설명할 순 없지만, 사람들은 남자와 여자를 구분하는 것을 어려워하지 않았다. 선천적 유전자 이상 등의 문제로 성별을 확정할 수 없는 사람들 또는 본인의 태어난 성과 인지하는 성이 다르다고 생각하는 사람들이 있지만 이는 예외적인 경우에 불과했다. 이들은 '정신병'에 걸린 것이고, '비정상'이고, '기형'이고, '특이한 사람'들로 치부되었을 뿐 대부분 사람들의 성별을 구분하는 것은 어려운 문제가 아니었다. 이들의 존재 때문에 사람들이 남녀의 개념에 대해 혼란스러워하는 일은 생기지 않았고 법적 분쟁도 발생하지 않았다.

　과학의 발전은 이러한 남자와 여자의 구분을 더욱 쉽게 만들어 주는 듯했다. 과학은 남자와 여자는 단지 외적 모습, 성기의 형태, 성격 등이 다를 뿐만 아니라 유전자 자체가 다르다는 점을 알려줬다. 따라서 염색체 23, 24번이 XX인 사람은 여자, XY인 사람은 남자라고 하는 매우 명쾌한 기준이 생긴 것이다.

Lili Elbe: Einar Mogens Wegener(1882~1931)

하지만 과학은 여기서 한 걸음 더 나아갔다. 과학은 태어난 성과 실제 인지하는 성이 다른 사람을 지나치지 않았고, 이들을 '성 정체성에 혼란'이 온 사람으로 정의했다. 과학은 정신과 실제의 괴리를 바로잡기 위한 해결책으로 성호르몬을 주입하고 수술로써 성기를 바꾸는 '성전환 요법'을 만들어냈다. 과학이 남자를 여자로, 여자를 남자로 만들기 시작한 것이다. 과거 본인이 여자라고 생각하고 살아온 남자는 그냥 이상한 사람이고 정신병, 성도착증을 가진 사람일 뿐이었다. 하지만 과학의 발전으로 그 '병'을 치료하는 방법이 생겼고, 그 결과 원래는 남자였지만 나중에는 여자의 외형을 가진 사람이 탄생한 것이다. 릴리 엘베처럼 말이다.

이때부터 남자가 무엇인지, 여자가 무엇인지의 기준이 모호해졌다. 남녀의 개념에 관한 혼란은 사회적 문제를 일으킨다. 인류 역사에서 오랜 기간 동안 성별의 구분 및 성별에 따른 차별은 당연한 것이었다. 하지만 사회가 발전하고 인권의식이 높아지면서 성에 따른 차별을 해서는 안 되며 성별의 구분은 무의미하다는 주장에 힘이 실리기 시작했다. 여기서 성에 따른 차별, 성별 구분이 존재했던 이유를 살펴볼 필요가 있다.

인간은 생명체이기에 번식의 욕구가 있으며, 번식을 위해서는 양성이 결합해야 한다. 따라서 인간은 본능적으로 상대가 동성인지

이성인지에 따라 다르게 행동하게 된다. 또한, 성호르몬의 차이로 인해 남성과 여성간에는 상당한 신체적 차이가 있다. 이 때문에 남성과 여성에게 적합하다고 여겨지는 일도 달랐다. 어떤 일을 남성이 할지 여성이 할지는 중요한 문제였다. 이러한 차별 취급이 정당한가의 문제와 별개로 차별 취급이 존재했으며, 사회가 이러한 차별 취급이 필요하다고 봤다는 것은 엄연한 사실이다. 하지만 남자와 여자의 개념에 혼란이 생기면 차별 취급의 근거도 흔들리게 된다. 무엇보다 기존의 개념이 변하면 이에 따른 손해와 이익이 발생한다.

남자와 여자의 경계를 확정할 필요성

여기서부터 어떤 사람을 여자라고 하고 또 어떤 사람을 남자라고 할 것인지, 성별 간 전환을 인정할 것인지, 어느 정도가 되면 성이 전환된 것으로 볼 것인지 따져야 한다. 이 문제에 관하여는 여러 기준이 존재한다. 염색체를 기준으로 할 수도 있고, 외적 성기의 모습을 기준으로 할 수도 있다. 극단적으로 그 사람의 스스로의 판단에 따라 성별을 정해야 한다는 의견도 있다. 사람들 간 생각의 차이가 발생했고 사회적 문제가 되었으므로 법은 이를 해결해야 한다.

하지만 법은 과학 기술의 급속한 발전과 인권의식의 성장 속도를 따라갈 수 없다. 법의 세계는 혼란에 빠지고 법률가들, 특히 법원은 '느리게 반응하는 법'과 '급격하게 변화하는 세계'의 혼란 사이의 괴리를 막기 위해 나름의 논리를 만들어 낸다.

'남자' 혹은 '여자'는 당연한 개념이기 때문에 우리 법에는 당연하게도 남자와 여자의 개념을 정의하는 규정이 없다. 따라서 기존 법에 의해서는 어떤 사람이 남자인지 여자인지가 문제 되었을 때 법이 설정한 기준에 따라 이 사람은 남자고 저 사람은 여자라고 판단하는 것이 불가능하다. 사람들은 누구나 남자 또는 여자로 살아가며, 자신이 남자 또는 여자라는 것에 대해 의문을 가지지 않는다. 그러한 의문을 가지는 사람은 예외적이고 이상한 사람이었을 뿐이며, 이들 때문에 남자와 여자의 기준에 대해 굳이 머리를 맞대어 논의하고 법까지 만들어야 할 필요가 없었다. 하지만 성의 개념에 대한 기존의 상식이 무너지면서 너무나 당연하게 생각하던 성별의 구별 문제에 관하여 법적인 판단이 필요하게 되었다.

우리 법의 기존 해석: 염색체 기준

과거 형법에서는 강간죄의 피해자 대해 '부녀(婦女)'라고 못 박았다. 즉 여자만이 강간죄의 객체가 될 수 있었다. 그런데 누군가 트랜스젠더의 인공적인 질에 강제로 남성의 성기를 삽입하는 사건, 사람들이 흔히 생각하는 '강간'이라는 상황이 발생한 것이다. 여기서 단 한 번도 의심한 적 없는 개념, '여자란 무엇인지'에 관하여 법이 아무런 규정을 두지 않았다는 점을 인지하게 된다.

이 문제를 마주친 법률가들은 고민에 빠졌고 '여자란 무엇인지' 연구를 시작했다. 처음 법원이 이 문제를 접했을 때 판사들은 쉽게 생각한 듯하다. 판사들은 성별을 구분하는 문제는 과학의 영역이라 판단하여 염색체를 기준으로 성별을 판단했다. 이에 따라 남성에서 여성으로 성전환을 한 사람은 아무리 그 사람의 외형이 여성과 유사하고, 본인 스스로를 여성으로 생각하며 여성으로서 생활한다고 하더라도 염색체가 XY인 이상 남성이다. 따라서 트랜스젠더 여성은 강간죄의 피해자가 될 수 없다고 판단하였다.

"어릴 때부터 정신적으로 여성에의 성 귀속감을 느껴 왔고 성전환 수술로 인하여 남성으로서의 내·외부 성기의 특징을 더 이상 보이지 않게 되었으며, 남성으로서의 성격도 대부분 상실하여 외견상 여성으로서의 체형을 갖추고 성격도 여성화되어 개인적으로 여성으로서 생활을 영위해 가고 있다 할지라도, 기본적인 요소인 성염색체의 구성이나 본래의 내·외부 성기의 구조, 정상적인 남자로서 생활한 기간, 성전환 수술을 한 경위, 시기 및 수술 후에도 여성으로서의 생식능력은 없는 점, 그리고 이에 대한 사회 일반인의 평가와 태도 등 여러 요소를 종합적으로 고려하여 보면 사회 통념상 여자로 볼 수는 없다(대법원 1996. 6. 11. 선고 96도791 판결)."

이러한 과거 우리나라 법원의 기준에 따르면 릴리 엘베는 영원히 여자가 될 수 없다.

SEX와 GENDER 개념의 분화

하지만 이후 '성이란 무엇인지'에 관하여 과학적, 사회적 논의가 더 진행되었다. 이에 따라 생물학적 성(SEX)과 스스로가 인지하고 생활하는 성(GENDER)의 개념이 분화되었다. 염색체만으로 사람의 성을 결정하는 것은 부당하다는 인식이 확산되었고 기준을 바꿀 필요가 생겼다. 결국, 2009년 유사한 사례가 문제 되었을 때 법원은 태도를 바꾼다.

"성장기부터 남성에 대한 불일치감과 여성으로의 성 귀속감을 나타냈고, 성전환 수술로 인하여 여성으로서의 신체와 외관을 갖추었으며, 수술 이후 30여 년간 개인적·사회적으로 여성으로서 생활을 영위해 가고 있는 점 등을 고려할 때, 사회 통념상 여성으로 평가되는 성전환자로서 강간죄의 객체인 '부녀'에 해당한다(대법원 2009. 9. 10. 선고 2009도3580)."

그렇다면 이제라도 남자와 여자의 기준을 정해서 그 기준을 충족하는 사람에게 각자의 성에 맞는 성별을 부여하면 되는 것 아닌지 생각할 수 있다. 하지만 이는 쉬운 문제가 아니다. 남자와 여자의 기준에 관하여는 수많은 사람의 오만가지 생각이 있다. 성염색체만을 기준으로 해야 한다는 보수적인 의견과 스스로 생각하는 것을 기준으로 해야 한다는 극단적으로 진보적인 의견이 모두 존재한다.

어떤 의견을 따르든 간에 그로 인한 법적, 사회적 혼란은 피할 수 없다. 민의는 모여지기 어렵고 따라서 법은 만들어질 수 없다. 그럼에도 목숨을 건 수술까지 해서 남성 또는 여성으로서의 신체와 외관을 갖추고 그러한 외관에 맞게 사회적으로 생활한다면 어떤 식으로든 그 사람의 전환된 성을 인정해줄 필요가 있다.

기 본 증 명 서 (일 반)

등록기준지	서울특별시 동작구					
구 분	상 세 내 용					
작성	[가족관계등록부작성일] 2008년 01월 01일 [작성사유] 가족관계의 등록 등에 관한 법률 부칙 제3조제1항					
구분	성 명	출생연월일	주민등록번호	성별	본
본인	김기정(金基楨)	1982년 11월 29일	821129-1******	남	慶州
일반등록사항						
구 분	상 세 내 용					

가족관계증명서(旧 호적)에는 '성별' 난이 있어 그 사람이 남자인지 여자인지 표시하도록 되어 있다.

호적 정정 제도의 활용

여기서 사람들은 '호적의 기재에 착오가 있으면 이를 바로 잡는다.'라는 호적 정정 제도에서 아이디어를 얻었다. 사실은 여성인데 호적에 남성으로 되어 있으니 기재가 잘못되었다는 것이다. 법원은 이들의 주장을 받아들여 호적 정정 제도를 기반으로 호적(현재의 가족관계등록부)에 기재된 성별이 실제와 다르기에 정정할 수 있다고 판단했다. 즉 법적으로 성의 전환을 인정할 수 있다는 '성별 정정'이라는 새로운 절차를 만들어 낸 것이다(대법원 2006. 6. 22. 2004 스 42 판결).

물론 법원 역시 남자와 여자를 구별하는 명확한 기준이 있는 것은 아니다. 판사는 여러 요소를 두루 고려해 판단하는데 때로는 판사가 설정한 기준이 지나치게 가혹하거나, 또는 느슨하여 여론의 비판을 받기도 한다. 어떤 판사는 성기 수술을 하지 않은 사람의 성별 정정을 허가하였으며 또 어떤 판사는 수술한 성기의 사진을 제출하라고 하여 신문기사의 한 면을 차지하기도 했다. 두 판사 모두 해당 기준에 반대하는 사회의 양측 진영으로부터 호된 비난을 받았다.

어떠한 기준을 받아들이든 그에 따른 충격과 부작용은 피할 수 없다. 본인을 트랜스젠더 여성이라 주장하며 여성 감옥에 넣어 달라 요구한 사람이 동료 수감자들을 강간한 사건이나 트랜스젠더 여성의 운동경기 출전 문제 등이 그것이다.

이처럼 우리나라를 비롯하여 전 세계에서는 남자와 여자를 구분하는 기준을 놓고 여러 세력들 간 첨예한 주장 대립이 이어지고 있다. 최근에는 성을 남성과 여성으로 이분법적으로 구분해서는 안 되고, 그 사이의 다양한 스펙트럼을 인정해야 한다는 목소리가 높아지고 있다. 여기에 성적 지향, 즉 어떠한 성을 좋아하는지에 관한 질문이 결합되면 문제는 더욱 복잡해진다. 어쩌면 법은 영원히 이 문제를 해결할 수 없을지도 모른다.

릴리 엘베는 언제 여자가 된 것일까?

영화 속 릴리 엘베는 두 번의 수술을 받는다. 첫 번째는 남성의 성기를 제거하는 수술이고 두 번째는 여성의 성기를 이식받는 수술이다. 릴리 엘베는 남성의 성기를 제거하는 수술을 받은 이후 수술의 위험성을 알면서도 여성의 성기를 이식받는 두 번째 수술을 받으려 한다. 릴리 엘베는 위험하다며 이를 말리는 부인에게 '완전한 여자'가 되기 위해서라며 수술을 받을 것을 고집한다.

그녀는 스스로를 '아이나르 베게너'라는 남성이 아닌 '릴레 엘베'라는 여성이라고 생각하면서도 여성의 성기, 특히 '자궁'이 있어야 완전한 여성이 되는 것이라 생각하였다. 하지만 릴리 엘베는 원래부터 여자였고, 이미 사회적으로 여성으로서 살아가고 있었다. 스스로 아직 완전한 여성이 아니라고 생각했던 릴리 엘베, 그녀는 성전환 수술 여부와 무관하게 처음부터 여자였던 것일까, 아니면 성기 수술을 받은 때 여자가 되었던 것일까, 그것도 아니면 염색체가 변하지 않았으므로 절대 여자가 될 수 없었던 것일까?

지금 우리나라 법원의 해석기준에 따르면 릴리 엘베가 남성의 성기를 제거한 시점에는 무리 없이 성별 정정 허가를 받을 수 있지 않을까 싶다. 시간이 지나 성별 구분기준에 관하여 좀 더 진보적인 의견이 대세가 되면- 그것이 과연 사회적으로 바람직한지에 관하여는 별론으로 하고 -수술을 받지 않더라도 원하는 성별로의 정정이 가능하게 될지도 모른다.

편견와 멸시의 눈으로 베풀어진 호의

릴리 엘베는 '성전환'이라는 개념조차 생소하던 시절 처음으로 성전환 수술을 받은 선구자이다. 영화 속 릴리 엘베는 수많은 의사에게 혹독한 '치료'를 받는다. 의사들은 릴리 엘베가 '스스로를 여자라고 생각하는 병'에 걸렸다고 진단하면서 치료를 통해 생각을 바꾸면 될 것이라고 생각했다. 하지만 릴리 엘베는 의사들의 치료에도 스스로를 여자라고 생각하는 병에서 낫지 못했다. 결국, 릴리 엘베는 본인이 여자라는 사실을 완전히 받아들였고 그 순간 병은 고쳐졌다.

'성전환'이라는 개념 자체가 생소하던 시대였기에 릴리 엘베는 편견과 싸워야 했다. 릴리 엘베를 정말 힘들게 했던 것은 복잡하고 아프며 위험한 수술이 아니라 사람들에게 여자로서 인정받지 못하는 것이었을지도 모른다. 그런데 릴리 엘베를 여자로 인정해 준 이는 릴리 엘베 본인과 릴리 엘베를 이해해주는 가족과 동료들 말고도 있었다. 놀랍게도 릴리 엘베의 모국 덴마크 법원은 릴리 엘베가 여자라고 인정했다. 릴리 엘베는 국가와 법이 인정해 준 여자로서 생을 마감한 것이다.

릴리 엘베가 성전환 수술을 모두 마치고 여자가 되었다는 소식은 신문을 타고 덴마크과 독일에 퍼졌다. 이에 덴마크 법원은 1930년 결혼이란 남성과 여성이 하는 것인데 릴리 엘베는 여성이므로 같은 여성인 게르다와의 혼인은 무효라고 판결한다. 당시의 사회 분위기, 성에 대한 인식을 고려할 때 덴마크 법원이 릴리 엘베의 선구자로서의 노력을 인정하여 진보적 관점에서 위와 같은 판결을 하지는 않았을 것이다. 여자의 모습을 한두 사람이 '부부'로 행세하는 것을 도저히 두고 볼 수 없었기에 둘을 갈라놓으려 했다고 보는 것이 합리적이다. 하지만 결과적으로 릴리 엘베는 법원으로부터 '여자'로 인정받게 된다.

법은 이처럼 가끔 편견과 멸시의 눈으로 호의를 베풀기도 한다. 그러한 편견과 멸시를 견뎌낸 릴리 엘베의 작은 발걸음 하나가 오늘날 수많은 사람들이 당당하게 전환된 성으로 인정받고 살아갈 수 있는 시작점이 된 것이다.

04. 에피알테스의 소원

▓ 영화 「300」과 장애인 인권

장애인 차별금지 및 권리구제 등에 관한 법률 제1조(목적) 이 법은
모든 생활영역에서 장애를 이유로 한 차별을 금지하고 장애를 이유
로 차별받은 사람의 권익을 효과적으로 구제함으로써 장애인이 완
전한 사회참여와 평등권 실현을 통하여 인간으로서의 존엄과 가치
를 구현함을 목적으로 한다.

완벽과 아름다움을 추구하는 인간

사람들은 미(美)에 대한 욕망이 있다. 사람들은 완벽을 추구하며
외적으로 아름다워지고 싶어 한다. 사람들은 불완전한 것, 추한 것
을 싫어한다. 누구나 없는 것보다 있는 것을, 못하기보다 잘하기를,
부족한 것보다 풍족함을 원한다. 사람들은 완벽하고 아름다워지기
위해 노력하며 성공에서 기쁨을 실패에서 슬픔을 느낀다.

인류는 역사적으로 미와 완벽함을 숭상했고, 추함과 불완전함을

경멸했다. 하지만 인류는 어느 순간 '대부분의 사람들은 완벽하지도 못하며 아름답기 어렵다.'라는 것을 알게 된다. 사람들은 불완전하고 아름답지 않은 사람이 경멸의 대상이 되어서는 안 된다는 것을 깨달았다. 인권 보장을 추구하는 현대 민주국가를 살아가는 우리는 사람이 완전하든 불완전하든, 아름답든 추하든 모두 똑같은 사람으로서 존중받고 그 권리가 보장되어야 한다고 생각한다.

장애인 인권의 역사

지금은 장애인을 가리키며 공개적으로 '불완전하다', '추하다'라고 표현하는 것을 상상할 수 없는 세상이다. 아직 그와 같은 생각을 가진 사람이 있더라도 입 밖으로 꺼내지 않으며, 만일 입 밖으로 꺼내는 사람이 있다면 그 사람이야말로 경멸의 대상이 된다. 장애인의 권리에 관하여 헌법 제34조 제5항은 "신체장애자 및 질병·노령 기타의 사유로 생활능력이 없는 국민은 법률이 정하는 바에 의하여 국가의 보호를 받는다."라고 규정하고 있다.

그런데 헌법 규정에서 조금 생소한 표현을 찾은 사람도 있을 것이다. 과거에는 장애인을 '장애자'라고 불렀는데 이 '자'는 한자로 '놈자(者)'이다. 장애자는 장애를 가진 놈이라고 비하하는 것 아니냐는 비판이 제기되었다. 이에 따라 1989년 장애인복지법이 제정되면서 '장애인'이라는 단어가 공식적으로 사용되기 시작했다. 그래서 명칭이 바뀌기 전 열린 1988년 하계 서울 패럴림픽의 명칭은 '장애자 올림픽'이었다.

1988년도 서울 패럴림픽의 한글 명칭은 '장애자'올림픽이었다.

하지만 인류 역사의 대부분에서 장애란 불완전함과 추함의 상징이었다. 사람들은 장애인들은 천형(天刑)을 받은 것, 즉 전생이든 현생이든 죄를 지었고, 이에 대해 하늘로부터 형벌을 받은 것이라 생각했다. 장애인은 온전한 한 명의 인간으로 대접받지 못했다. 오늘날에는 장애인을 불쌍하게 여기며 도와줘야 하는 존재로 보는 시각조차 장애인에 대한 인권감수성이 없는 것으로 비판 받는다. 하지만 과거에는 장애인은 불쌍한 존재도 아닌 경멸의 대상이자 없어져야 할 존재로 취급되었다.

필자는 장애인이 어떤 기분으로 세상을 사는지 알 수 없다. 다만 간접적으로나마 '장애인은 이런 기분을 느끼겠구나'라는 경험을 한 적은 있다. 필자는 한 때 족저근막염을 앓아 제대로 거동을 못한 적이 있었다. 필자는 집안일을 제대로 하지 못했고 어린 아들과 놀이터에 가지도 못했다. 움직일 때마다 너무 고통스러웠고 평소 당연하게 생각하던 것들, 예를 들면 계단을 올라가 법정에 가는 일, 편의점에 가서 식품을 사는 일, 쓰레기를 버리러 가는 일 조차도 버겁게 느껴졌다.

필자는 한 사람으로서의 몫, 일본어로 '이치닌마에(一人前)'를 하지 못한다는 사실에 우울했다. 그저 발에 염증이 생겨 며칠 움직이는 게 불편한 상황이 이 정도인데, 선천적 또는 후천적으로 몸이 불편해 다른 사람들은 당연하게 생각하는 것들을 아예 할 수 없을 때 느끼는 감정은 차원이 다를 것이다.

영화 「300」

장애인 인권의 이해를 돕기 위해 살펴볼 이야기는 영화 「300」이다. 영화 「300」의 줄거리는 다음과 같다. 페르시아 제국의 크세르크세스 왕은 그리스 침공을 감행한다. 그리스의 각 도시국가들은 페르시아에 저항할지 아니면 투항할지를 결정한다. 도시국가들 중 스파르타는 저항하기로 하였으나 강력한 페르시아 제국에 두려움을 느낀 대부분의 국가와 시민들은 싸움을 포기한다. 결국 스파르타의 레오니다스 왕은 전사 300명을 데리고 페르시아 제국군에 맞서 싸운다. 레오니다스 왕과 300명의 전사들은 수차례 페르시아군의 공세를 막아냈으나 결국은 페르시아군에 패배하여 전멸한다.

영화 「300」은 기원전 480년에 벌어진 그리스 연합군과 페르시아 제국 간의 테르모필레 전투를 배경으로 한 동명의 만화를 원작으로 제작된 잭 스나이더 감독의 영화이다. 고대 그리스 스파르타 사람들의 용맹함을 다루면서도 그 이면에 있는 잔인함을 그려냈고 "This is sparta", "I am Kind"과 같은 명대사들을 남겼다. 특히 "나는 관대하다(I am Kind)"는 오랜 기간 인터넷 상의 유명한 밈(Meme)으로 활용되었다. 한편으로 영화 「300」에 대해서는 스파르타의 용맹함을 강조하면서 상대적으로 페르시아를 미개하게 표현하여 서양의 오리엔탈리즘, 동양에 대한 인종차별과 편견을 보여준다는 비판도 있다.

영화 「300」에서 스파르타 사람들은 멋진 외모를 가진 백인들로 나오고 페르시아 사람들은 왕에서부터 군인들까지 이상한 괴물이자 저급한 유식인종으로 나온다. 이는 고대 페르시아를 계승한 '이

란'이라는 국가가 엄연히 존재하는 점을 고려할 때 분명 문제가 있

는 묘사라 하겠다.

Leonidas At Thermopylae (1814) – Jacques Louis David (French, 1748 – 1825) :
레오니다스 왕은 서양 문명권에서는 페르시아의 침략에 맞서 싸운 용맹한 영웅이
다.

스파르타 패배의 결정적 원인을 제공한 장애인 에피알테스

영화 「300」에는 장애인과 관련한 여러 장면이 나온다. 그런데 현대에 정립된 '장애인 인권'이라는 관점에서 볼 때 영화 속 장애인에 대한 묘사는 상당히 부적절하다. 실제 필자와 비슷한 시각에서 영화 300을 바라본 오마이뉴스 기사(이훈희, 장애인 권익 관점에서 본 영화 〈300〉, 2007. 4. 2.)가 있다. 영화 「300」에 나오는 스파르타의 장애인은 '꼽추' 에피알테스이다. 에피알테스는 등이 굽었고 흉측한 외모를 갖고 있었다. 에피알테스는 다른 사람보다 민첩하게 움직일 수 없었다. 하지만 에피알테스는 자신이 스파르타인이라는 것에 자부심이 있었고 페르시아의 군세가 무서워 싸우기 주저한 다른 스파르타 시민들과 다르게 전장에 나갔다.

에피알테스는 레오니다스 왕에게 찾아가 자신도 스파르타를 위해 싸우는 전투에 참여하게 해 달라고 간청한다. 레오니다스 왕은 에피알테스에게 전투와 관련한 몇 가지 테스트를 진행한 다음 에피알테스가 전장에서 동료를 보호할 수 없다고 판단하여 전투가 아닌 보급 업무를 부탁한다. 실망한 에피알테스는 페르시아 제국의 크세르크세스 왕에게 투항하고 스파르타를 공격할 수 있는 중요한 루트를 알려준다. 결국 레오니다스 왕과 300명의 전사들은 에피알테스의 배신으로 인해 페르시아군에게 패배하여 전멸한다.

에피알테스가 겪어 온 차별의 세월

영화 속 레오니다스 왕은 장애인이라는 이유로 에피알테스를 경멸하는 모습을 보이지 않았다. 레오니다스 왕은 에피알테스의 용맹함을 칭찬하면서 나름대로 합리적인 사유를 제시하며 에피알테스의 전투 참가를 막았다. 대신 레오니다스 왕은 에피알테스에게 전투만큼 중요한 보급업무를 부탁한다. 그럼에도 에피알테스가 스파르타에 실망하고 페르시아의 크세르크세스 왕에게 투항한 이유는 무엇일까?

그 이유는 영화의 시작에서 찾아볼 수 있다. 영화는 고대 그리스의 스파르타에 관한 설명으로 시작한다. 여기에는 스파르타의 분위기, 그야말로 약육강식이라는 원칙에 따라 '스파르타식'으로 아이들을 교육하는 내용이 나온다. 그리고 끔찍한 이야기가 나온다. 스파르타에서 태어난 아이들 중 전사가 될 수 없는 장애인들은 아기 때 버려진다는(discard) 것이다.

과거 인간은 그 자체로 존중받아야 할 존재가 아니었다. 인간은 국가 또는 다른 사람을 위한 수단에 불과했다. 군인은 국가를 위한 수단이었고, 자식은 부모를 위한 수단이었다. 인간은 국가나 가정에 노동력을 제공하는 도구에 지나지 않았다. 주인공 레오니다스 왕도 자신이 제대로 된 도구라는 점을 증명하기 위해 어린 소년이

던 때부터 혹독한 훈련을 받았고, 맹수가 우글거리는 숲 속에 나가 늑대를 잡아와야 했다. 도구가 제대로 된 역할을 하지 못하면 버려지게 된다. 이 때문에 제대로 된 도구 역할을 하지 못할 것이 예상되었던 장애아는 애초부터 버려지는 운명이었다.

장애아는 태어나자마자 버려졌지만 에피알테스는 살아남았다. 에피알테스의 부모는 스파르타의 법과 관습을 거부하고 모성애와 부성애를 발휘하여 에피알테스를 보호하였고, 그를 스파르타에 대한 애국심을 가진 훌륭한 청년으로 키워냈다. 하지만 에피알테스는 성장하면서 수많은 스파르타 시민들로부터 경멸의 눈빛을 받았을 것이다. 어떻게 저런 인간이 스파르타에서 살아갈 수 있는가? 에피알테스는 비록 목숨은 부지했지만, 사는 것이 하루하루 지옥이었을 것이다.

정당한 이유가 있는 레오니다스 왕의 배제

에피알테스는 스파르타에서 온전한 한 명의 인간으로 취급받지 못하는 삶을 살아왔다. 이러한 에피알테스에게 페르시아와의 전쟁은 하나의 기회였을 것이다. 다른 사람들은 모두 도망가는 지금이야말로 본인의 애국심을 보여주고 시민으로서 역할을 할 수 있는, 온전한 1명의 사람이라는 것을 입증할 기회였다. 하지만 레오니다스 왕은 에피알테스에게 그러한 기회를 주지 않았다.

물론 레오니다스 왕의 판단은 오늘날의 기준으로도 위법하지 않다. 장애인 차별금지 및 권리구제 등에 관한 법률에 따르면 고용에서 장애인을 차별하는 것은 금지하지만 '정당한 사유'가 있을 경우에는 장애인을 제한·배제·분리·거부 할 수 있다(제4조). 전투라는 특수한 상황을 고려할 때 레오니다스 왕은 정당한 사유에 따라 에피알테스를 배제하였다. 하지만 오랜 세월 경멸의 삶을 살아온 에피알테스 입장에서 이는 또 다른 차별과 무시로 다가왔을 것이다. 만일 스파르타가 평소 장애인에 대해 조금이라도 더 관심을 두는 사회였다면 에피알테스는 보급을 맡아달라는 레오니다스 왕의 부탁을 기꺼이 받아들여 동료들의 전투를 지원했을지도 모른다.

기원전의 '인권선진국' 페르시아 제국

그렇다고 굳이 에피알테스가 조국을 배신하고 페르시아로 갈 필요까지 있었을까? 그 이유는 영화 속에서 찾아볼 수 있다. 스파르타에 침공한 페르시아군은 다양한 군인들을 선보인다. 페르시아의 여러 군인들의 모습은 고대 그리스 사람들 눈에는 그야말로 괴물로 보였을 것이다. 페르시아군은 스파르타인들이 생전 보지 못한 여러 동물과 상상도 못 할 무기들을 선보인다. 그런데 다시 한 번 그 괴물들의 모습을 잘 살펴보면 이들은 다름 아닌 장애인들이었다.

스파르타를 공격하는 페르시아군에는 흉측한 외모를 하거나 이해할 수 없는 행동을 하는 여러 군인들이 있다. 영화에서는 '정상인' 스파르타 군인들이 페르시아의 괴물들을 가볍게 물리친다. 한 페르시아 군인은 거대한 몸통과 흉측한 외모를 가지고 쇠사슬에 묶여 있었다. 영화 「300」에서는 이 장면을 통해 마치 페르시아는 장애인을 억압하고 이들을 무기로 사용하는 것을 비판하는 듯 묘사했다. 하지만 장애아가 태어나면 전사가 될 수 없다는 이유로 버리는 스파르타 사람들이 이러한 비판을 할 자격이 있는지 의문이다.

에피알테스는 풀숲에서 페르시아의 선봉에 선 장애인 군인들의 모습을 보며 자신도 그렇게 할 수 있다고, 목숨을 잃더라도 조국을 지키는 일을 하고 싶다는 생각에 레오니다스 왕에게 참전을 요청한 것이다. 하지만 스파르타군에서 배제된 에피알테스는 실망한 나머지 페르시아에 투항한다. 관대한 크세르스세스 왕은 에피알테스가 스파르타에서는 누릴 수 없었던 온갖 재물과 여자를 주며 에피알테스를 위로한다. 에피알테스가 알려 준 루트는 결국 레오니다스 왕과 스파르타 군인들을 멸망으로 이끈다.

실제 역사에서 스파르타는 인권이라는 측면에서 한참 뒤진 국가였다. 그에 비하여 대제국이었던 페르시아는 인권 보장 측면에서 당시로써는 세계적인 선진국이었다고 한다. 1879년 발견된 키루스 원통(Cyrus Cylinder) 또는 키루스 헌장이라고 불리는 흙 판에는 크세르크세스 왕의 업적이 기록되어 있다.

그런데 여기에는 인권 보장과 관련된 내용이 있으며, 이 때문에 오늘날 사람들은 키루스 원통을 세계 최초의 인권선언문이라고 이야기한다. 페르시아의 장애인 복지정책이 어땠는지는 정확히 알 수는 없다. 하지만 페르시아는 다양한 인종과 민족을 어우러야 했던 제국이었고, 노예제도 폐지, 근로자의 임금 지급 등 인권에 대한 관심이 있었다는 점을 고려하면 최소한 스파르타보다는 나았을 것으로 예상할 수 있다.

영화 속 크세르크세스 왕은 성경 에스더서에 나오는 아하수에로 왕으로도 알려져 있다. 이스라엘 민족을 폭압적인 신바빌로니아 제국에서 해방시키고 이스라엘 사람들에게 종교의 자유를 보장한 관대한 인권선진국이 바로 페르시아 제국이었다. 수천 년이 흐른 오늘날 스파르타와 페르시아 제국을 각각 계승한 그리스와 유럽, 이란과 중동의 인권 상황을 생각해보면 역사를 예측하기란 쉽지 않다는 것을 느낀다.

Esther, Ahasuerus, and Haman(c. 1668)— Jan Steen (Dutch, 1626~1679): 역사가들
은 에스더의 청을 받아들여 하만의 유대인 몰살 계획을 물리친 성경 속 아하수에로
왕을 영화 「300」에 나온 크세르크세스 왕으로 보고 있다.

에피알테스가 진정 원했던 것

필자가 영화 「300」을 처음 봤을 때는 레오니다스 왕과 스파르타 군인들에게 감정이입을 했던 기억이다. 크세르크세스 왕은 너무 이상했고 페르시아군의 모습은 끔찍했다. 스파르타를 배신한 에피알테스의 모습에서는 답답함과 분노를 느꼈다. 크세르크세스 왕이 하사한 재물과 여자를 보며 좋아하는 에피알테스의 모습은 너무도 한심했다.

하지만 세월이 흘러 세상을 보는 눈이 넓어지고 법조인으로서 인권이라는 개념에 대해 더욱 알게 될수록 영화를 바라보는 시각도 달라졌다. 이제는 죽어가던 장애인 페르시아 군인들에게 동정을 느끼고, 조국을 배신했던 에피알테스를 좀 더 이해할 수 있게 되었다. 에피알테스는 곱추로 태어나 온갖 멸시를 받았지만, 누구보다 조국을 사랑했다. 하지만 에피알테스는 결국 조국에 실망하여 적국에 투항할 수밖에 없었고, 그 때문에 영화 속 배반자로 손가락질 받았다.

에피알테스가 원했던 것은 본인의 굽은 등이 펴지는 것도 흉측한 외모가 아름다워지는 것도 아니었다. 에피알테스는 사람들이 본인의 장애를 불쌍하게 생각하고 보호해 주는 것을 원했던 것이 아니다. 그저 사람들이 본인의 모습 그 자체를 인정해주는 것, 그리고 본인도 국가를 위해 싸울 수 있는 기회를 얻기 바랐을 뿐이다.

에피알테스는 설령 죽을 것이 뻔히 보이더라도 싸움의 선봉에서 전우들과 함께 자신도 스파르타의 당당한 시민으로 인정받기 원했다. 레오니다스 왕 옆에서 적들을 향해 "I am spartan."이라고 한 번이라도 외치면서 장엄하게 전사하는 것, 에피알테스가 진정 원한 것은 바로 그것이었다.

05. 양치기 소년이 거짓말을 한 이유

■■■■ 이솝우화 「양치기 소년」과 아동 노동

아동 노동 현황

우리는 어린이에게 충분한 교육과 보호가 제공되어야 하는 것을 당연하게 여기는 시대를 살고 있다. 취학 연령이 된 어린이를 학교에 보내지 않는 보호자는 제재를 받으며, 국가는 '의무교육'이라는 이름으로 어린이들에게 필수적인 교육을 제공한다. 하지만 어린이가 교육과 보호를 받기 시작한 것은 역사적으로 얼마 되지 않은 일이다. 불과 몇십 년 전만 하더라도 어린이들이 열악한 시설의 공장에서 일하고 길거리에서 앵벌이를 하는 모습은 쉽게 볼 수 있는 풍경이었다.

오늘날 전 세계 대부분 국가들은 '명목상' 아동 노동을 금지하고 있다. 우리나라를 비롯한 대다수 선진국들은 아동 노동을 원칙적으로 금지하며, 예외적으로 아동이 노동할 수 있는 경우를 엄격하게 제한한다. 또한, 실제 아동 노동이 이루어질 때에도 아동의 권리를 보호하기 위한 각종 장치를 두고 있다. 국제노동기구(ILO)는 매년 6월 12일을 '세계 아동 노동 반대의 날'로 지정하여 기념하고 있다.

하지만 선진국이 아닌 대부분 국가에서는 아직도 광범위하게 아동 노동이 이루어지고 있다. 많은 아동이 매우 열악한 상황에서 신체적으로 위험한 일을 하며, 그 과정에서 상해를 입거나 심지어는 목숨을 잃기도 한다. 국제노동기구의 2020년 조사에 따르면 전 세계 아동 노동자의 수는 약 1억 6천만 명이며 최근 4년 동안 전 세계적으로 아동 노동자의 수가 840만 명 증가했다고 한다.

아동 노동 금지의 역사

　농경 중심의 전근대 사회에서는 아동 노동이 당연시되었다. 자녀는 농사일을 도와야 하는 일꾼이었기에 대부분 어린이들은 교육을 받지 않은 채 들에 나가 가족의 농사일을 도왔다. 이들에게는 농사일을 배우면서 가족과 이웃들이 가진 삶의 노하우를 보고 듣는 것이 바로 교육이었다. 사람의 권리, 즉 인권이라는 개념 자체가 생소하던 시절이었기에 아동이 노동하는 것을 문제라고 생각하지 않았고 아동을 특별히 더 보호해야 할 존재로 여기지도 않던 때이다.

국제노동기구(ILO: International Labour Organization) 상징

그런데 산업혁명을 거치면서 아동들의 노동환경은 농경사회의 그 것보다도 악화되었다. 그나마 들에서 가족 및 이웃들과 함께하였던 시절과 달리, 아동들은 제대로 된 임금을 받지 못한 채 좁은 공장에서 오랜 시간 동안 육체적, 정신적으로 고통스러운 일을 해야 했다. 이러한 상황 속에서 르네상스와 시민혁명을 거치며 사람들의 인권에 관한 개념이 강화되었고 노동자의 인권문제가 대두되었다.

사람들은 아동 인권에도 관심을 갖기 시작했고 아동 노동을 허용해서는 안 된다는 결론에 이르게 된다. 점차 세상은 아동의 노동을 금지하고 아동의 노동에 대해 특별한 관심을 가지기 시작했다. 국제노동기구(ILO)는 일정한 연령 이하의 아동에게 노동을 시키는 것을 범죄로 보고 있으며, 아동 노동 근절을 위한 여러 업무를 지원하는 한편, 아동 노동 금지에 관한 협약을 만들고 있다. 그럼에도 아동 노동은 근절되지 못하고 있으며, 한편에서는 아동 노동의 금지가 오히려 아동의 복지에 악영향을 준다고 주장하기도 한다.

이솝우화 「양치기 소년」

아동 노동을 둘러싼 문제점과 이에 관한 논의를 살펴보기 위해 다루는 이야기는 이솝우화 「양치기 소년」이다. 양치기 소년 이야기는 이렇다. 양치기 소년은 산에서 양을 돌보다가 심심한 나머지 마을 사람들에게 장난을 치기로 한다. 양치기 소년은 "늑대가 나타났다."라고 소리쳤다. 소년의 외침을 들은 마을 사람들이 달려왔지만 양치기 소년이 장난을 친 걸 알고 돌아갔다. 양치기 소년은 그 이후 몇 차례 더 똑같은 장난을 쳤는데, 마을 사람들은 양치기 소년에게 화를 내고 더 이상 양치기 소년을 믿지 않게 된다. 이후 실제로 늑대가 나타났을 때 양치기 소년은 "늑대가 나타났다!"라고 외쳤지만, 마을 사람들은 오지 않는다. 결국, 늑대는 양을 모두 잡아먹었다.

양치기 소년은 어린 시절 접하는 동화 속 인물 중 피노키오와 함께 거짓말계의 투톱, 쌍두마차라 할만하다. 사람들은 양치기 소년 이야기를 통해 평소 다른 사람들에게 신뢰를 주지 못할 경우의 문제점 및 거짓말을 하지 말아야 한다는 교훈을 배운다. 양치기 소년과 피노키오의 다른 점은 피노키오는 결국 파란 요정에 의해 진짜 사람이 되는 해피엔딩을 맞이하는 반면, 양치기 소년은 자신의 양들이 늑대에게 잡아먹히는 새드엔딩을 맞이한다는 점이다. 그리고 이러한 양치기 소년의 새드엔딩에서 아동 노동의 문제점을 볼 수 있다.

고되고 험한 양치기의 일

'양을 보는 양치기'라는 단어를 들으면 어떤 모습이 떠오르는가? 보통은 양들이 한적하게 풀을 뜯으며 뛰어놀고 있는 푸른초원에서 양치기가 피리를 불고 있는 평화로운 장면이 떠오를 것이다. 하지만 실제 양치기 업무는 매우 고되고 위험한 일이었다고 한다. 양이 무리를 짓는 습성을 가진 동물이라고 하더라도 기본적으로 짐승이기 때문에 무리를 이탈하고 도망가는 양들이 있다. 양치기는 이들을 안전하게 보호해야 하고 때로는 도망가는 양을 잡아와야 했다.

양치기가 일하는 곳의 환경도 좋지 못했다. 양치기는 때로는 뙤약볕 아래에서, 때로는 비바람 속에서 광활한 초원과 산을 뛰어다녀야 했다. 그리고 양들이 풀을 뜯는 초원과 산에는 이들을 노리는 맹수가 있다. 양치기는 맹수로부터 양을 안전하게 지켜야 했고 이를 위해 맹수와 싸워야만 했다. 양치기는 여러 작품 속에서 평화로운 로맨티스트로 등장하지만, 다윗왕이 본래 양치기였다는 것에서 알 수 있듯이 강력한 전사이기도 했다. 다윗이 골리앗을 쓰러뜨릴 때 사용한 돌팔매는 바로 양들을 노리는 맹수를 물리칠 때 사용한 무기였다.

어린 양치기 소년

양치기 소년은 몇 살이었을까? 양치기 소년 이야기는 고대 그리스 시대에 이솝이 만들었다고 전해진다. 이 시절 신체적 성장이 거의 끝날 무렵인 15~16세가 되면 사람은 성인으로 취급받았다. 양치기 소년에 대해 우리나라에서는 '소년'이라고 부르고 일본어에서는 코도모(子供), 즉 '어린아이'라고 부른다. 영어로는 Boy라고 부르며 그 외의 다른 언어들도 비슷한 단어를 사용하는 것으로 보인다. 이런 점들을 종합하면 양치기 소년은 15~16세가 채 되지 않은 어린아이였다는 것을 알 수 있다. 양치기 소년은 어린아이의 몸으로 수많은 양을 돌보고 맹수를 물리쳐야 하는 가혹한 일을 하였다. 게다가 양치기 소년은 사람들로부터 떨어져서 홀로 이 많은 일을 해야만 했다.

국제노동기구(ILO)는 가혹한 형태의 아동노동금지와 근절을 위한 즉각적인 조치에 관한 협약(Convention concerning the Prohibition and Immediate Action for the Elimination of the Worst Forms of Child Labour, ILO Convention No. 182)을 제정하였으며 우리나라를 비롯한 세례 여러 나라가 이를 비준했다. 협약 제1조에서는 "가혹한 형태의 아동 노동을 금지·근절하기 위한 즉각적이고 효과적인 조치를 취해야 한다."라고 규정하면서 제3조 라 항에서는 '수행되는 작업의 성격 및 환경상 아동의 건강 안전 및 도덕성을 저해할 개연성이 있는 작업'을 '가혹한 형태의 아동 노동'의 한 형태로 규정했다. 또한, 근로기준법 제110조는 15세 미만의 아동을 근로자로 부리는 사람에 대해서는 2년 이하의 징역 또는 2천만 원 이하의 벌금형에 처한다고 규정한다. 오늘날의 기준으로 양치기 소년을 고용한 사업주는 국제 협약과 근로기준법을 위반한 것이다.

David With The Head Of Goliath— Alessandro Turchi (Italian, 1578~1649): 평소 양치기로 단련된 다윗이 골리앗을 쓰러뜨린 것은 결코 이변이 아니었다.

양치기 소년이 거짓말을 했던 이유

양치기 소년은 양치기 노동을 하며 어떤 기분을 느꼈을까? 이솝 우화를 해석하는 많은 사람들은 양치기 소년이 '무료'하여 마을 사람들에게 거짓말을 한 것으로 보고 있다. 하지만 양치기 소년이 느꼈을 가장 큰 감정은 무료함보다도 두려움과 외로움이지 않았을까 생각해본다. 양치기 소년은 양을 치는 도중에 언제 일어날지 모르는 온갖 사고를 혼자의 몸으로 막아야 했다.

늑대와 같은 맹수는 양만을 노리는 것이 아니다. 늑대는 양치기 소년을 덮칠 수도 있으며, 소년은 늑대와 싸우는 과정에서 다치거나 심할 경우 목숨을 잃을 수도 있다. 양치기 소년은 종일 혼자서 일해야 했다. 양치기 소년은 대화할 상대조차 없었다. 양치기 소년은 마음속으로 두려움과 외로움을 느꼈을 것이다. 양치기들이 피리를 불고 노래를 불렀던 것은 다름 아닌 두려움과 외로움을 달래기 위함이었다. 그러나 피리와 노래로 외로움과 두려움을 달래는 것에는 한계가 있었고, 양치기 소년의 머릿속에는 다른 사람들과 함께 있고 싶다는 생각이 맴돌았을 것이다.

하지만 마을 사람들이 양치기 소년의 외로움을 달래주기 위해 양치기 소년이 일하는 곳으로 와 줄 이유는 없다. 그렇다면 소년이 사람들을 부르려면 어떻게 해야 했을지 생각해보자. 이야기에서는 소년의 "늑대가 나타났다."라는 외침에 마을 사람들이 한걸음에 달려온 것을 볼 수 있다. 이는 마을 사람들이 양들의 주인이라는 단서이다. 양치기 소년은 '당신들의 소중한 재산이 사라지고 있어요.'라고 외치는 것을 통해 마을 사람들로 하여금 자신에게 발길을 향하게 한 것이다.

A Young Shepherd With His Flock— Luigi Chialiva(Italian, 1842~1914):
언뜻 보면 평화롭게 보이지만 어린 양치기의 눈에서는 외로움과 두려움을 느
낄 수 있다.

마을 사람들의 실수

　양치기 소년의 거짓말을 정당화하려는 것은 아니다. 일단 일을 맡은 이상 양치기 소년은 '선량한 관리자의 주의'로써 양들을 돌봐야 한다. 양치기 소년의 거짓말로 인해 마을 사람들은 시간을 낭비했으며, 결국 양들도 잃었다. 양치기 소년이 마을 사람들에게 혼나야 하는 것은 당연하다. 문제는 마을 사람들의 대처다. 마을 사람들은 양치기 소년을 거짓말쟁이라고만 생각했을 뿐, 양치기 소년이 처해 있는 문제에 대해 전혀 신경 쓰지 않았다.

　근로자가 자꾸 거짓말을 한다면 제재를 가하는 것도 중요하지만, 그러한 행위가 발생하는 원인을 잘 따져보고 재발하지 않도록 조치를 취해야 한다. 경우에 따라서는 업무 적합성을 평가하여 해당 근로자를 업무에서 배제할 필요도 있다. 마을 사람들은 어린아이에 불과한 양치기 소년이 양을 치는 일을 하면서 무언가 문제를 겪고 있다는 것을 알아차렸어야 했다. 양치기를 혼내되 제대로 된 교육 및 양치기 업무를 할 수 있는 지식과 도구를 제공해 준 다음 다시 일터에 내보냈어야 했다.

아동 노동 금지의 이상(理想)과 현실적 문제

하지만 이러한 해결책은 이상에 불과하고 현실은 녹록지 않다. 이는 양치기 소년이 살아가던 고대 그리스에서만 그런 것이 아니다. 아동 노동 금지가 보편적 원리로 인정되며, 그 보장을 위한 국제기구가 있는 현대의 상황에서도 그렇다. 저개발 국가에서 아동 노동이 근절되지 않는 이유는 아동이 노동을 하지 않으면 해당 아동은 물론이고 그 가족들이 먹고살 수 없기 때문이다. 그러한 현실을 무시한 채 이상만을 들이밀 경우 더욱 끔찍한 상황이 벌어지는 것을 많은 사람들이 지적한다.

아동 노동의 근절을 위해 아동 노동으로 제작된 제품에 대한 불매운동이 펼쳐진 적이 있다. 아동 노동을 이용해서 돈을 버는 사업주들을 없애버림으로써 가혹한 환경에서 노동을 강요받는 아동들을 해방시킨다는 좋은 취지에서 펼쳐진 운동이다. 이 운동 덕분에 아동들은 행복하게 되었을까? 결과는 참혹했다. 제품이 팔리지 않자 공장은 문을 닫았고 아이들은 실업자가 되었다. 아이들은 먹고 살기 위해 새로운 일자리를 찾아야 했다. 남자아이들은 더욱 가혹한 일에 종사해야 했다. 그리고 여자아이들은 성매매에 내몰리게 되었다.

어린 아이가 하기에는 가혹하고 위험하다는 이유로 소년이 양 치는 일을 못 하게 할 경우 똑같은 문제가 발생했을 것이다. 양치기 소년의 거짓말을 보고 '양치기 소년이 어떤 어려움을 겪고 있는 것은 아닐까?'라고 생각할 정도의 여유가 있는 상황이었다면 마을 사람들은 애초에 소년에게 양 치는 일을 시키지 않았으리라. 양치기 소년도 저개발 국가에서 아동 노동에 종사하는 아이들처럼 먹고살기 위해 어쩔 수 없이 위험한 양치기의 일을 계속 해야만 했을 것이다.

양치기 소년은 외롭고 무서웠지만, '일을 못 하겠다.'라거나 '무서우니 같이 일을 해 달라.'라고 말할 수 없었을 것이다. 마을 사람들은 양치기 소년의 문제를 해결해주기보다는 양치기 소년을 해고하고 다른 사람에게 양 치는 일을 맡겼을 확률이 높다. 그랬기에 양치기 소년의 입에서 겨우 나올 수 있었던 말은 "늑대가 나타났다."라는 외침이었다. 그렇게 달려온 마을 사람들과 함께 있으면서 양치기 소년 잠시나마 외로움과 두려움에서 벗어나 위안을 느꼈던 것이다.

억울한 양치기 소년을 위한 위로

양치기 소년 이야기에는 버전에 따른 다양한 결론이 있다. 버전 중에는 늑대가 양치기 소년까지 잡아먹는다는 매우 끔찍한 내용도 있다. '늑대랑 짜고 양들을 다른 곳에 팔아버린 후 수익을 나누었다.'라는 식의 이야기가 아닌 이상 양치기 소년은 결국 비극을 맞이한다. 이 비극의 주인공은 친구 피노키오와 함께 거짓말쟁이의 대명사로서 끊임없이 사람들의 입에서 회자되는 중이다.

과거 아이들이 더럽고 위험한 공장에서 일하는 것이 당연시되던 시절이 있었다.

하지만 양치기 소년과 피노키오는 다르다. 양치기 소년은 아마 피노키오를 부러워할 것이다. 양치기 소년 이야기에서 양치기 소년의 가족은 보이지 않는다. 어린 나이에 고되고 위험한 노동에 종사하는 양치기 소년이 위험에 빠졌을 때에도 양치기 소년의 부모가 오지 않은 것을 보면 양치기 소년은 고아였을 가능성도 있다. 아마 부모가 있었다면 왜 그렇게 거짓말을 하는지 묻고 양치기 소년의 사정을 헤아리는 조치를 취했으리라.

이에 비해 피노키오는 나무 인형이었지만 본인을 사랑하고 학교에 보내준 제페토 할아버지가 있었고, 함께 놀러 갈 친구가 있었으며, 위험한 상황에서 보호해준 파란 요정이 있었다. 피노키오도 여러 차례 거짓말을 하여 혼났지만, 양치기 소년에게는 없었던 사회적 유대관계와 보호막 덕분에 결국은 착한 '진짜' 어린이가 되었다. 똑같이 거짓말쟁이로 매도당하지만 아무리 봐도 양치기 소년이 더 억울하다. 그러니 파란 요정이여, 피노키오를 지켜주고 이끌어줬던 것처럼 양치기 소년에게도 관심을 가져주기 바란다.

06. 누가 네로를 도와줄 것인가?

▥소설 『플랜더스의 개』와 복지정책

헌법 제34조

① 모든 국민은 인간다운 생활을 할 권리를 가진다.

② 국가는 사회보장·사회복지의 증진에 노력할 의무를 진다.

③ 국가는 여자의 복지와 권익의 향상을 위하여 노력하여야 한다.

④ 국가는 노인과 청소년의 복지향상을 위한 정책을 실시할 의무를 진다.

⑤ 신체 장애자 및 질병·노령 기타의 사유로 생활능력이 없는 국민은 법률이 정하는 바에 의하여 국가의 보호를 받는다.

⑥ 국가는 재해를 예방하고 그 위험으로부터 국민을 보호하기 위하여 노력하여야 한다.

국가, 사회, 법의 간섭으로부터의 자유

인생은 외롭다. 사람은 세상에 홀로 태어나 홀로 떠난다. 사람은 살면서 많은 문제에 부딪히지만, 결국 이를 본인 스스로 해결할 수밖에 없다. 사람들은 '도움'이란 이름으로 자행되는 간섭을 혐오하며 간섭 없는 자유로운 세상에 살기 원한다. 국가와 법 역시 마찬가지다. 사람들은 국가 그리고 법이라는 존재는 쓸데없이 인생에 간섭하며 도움은 주지 않으면서 일방적으로 권리를 제한한다고 생각한다. 그렇기에 사람들은 국가와 법의 간섭으로부터 해방되기 원한다.

적지 않은 사람들이 법은 인생의 장애물이며 법 없이 살 사람이 법 때문에 피해를 입는다고 생각한다. 국가와 법, 사회와 가족 그리고 주변 사람들이 자신에게 이러쿵저러쿵하지 않기 원한다. 자유를 추구하는 수많은 예술가들은 문학, 영화, 노래 등 많은 작품에서 사람들의 자유를 방해하는 국가와 법을 악한 것으로 묘사하였다. 이러한 모습은 특히 '반항의 시기'를 겪는 청소년들을 대상으로 한 대중문화에서 두드러진다.

우리는 알아서 큰 걸까?

청소년들을 타깃으로 한 아이돌 가수의 노래 가사에서는 '세상은 내 인생에 상관 좀 하지 말라.'라는 내용을 쉽게 볼 수 있다.

"잔소리는 Stop it 알아서 할 게 내가 뭐가 되든 내가 알아서 할 테

니까 좀 I do what I wanna 평범하게 살든 말든 내버려 둘래? 어차피

내가 살아 내 인생 내 거니까"

- ITZY 'Wannabe' 가사 中

위 노래 가사 역시 간섭하는 사람들에게 '내 인생은 내 거니깐 상
관하지 말라.'라는 내용이다. 이러한 사고의 근저에는 자신의 노력
으로 삶을 살아왔으며, 다른 사람, 사회, 국가는 방해만 될 뿐이라
는 생각이 존재한다. '내가 알아서 컸으니 상관하지 말라.'라는 이야
기다. 하지만 잘 생각해보면 사람들은 스스로 알아서 크지 않았다.
우리는 크는 과정에서 수많은 도움을 받았으며, 이러한 도움은 당
연하지 않고 공짜도 아니다.

일단 사람이 태어나려면 생물학적인 부(父)와 모(母)가 존재해야
한다. 태어난 다음 사람은 꽤 오랫동안 다른 사람에게 의식주를 의
지하여 생존한다. 비단 부모만이 아니라 국가와 법도 사람이 나고,
자라며, 살아가는 과정에서 막대한 지원을 해 준다. 사람들은 이것
을 '복지제도', '사회적 기본권', '생존권적 기본권'이라고 부른다. 그런
데 사람들은 국가와 법이 사람의 생존을 위해 제공하는 지원을 너
무도 당연하게 여기는 경향이 있다.

소설 『플랜더스의 개』

복지제도가 당연한 것이 아니며 국가와 법의 역할이 얼마나 중요한지 알아보기 위해 가져온 이야기는 『플랜더스의 개』다. 플랜더스의 개는 영국의 소설가 위다(Ouida)가 1872년 발표한 작품이다. 위다는 영국 작가 마리 루이스 데 라 라미((Marie Louise de la Ramée)의 필명이다. 위다는 어린 시절 아버지에게 들은 벨기에의 이야기를 가지고 플랜더스 지방을 배경으로 이 작품을 집필했다고 한다. 『플랜더스의 개』 이야기는 다음과 같다.

네로는 우유 배달일을 하며 화가를 꿈꾸는 15세 소년이다. 네로는 할아버지 그리고 늙은 개 파트라슈와 함께 벨기에 플랜더스 지방의 한 시골에서 살고 있었다. 네로의 친구 알로아는 풍차 오두막 집 주인 딸인데, 알로아의 아버지는 네로를 좋아하지 않았다. 네로는 어려운 환경에도 불구하고 행복하게 살기 위해 노력했지만, 할아버지가 돌아가시고 풍차 오두막 화재 사건의 범인으로 몰렸으며, 우유 배달일도 다른 사람에게 빼앗기는 절망적인 상황에 놓인다. 네로는 그림대회에 작품을 출품했으나 입상에 실패하여 화가의 꿈마저 접는다. 살던 집에서도 쫓겨난 네로는 크리스마스날 파트라슈와 함께 성당에서 그토록 보고 싶어 하던 루벤스의 그림을 보며 죽는다.

Jehan Daas could sit in the doorway and see them go forth through the garden wicket.

[p. 14.

소설 『플랜더스의 개』 표지

당연하게 생각하는 생존을 위한 여러 제도

우리는 현대 복지국가를 살아가고 있으며 대한민국은 전 세계 200여 개 국가 중 꽤 복지제도가 잘 갖추어진 나라이다. 대한민국보다 복지제도가 잘 되어 있는 나라가 없진 않다. 하지만 여러 분야를 종합적으로 고려할 때 대한민국은 높은 수준의 복지 선진국에 해당한다. 여기에 대해 '한국은 멀었다.', '한국은 복지 후진국이다.'라고 반박하는 사람도 있을 것이다. 그러나 '선진'과 '후진'은 상대적 개념이라는 점을 고려해야 한다. '선진국'은 이상적인 유토피아를 뜻하는 말이 아니다. 그러면 한번 대한민국 국민이 살면서 얼마나 많은 복지 혜택을 누리는지 살펴보자.

대한민국 국민은 '배아(胚芽)'인 시절, 그러니까 수정되어 엄마 자궁에 착상된 순간부터 국가의 지원을 받는다. 임신부에게 국가는 병원비를 비롯한 각종 혜택을 제공해 준다. 임신부가 출산할 때 들어가는 병원비 역시 그 상당 부분을 국가가 부담한다. 지방자치단체는 아이가 태어나면 일정한 금액의 돈을 축하금 명목으로 지급한다. 국가는 어린아이들이 병에 걸려 죽지 않도록 온갖 예방 주사를 무료로 접종해 준다. 아이가 커서 유치원이나 어린이집에 들어갈 때를 생각해보자. 국가는 유치원과 어린이집에 내야 할 교육비의 전부 또는 상당 부분을 부담한다. 유치원과 어린이집에서 먹는 급식과 간식비 역시 마찬가지다.

초·중·고등학교 비용은 무료이며, 국가와 지방자치단체는 학생들이 먹는 급식비를 제공한다. 사람이 아프면 병원에 가는데 병원비 중 상당 부분은 건강보험에 의해 해결된다. 교통사고를 당하면 119 구급대가 출동하여 병원 응급실에 데려가 치료를 받게 해준다. TV와 라디오에서는 제작비에 비하여 매우 저렴한 비용으로 사람들에게 소식을 전해주는 공영방송이 송출된다. 국가의 치안시스템 덕분에 사람들은 밤거리를 자유롭게 돌아다닐 수 있다. 현재 이 땅에 전쟁이 발발하지 않는 이유는 대한민국의 국방시스템이 정상적으로 작동하기 때문이다.

법은 국가에게 국민들의 인간다운 생활을 할 권리의 보장 및 생활능력이 없는 사람에 대한 지원을 명령한다. 물론 이는 공짜가 아니다. 이러한 시스템은 국민들이 낸 세금으로 돌아간다. 어린 시절에는 세금을 낼 능력이 없으니 부모와 앞선 세대의 어른들이 낸 세금으로 이러한 지원을 받는다. 그리고 아이가 커서 어른이 되면 또다시 후세의 지원을 위한 세금을 낸다. 이처럼 우리는 알아서 크고 당연히 생존하고 있는 것이 아니며, 국가와 법의 치밀한 시스템 속에서 살아가는 것이다.

네로가 현대 대한민국에서 살았다면

네로의 삶은 기구하고 슬프다. 네로와 그의 친구 파트라슈가 맞이하는 최후는 가혹하다. 네로의 삶은 비극의 연속이다. 마을 사람들은 하나같이 비정하며 네로를 불쌍하게 여기는 알로아 외에 누구도 네로를 도와주지 않는다. 파트라슈와 다니는 네로의 모습을 보면서 '대형견에 목줄과 입마개를 하지 않았으니 과태료를 물려야 한다.'라는 지적에 대해 '파트라슈는 마을 사람들 좀 물어도 된다.'라고 받아치는 농담이 있을 정도이다. 하지만 마을 사람들도 네로보다 상대적으로 약간의 여유가 있을지언정 어렵고 힘든 시기를 살아가는 소시민들에 불과하다. 알로아의 아버지는 화재로 엄청난 재산상 손해를 입었고, 네로의 일자리를 빼앗아간 사람 역시 먹여 살려야 할 가족이 있는 가장 중 한 명이었을 것이다. 이러한 네로를 누가 도와줬어야 하느냐는 질문에 대해 현대 복지국가를 살아가는 우리는 쉽게 답변할 수 있다. 바로 국가가 네로를 도와줬어야 한다.

The village doctor- Felix Schlesinger(German, 1833~1910): 우리는 동네 의원에서 몇천 원만 내고 전문의를 만나 진료를 받는 것을 당연히 여기지만, 이는 모두 잘 작동하는 건강보험제도 덕분이다.

19세기 벨기에를 살아가던 네로가 오늘날의 대한민국에서 살았다면 어땠을까? 일단 네로는 조손(祖孫) 가정에 별다른 재산도 없으며 할아버지는 몸이 아파 노동능력이 없다. 따라서 네로의 가족은 기초생활수급자로 지정되어 매월 일정한 생활비를 지원받았을 것이다(국민기초생활보장법 제8조). 할아버지와 네로는 의료보험 제도의 혜택을 받아 아파도 저렴하게 또는 무료로 치료 받을 수 있다(국민기초생활보장법 제12조의 3). 할아버지와 네로는 저렴한 임대료만을 내고 국민임대주택에 입주할 수 있다(공공주택 특별법 시행규칙 제14조).

네로는 최소한 중학교까지 무상으로 학교에 다니며 공부할 수 있다(교육기본법 제8조). 네로가 고등학교나 대학교에 진학할 경우 높은 확률로 전액장학금을 받으며 하고 싶은 미술 공부를 할 수 있다(한국장학재단 설립 등에 관한 법률 제1조). 네로가 학교에서 먹는 급식은 무료이며, 학교 졸업 후 취업교육을 무상으로 받을 수 있다(직업교육훈련 촉진법 제1조). 네로가 풍차 방화범으로 억울하게 몰려 재판을 받게 되면 국가는 네로에게 변호사를 선임해 줄 것이다(형사소송법 제33조, 민사소송법 제128조).

오늘날 한국에도 가난으로 인하여 비참하게 살다 굶어 죽는 사람이 없는 것은 아니다. 그래도 삶에 대한 의지와 꿈이 있었던 네로라면 한국에서 어떻게든 살아남았을 것이다.

국가와 법이 네로를 도와주는 이유

국가와 법은 왜 네로가 생존할 수 있도록 지원해주는 것일까? 사람들은 '인간의 존엄성'이라든지 '생존권'이라는 말로 이를 설명한다. 하지만 세상은 그렇게 무르지도 감상적이지도 않다. 국가와 법이 네로와 같은 사람을 도와주는 것은 국가와 사회를 유지하기 위해서다. 국가는 빈부 격차가 심해지는 것도, 굶어 죽는 사람이 생기는 것도 원하지 않는다. 그것이 가혹하기 때문이 아니라 그러한 일이 발생하면 사회와 국가가 제대로 유지될 수 없기 때문이다.

과거 사람들의 중요한 과제는 국가와 종교로부터 재산권을 지키는 것이었다. 시민혁명은 '자유 시장 경제원리'와 '사유재산권의 절대적 인정'으로 이어졌고 사람들은 자본주의 시장 매커니즘에 의해 국가와 사회가 바람직한 방향으로 발전할 것으로 예상했다. 그러나 자본주의는 사람들 간 빈부 격차의 문제를 발생시켰고, 빈자들은 극단적으로 열악한 상황에 빠졌다. 잃을 게 없는 사람들은 극단적인 선택을 하게 되고 가진 사람들을 공격한다. 이는 사회적 혼란을 가져오고, 전쟁으로 발전할 수도 있다. 플랜더스의 네로는 미술대회 입상에 실패한 후 쓸쓸히 죽음을 맞이하였지만, 미대 입시에 실패한 오스트리아 청년 히틀러의 선택은 달랐던 것처럼 말이다. 두 차례 세계대전의 발발과정에서 공통적으로 자본주의의 모순과 실패를 찾아볼 수 있는 것은 우연이 아니다.

자본주의의 병폐로 발생하는 빈자들을 방치할 경우 국가와 사회는 큰 위협을 받게 된다. 이로 인해 국가와 사회가 무너지게 되면 구성원 모두가 피해를 입게 된다. 그러니 국가와 사회는 빈자를 구제하고 아픈 사람을 도와주고 빈부 격차를 해소하는 복지 정책을 펴는 것이다. 물론 자본주의의 병폐가 발생하기 이전에도 빈부 격차로 인한 사회 혼란은 국가 존립을 위협하는 큰 문제였으며, 이를 해결하기 위한 다양한 제도가 존재했다. 조선 왕조는 '구휼미'와 같은 제도를 운용했고, 고대와 중세 유럽에서는 교회가 빈자의 구제를 담당했다. 다만 이를 최초로 국가가 베푸는 '은혜'의 차원이 아닌 인간의 당연한 '권리'로 규정한 것은 1919년 독일 바이마르공화국 헌법이다. 바이마르공화국 헌법 제151조에서는 '인간다운 생활'에 관한 권리를 규정하였고, 이후 우리나라를 포함한 세계 여러 나라의 헌법이 이를 받아들였다.

그렇다고 우리가 국가와 법에게 한없이 고마워하고 국가에 대한 개개인의 희생을 당연시해야 한다는 결론에 이르러서는 안 된다.

앞서 설명했듯이 국가는 국민이 낸 세금을 통해 복지제도를 운영한다. 국민과 국가는 별개의 존재이지만, 한편으로 국민 한 명 한 명이 합쳐져서 국가가 된 것이다. 국가의 힘은 국민에게서 나오며 국가의 법은 국민끼리의 약속이다. 우리와 우리 이웃이 낸 세금이 국가를 만들고 국가는 우리에게 복지서비스를 제공해 준다. 국가는 국민이 불쌍해서가 아니라 필요하기 때문이 지원해 주는 것이다. 국가와 국민은 서로의 필요에 따라 계약을 체결했고 이에 따른 권리·의무 관계를 맺고 있는 것이다.

법에 당연한 것은 없다.

세상일이 그렇지만, 특히 법과 관계된 일에 당연한 것은 없다. 헌법에는 국민이라면 누구나 당연한 권리, 기본권을 갖고 있다고 적혀 있다. 하지만 권리가 당연하다고 강조하는 것은 역설적으로 권리가 당연하지 않았던 세월이 더 길었고 언제든지 침해될 수 있었기 때문이다. 정말 당연한 것이라면 강조하면서 헌법에 특별히 규정할 필요가 없다. 국가와 법은 비용과 필요, 이익과 손해의 계산 끝에 움직인다. 이러한 현실을 무시하고 '당연하다'라는 전제에서 국가와 법을 대하는 순간 오히려 국가와 법이라는 정교한 시스템은 무너진다. 복지를 당연한 것으로 생각하고 정책을 추진한 수많은 국가들이 파산하고 국민의 기본권이 전혀 보장되지 못하는 상황이 초래되는 것을 우리는 쉽게 볼 수 있다.

보이지 않는 손에 의해 모든 것이 잘될 것이라고 생각하던 시절이 있었다. 하지만 그러한 순진한 생각으로 자본주의를 믿은 결과는 빈부 격차와 사회적 약자의 증가에 따른 국가의 실패였다. 이러한 자본주의의 실패에 따라 대두된 공산주의의 상황은 더욱 참담했다. 빈부 격차의 해소를 위해 '있는 자'를 때려잡았으나, 더욱 고통을 받은 것은 '없는 자'들이었다. 결국, 자본주의 국가는 공산주의의 요소를 받아들이고 공산주의 국가는 자본주의 요소를 받아들이며 어떻게든 조화와 균형을 꾀하는 상황이다.

네로에게 인간다운 삶을 보장하기 위해 필요한 자세

한국에서 『플랜더스의 개』는 원작 소설보다는 동화 및 애니메이션으로 더욱 유명하다. 한국 사람들은 보통 어린 시절 TV에서 본 애니메이션을 통해 네로와 파트라슈를 접한다. 그런데 막상 애니메이션의 내용은 어린아이들이 보기에 너무 잔혹하고 슬픈 이야기다. 애니메이션 오프닝 노래는 매우 밝고 명랑한 분위기인데 오프닝 마지막 부분에는 파트라슈가 끄는 수레에 탄 네로가 하늘로 올라가는 장면이 나온다. 노래 가사 중에는 이런 구절이 있다.

"잊지 못하리 꿈의 그 길을 파트라슈와 함께 걸었던 하늘로 펼쳐진
그 길을."

애니메이션을 끝까지 본 사람들은 알겠지만, 이 부분은 네로와
파트라슈가 죽어서 하늘로 올라가는 장면이다. 주인공이 죽는 장
면을 이렇게 명랑하게 표현하면서 오프닝 화면에 넣다니, 지금 생
각해보면 매우 그로테스크한 편집이다. 하지만 한편으로 그 시절
세상은 가혹했고, 국가의 복지는 미비했으며, 한 명뿐인 혈육을
잃은 어린 소년에게는 더 이상 세상을 살아갈 희망이 보이지 않았
을 것이다. 네로 입장에서 좋아하는 화가 루벤스의 그림을 보면서
절친한 친구 파트라슈와 함께 죽음을 맞이하는 것은 비참한 최후
가 아니었다. 네로는 참담한 현실을 벗어나 천국으로 가는 행복한
여정, 하늘로 펼쳐진 그 길을 가는 것이었다. 네로만이 아닌 그 시
절을 살았던 성냥팔이 소녀 역시 같은 생각이었을 것이다.

The Raising of the Cross- Peter Paul Rubens(1610~1611): 네로가 죽어가며
감상했던 루벤스의 그림 중 하나

세상에는 여전히 많은 네로가 있다. 세월이 흐르고 경제가 발전하면서, 그리고 복지제도가 발달하면서 어딘가에 있을지 모르는 많은 네로의 상황은 호전되고 있다. 우리는 네로의 죽음을 당연하게 여기지 않으며, 국가와 법은 어떻게든 네로를 살리기 위해 노력하고 있다. 하지만 기억해야 할 것은 오늘날의 네로를 살리려는 이유는 단순히 불쌍하기 때문이 아니라는 점이다. 네로의 죽음이 결국 우리 모두에게 손해라는 냉정한 계산 끝에 국가와 법은 네로를 도와주며 네로의 삶에 간섭하는 것이다. 우리는 우리가 알아서 큰 것도 아니며, 우리가 누리는 것이 당연하지 않다는 것을 인정할 때 비로소 복지제도는 유지될 수 있고, 우리 곁의 네로를 살릴 수 있다.

07. 이유 있는 베짱이의 욜로 생활

〗〗〗이솝우화 「개미와 베짱이」와 국민연금

> 국민연금법 제1조(목적) 이 법은 국민의 노령, 장애 또는 사망에 대하여
> 연금 급여를 실시함으로써 국민의 생활 안정과 복지 증진에 이바지하
> 는 것을 목적으로 한다.

미래의 존재- 현재의 동력

지나온 시간을 과거(過去), 지금을 현재(現在), 다가올 시간을 미
래(未來)라고 한다. 물리적으로 과거, 현재, 미래는 명확히 구분되
지 않는다. '현재'라고 생각하는 순간 시간은 흘러 '과거'가 되고 '미
래'라고 생각한 나중은 곧 현재가 된다. 오늘은 어제의 미래인 동시
에 내일의 과거이다. 사람들은 다가올 시간, 즉 미래를 소중히 하며
더 나은 내일을 맞이하기 위해 노력한다. 사람들은 과거와 현재를
분석하고 공부하여 미래를 대비하려 한다.

사람에게 있어 대비해야 할 미래의 존재는 현재를 더욱 열심히

살아가는 동력이 된다. 사람들은 더 나은 미래를 위해 현재를 희생한다. 학생은 좋은 대학과 직장이라는 장래의 이익을 위해 현재 놀면서 안락하게 지낼 기회를 포기한다. 언제 닥칠지 모르는 재난을 대비하여 지금 가지고 있는 돈을 아껴 보험료를 내고, 나중에 쓸 돈을 생각하며 오늘 쓰고 싶은 돈을 저축한다.

국민이 미래가 없이 산다면?

사람들이 미래를 대비하고 있는지는 국가 입장에서도 중요한 문제다. 사람들에게 미래가 없다면 말 그대로 오늘만을 위해서 '막' 살 것이다. 지구의 종말을 다룬 수많은 작품에서 사람들이 삶의 목적을 잃고 방황하며 세상이 혼란해지는 설정은 논리적 근거가 있다. 그래서 국가는 법을 통해 사람들이 미래를 대비하도록 한다. 굳이 따지자면 형법 규정도 그러한 종류 중 하나다. 사람들은 오늘 범죄를 저지르고 싶어도 내일 감옥에 갈 것이 두려워 참는다. 하지만 더욱 직접적이고 강제적으로 국가가 사람의 미래를 대비하도록 하는 제도가 있다. 세금은 아니지만 세금처럼 내는 것, 월급명세서를 볼 때마다 '저것만 안 나가면' 이라는 생각을 하게 하는 항목, 다른 것에 비해 유독 금액이 크고 눈에 띄는 그것, 바로 국민연금이다.

이솝우화 「개미와 베짱이」

국민연금 제도를 살펴보기 위해 갖고 온 이야기는 이솝우화 「개미와 베짱이」다. 무더운 여름날 개미는 땀을 흘리며 열심히 일하지만, 베짱이는 노래를 부르며 놀기만 하였다. 이윽고 겨울이 되었을 때 개미는 여름에 모아둔 식량을 먹으며 따뜻한 겨울을 보냈지만, 베짱이는 모아둔 식량이 없어 개미에게 식량을 구걸하다 비참하게 죽는다.

The Ant and the Grasshopper(2021) - Hunter Kim(2014~): 베짱이는 열심히 일하지 않아 결국 비참한 겨울을 보낸다는 것이 이야기의 핵심이다.

국민연금공단 서울북부지역본부 건물

　개미와 베짱이는 사람들에게 미래를 대비해야 한다는 교훈을 전해주는 이야기다. 개미는 '저축'을 했지만, 베짱이는 '저축'을 하지 않았기에 둘의 삶이 달라졌다는 점을 지적하면서 저축의 중요성을 강조하기도 한다. 연금제도를 이야기할 때도 개미와 베짱이가 자주 인용된다. 금융회사들이 연금 상품의 가입을 유도하기 위한 예시로 개미와 베짱이 이야기를 활용하는 모습을 쉽게 볼 수 있다. 우리는 어린 시절부터 개미처럼 열심히 현재를 희생하여 미래를 대비해야 하며, 베짱이처럼 놀기만 해서는 안 된다고 배웠다.

국민연금의 역사

'연금'이란 어려운 말로는 '노령층의 사회적 부양을 약속한 세대 간 계약'을 뜻한다. 이를 좀 더 쉽게 풀어쓰면 '나이가 먹고 더 이상 일을 할 수 없을 때, 노후에 필요한 생활비를 위해 지급되는 돈'을 말한다. 원래 연금의 기본적인 모습은 개인이 알아서 연금 상품에 가입하거나 회사가 직원을 위해 준비해주는 것이다. 이를 사적(私 的) 연금, 개인연금이라고 한다. 개인은 다가올 불안한 미래, 특히 나이 들어 일할 수 없는 노년의 때를 대비하여 연금 상품에 가입한 다. 기업은 직원들의 복지와 사기 진작을 위해 연금 제도를 구비해 놓는다.

그런데 개인이나 기업에게만 이 제도를 맡긴다면 사람들이 미래 를 제대로 대비하지 못할 가능성이 크다. 사람마다 생각이 다르고 다수의 사람들은 알 수 없는 미래보다는 당장의 현실을 위해 돈을 쓰려 하기 때문이다. 하지만 사람들이 미래를 제대로 대비하지 못 할 경우 나중에 빈곤한 노년층이 증가하는 사회적 문제가 발생한 다. 이를 해결하기 위해 도입된 것이 바로 공적(公的)연금이다.

우리나라는 공무원, 군인, 교사에 대해서만 국가에서 연금제도 를 운용하였으나, 1988년 전 국민을 대상으로 한 국민연금 제도가 도입되면서 모든 국민이 공적연금 서비스를 이용할 수 있게 되었다. 법은 공무원 연금 등의 가입자를 제외한 18세 이상 60세 미만 전 국민이 의무적으로 국민연금에 가입하도록 하고 있고, 다만 소득활동을 하지 않아 보험료 납부 능력이 없는 사람들에 대해서만 의무가입을 면제해 주고 있다. 그리고 이러한 국민연금 의무가입제도가 타당한지에 관하여는 뜨거운 찬반 논의가 이어지고 있다.

미래를 '강제로' 대비해야 할 필요가 있을까?

국민연금은 공짜가 아니며 미리 보험금을 납입하고 나중에 돌려받는 구조를 갖고 있다. 따라서 가입자는 나중에 연금으로 지급받을 돈을 지금 미리 내야 한다. 소득이 없는 등의 일정한 사유가 있을 경우에는 국민연금 가입이 면제되지만, 대부분 직장인과 자영업자들은 이를 피할 방법이 없다. 문제는, 예를 들어 월급 200만 원 중 20만 원을 국민연금이 떼어간다고 할 때 사람마다 20만 원의 가치에 대해 느끼는 감정이 다르다는 것이다. 누군가에게는 20만 원이 당장 없어도 큰 상관이 없을지 모르지만, 또 어떤 이에게는 지금 꼭 필요한 돈일 수 있다. 하지만 사람들은 선택할 수 없고 강제로 20만 원을 내야만 하는 것에서 문제가 시작된다.

헌법에 따르면 국가가 국민에게 무언가를 강제하려면 법적 근거가 필요하다. 국민들을 국민연금에 강제로 가입하게 하여 당장 써야 할 돈을 빼앗는 것은 명백한 재산권의 제한이다. 내가 가진 돈으로 연금 상품에 가입하여 미래를 대비하든, 아니면 지금 펑펑 쓰면서 즐기든 그것은 그 사람의 자유다. 국가가 국민에게 연금의 가입을 강제하고 노후를 위하여 지금 당장 가진 돈을 내놓으라고 할 수 있는 근거는 무엇인가? 이에 관하여는 국민들의 국민연금에 대한 의무가입을 규정한 '국민연금법'이 제정되어 있다. 국민연금법 제6조는 "국내에 거주하는 국민으로서 18세 이상 60세 미만인 자는 국민연금 가입 대상이 된다."라고 규정하여 일정 연령의 국민은 의무적으로 국민연금에 가입해야 한다는 명령을 내렸다.

국민연금법상 의무가입조항의 위헌 문제

하지만 아무리 법적 근거가 있다고 하더라도 기본권의 제한에는 한계가 있다. 헌법 제37조 제2항은 "국민의 모든 자유와 권리는 국가안전보장·질서유지 또는 공공복리를 위하여 필요한 경우에 한하여 법률로써 제한할 수 있으며, 제한하는 경우에도 자유와 권리의 본질적인 내용을 침해할 수 없다."라고 규정한다. 실무가와 학자들은 기본권을 제한하기 위해서는 목적의 정당성, 방법의 적절성, 피해의 최소성, 법익의 균형성이라는 요건을 갖춰야 한다고 해석한다.

몇몇 사람들은 국민연금 의무가입 조항이 위와 같은 기본권 제한의 요건을 갖추지 못했다고 주장하였고, 이에 헌법재판소는 국민연금 의무가입조항의 위헌 여부를 심사하였다. 헌법재판소는 다음과 같은 논리로 국민연금 의무가입 제도는 합헌이라고 보았다.

"강제가입과 연금보험료의 강제징수를 전제로 한 국민연금제도는 자신 스스로 사회적 위험에 대처하고자 하는 개인들의 행복추구권을 침해한다고 볼 수 있다. 그러나 국민의 노령·폐질 또는 사망에 대하여 연금 급여를 실시함으로써 국민의 생활안정과 복지증진에 기여할 것을 그 목적으로 하는 국민연금법의 입법목적에 정당성이 있으며, 국가적인 보험기술을 통하여 사회적 위험을 대량으로 분산시킴으로써 구제를 도모하는 사회보험제도의 일종으로써 그 방법 또한 적정하고, 필요한 최소한도로 개인의 선택권이 제한되며, 국민연금 제도를 통하여 달성하고자 하는 공익이 개별적인 내용의 저축에 대한 선택권이라는 개인적 사익보다 월등히 크다고 보아야 할 것이어서 과잉금지의 원칙에 위배되지 아니하므로, 결국 위 행복추구권 침해는 헌법에 위반된다고 할 수 없다."(헌법재판소 2001. 2. 22. 선고 99헌마365 결정).

사람들이 국민연금을 불신하는 이유

헌법재판소의 위와 같이 지극히 타당해 보이는 논리에도 불구하고 많은 사람들은 여전히 국민연금에 대해 고마워하지도 않고, 오히려 없어져야 할 제도라고 생각한다. 여러 가지 이유가 있겠으나 지금 강제로 돈을 내지만 이득을 보는 것은 나중이라는 것이 가장 큰 문제일 것이다. 그리고 '나중'이라는 것은 알 수 없는 미래고 어떤 일이 생길지 모른다. 나중에 확실하게 이득을 본다는 장담을 할 수 없고, 나중에 보는 이득이 정말 이득인지도 알 수 없다.

국민연금 제도를 운용하려면 돈이 필요하다. 그 돈은 다른 곳이 아닌 국민들의 주머니에서 나온다. 일을 할 수 없는 노년층에게 줘야 할 연금은 노년층이 젊었을 때 일하면서 받은 급여로 조성된 돈이다. 당장 지금 나가는 돈, 그러니까 손해는 눈에 확실히 보이고 피부로 느껴진다. 하지만 나중에 받을 돈, 그러니까 이익은 당장 눈에 보이지도 않고 피부로 느낄 수 없다. 미래에 이득을 보는 것은 확실한지도 의심스럽다.

시간의 흐름에 따른 자산의 가치 변화는 더 이상 경제학 전공자들만 아는 이론이 아니다. 사람들은 돈의 가치가 시간에 따라 변하고, 보통은 돈의 가치가 하락한다는 것을 안다. 원숭이들도 아침에

4개, 저녁에 3개 받는 것이 아침에 3개, 저녁에 4개 받는 것보다 좋다는 것을 알고 있다. 오늘 내가 50만 원을 내서 30년 후 60만 원을 받으면 단순하게 10만 원 이득이라고 계산할 수 없다.

또한, 연금은 하나의 상품이고 이를 운용하는 회사가 망해버리면 그동안 낸 돈은 무용지물이 되어버린다. 우리는 역사적으로 수많은 국가가 망해버린 것을 알고 있으며, 우리나라도 여러 차례 위기를 겪은 것을 보았다. 여러 경제학자들은 우리나라 국민연금은 결국 고갈될 것이라는 전망을 내놓고 있다. 사람들은 단순히 연금을 적게 받는 것이 아니라 연금을 아예 못 받을 가능성을 인지하기 시작했다.

개미와 베짱이를 바라보는 시선의 변화

이러한 인식의 변화와 함께 사람들은 이야기 속의 개미와 베짱이를 다르게 바라보기 시작했다. 과거 개미는 성실한 승리자, 베짱이는 게으른 패배자의 표본이었다. 하지만 요즘 사람들은 그러한 전통적인 관점에서 이야기를 해석하지 않는다. 개미와 베짱이 이야기에는 다양한 버전이 존재한다. 개미는 일을 해 급여를 모았지만 사놓은 부동산 가격이 폭등한 베짱이보다 더 가난해졌다는 버전, 개미는 너무 열심히 일한 나머지 겨울이 되기 전에 과로사한다는 버전 등, 새로운 버전의 개미와 베짱이 이야기를 보고 있노라면 인플레이션이 극심했던 독일 바이마르 공화국 시절 공무원 형이 차곡차곡 모아 놓은 월급보다 매일 술만 마시며 놀았던 동생이 모은 빈 술병 가격이 더 비쌌다는 일화가 떠오른다. 최근에는 베짱이는 욜로(YOLO)의 상징이 되었고 오히려 개미가 미련한 것이라는 인식이 퍼지고 있다.

장자(B.C. 369 ~ B.C. 286)의 조삼모사(朝三暮四) 이야기에 나오는 원숭이들의 현명함은 현대 경제학에서 재조명 되고 있다.

실제로 개미, 그중에서도 일개미의 수명은 몇 개월이 채 되지 않는다. 개미는 여름 내내 일을 했더라도 추운 겨울이 되기 전에 죽어 본인이 쌓아 놓은 곡식을 먹지 못 했을 가능성이 높다. 또한, 일개미가 설령 살아남더라도 본인이 쌓은 곡식 중 대부분은 손도 대지 못했을 것이다. 개미가 일해서 곡식을 쌓아 둔 것이 국민연금이었다면 개미는 손해만을 본 것이다. 어차피 추운 겨울이 오기 전 죽게 될 운명이라면 일만 하다 죽은 개미와 노래 부르며 놀다 죽은 베짱이 중 누가 더 불쌍하겠는가?

그럼에도 유지될 수밖에 없는 제도

그럼에도 불구하고 국가는 계속하여 국민연금에 사람들을 강제로 가입시킬 것이고 어떻게든 이 제도를 유지하려 할 것이다. 국가는 국민 개개인과는 바라보는 관점이 다르다. 국민 개개인 입장에서는 국민연금 제도로 인해 이익을 보기도 하고 손해를 입기도 하지만 국가 전체적으로는 이 제도의 운용이 분명 '플러스'다. 이를 멋진 말로 표현하면 헌법재판소 결정의 "국민연금제도를 통하여 달성하고자 하는 공익이 개별적인 내용의 저축에 대한 선택권이라는 개인적 사익보다 월등히 크다."라는 부분이다.

국가가 국민에게 국민연금의 강제가입을 납득시키려면 신뢰할만한 미래를 보여줘야 한다. 지금 사람들이 국민연금제도에 저항하는 것은 국가가 국민연금에 대한 무수히 많은 의심들을 제대로 해결하지 못했기 때문이다. 베짱이인들 추운 겨울 굶주리며 보내고 싶었겠는가? 베짱이도 수명이 몇 개월밖에 되지 않는 곤충이고 겨울이 되기 전 죽을 운명이었다. 베짱이 입장에서는 어차피 곧 죽는 인생 즐기며 사는 것이 확실한 이득이다.

지금의 손해는 확실하며 나중의 이득은 불확실하다. 국가는 베짱이에게 잘 버티면 겨울이 오고 봄이 지나면 다시 여름이 온다는 것을 납득할 수 있도록 설득해야 한다. 또한, 국가는 지금 열심히 연금을 납입하는 개미들이 손해를 입지 않는 미래를 보여줘야 한다. 개미와 베짱이는 함께 열심히 일한 후 노년의 시기가 되었을 때 "그때 여름은 참 더웠지."라고 허허거리면서 쌓아둔 연금으로 죽는 날까지 행복하게 살았다는 결말을 보려면 말이다.

08. 이원술의 변호사가 웃은 이유

IIIII 「강철중: 공공의 적 1-1」과 사내변호사

변호사법 제2조(변호사의 지위) 변호사는 공공성을 지닌 법률 전문직으로서 독립하여 자유롭게 그 직무를 수행한다.

변호사윤리장전 제51조 [사내변호사의 독립성] 정부, 공공 기관, 비영리단체, 기업, 기타 각종의 조직 또는 단체 등(단, 법무법인 등은 제외한다. 이하 '단체 등'이라 한다.)에서 임원 또는 직원으로서 법률 사무등에 종사하는 변호사(이하 '사내변호사'라 한다.)는 그 직무를 수행함에 있어 독립성의 유지가 변호사로서 준수해야 하는 기본 윤리임을 명심하고, 자신의 직업적 양심과 전문적 판단에 따라 업무를 성실히 수행한다.

사내변호사의 시대

과거 변호사라고 하면 재판에 나가 변론을 하는 '송무(訟務) 변호사'의 모습을 떠올렸다. 변호사의 주된 업무는 법적 분쟁이 실제 재판으로 발전한 경우에 의뢰인에게 법률서비스를 제공하는 것이었다. 하지만 변호사의 수가 급증하면서 송무 영역만으로는 배출되는 변호사의 공급을 감당하기 어려워졌다. 한편 경제가 발전하고 기업이 성장하면서 기업 내부의 복잡한 법률 업무 처리에 관한 수요가 생겼다. 법치주의가 정착되면서 사회 모든 곳에서 발생하는 여러 가지 법적인 문제의 처리에 사람들이 관심을 갖기 시작했고, 특히 사전에 법적 분쟁을 예방하는 일의 중요성이 대두되었다. 이러한 여러 가지 이해관계가 맞아떨어져 기업에 고용되어 법률 사무를 처리하는 '사내(社內) 변호사(In house counsel)"라는 영역이 생겼다. 현재 수많은 변호사들이 기업체에 들어가 활동하고 있고, 사내변호사의 숫자는 이를 헤아리는 것 자체가 무의미할 정도로 증가했다. 국내 최대 기업집단인 삼성그룹에 근무하는 사내변호사의 수가 국내 최대 로펌에 근무하는 변호사의 수보다 많다고 할 정도다.

사내변호사가 증가하면서 사내변호사의 윤리와 관련된 여러 문제가 발생하기 시작했다. 변호사는 법을 다루는 전문직이다. 따라서 변호사는 공공성을 지녀야 한다고 변호사법에 명시되어 있다. 변호사의 공공성을 위해 법은 변호사가 독립하여 자유롭게 직무를 수행하여야 한다고 규정한다. 법은 때로 무기가 될 수 있다. 악당이 변호사를 고용하여 법을 무기 삼아 다른 사람을 공격하거나, 또는 법망을 피해 가는 것이 허용되어서는 안 된다. 이러한 문제가 반드시 사내변호사에게만 발생하는 것은 아니다. 회사에 속하지 않은 변호사, 흔히 말하는 개업변호사도 의뢰인의 위법한 요구에만 매몰되어 공공성을 저버리는 잘못을 저지를 수 있다. 하지만 이 문제에 있어 사내변호사는 일반 변호사와 다른 점이 있다.

기업의 거래 과정에서 계약서의 문구 하나에 따라 수백억, 수천억의 손실과 이익이 발생할 수 있다. 사내변호사는 기업에서 체결되는 수많은 계약서의 내용을 검토하여 법적 분쟁을 예방하는 역할을 수행한다.

독립된 전문가 vs 고용된 직원

변호사법은 변호사의 공공성과 독립성 유지를 위해 변호사는 변호사 아닌 사람과 동업하는 것조차 금지하고 있다. 문제는 사내변호사는 변호사인 동시에 회사의 직원이라는 점에 있다. 변호사와 의뢰인의 관계는 민법상 위임 관계다. 따라서 변호사 입장에서 '의뢰인이 맡긴 일'은 자신의 일이 아닌 '남의 일'이다. '내 일처럼 해주는 변호사'라는 광고를 볼 수 있는데 이는 반대로 생각하면 변호사는 기본적으로 남의 일을 처리하는 사람이라는 점을 보여준다.

하지만 사내변호사와 회사의 관계는 고용 관계다. 회사에 고용된 직원은 회사의 지시를 받는다. 직원 입장에서 회사의 일은 남의 일이 아니며, 이는 사내변호사 역시 마찬가지이다. 사내변호사는 본질적으로 개업변호사보다 독립적일 수 없다. 그럼에도 사내변호사는 변호사이기에 독립적으로 공공성을 갖고 일을 해야 한다. '공공성을 지난 독립된 전문가'와 '고용되어 업무지시를 따라야 하는 회사원'이라는 정체성의 충돌이 사내변호사 윤리 문제의 핵심이다.

「강철중: 공공의 적 1-1」

사내변호사가 흔해지다 보니 이제 사내변호사가 등장하는 작품을 쉽게 볼 수 있다. 이 장에서는 사내변호사 윤리에 관한 설명을 돕기 위해 영화 「강철중: 공공의 적 1-1」 속에 나오는 변호사를 살펴보고자 한다. 강우석 감독의 '공공의 적'은 2002년 개봉된 영화로 설경구가 주연을 맡은 형사 강철중이 '공공의 적'인 범죄자를 잡는다는 내용이다. 영화 속 강철중은 수많은 명대사를 남겼고, 영화는 대단한 인기를 끌었다. 영화의 인기에 힘입어 2005년에는 검사 강철중이 주연인 「공공의 적 2」가 개봉하였고, 2008년에는 2002년 공공의 적 이야기에서 이어지는 「강철중: 공공의 적 1-1」이 개봉하였다.

「강철중: 공공의 적 1-1」의 내용은 이렇다. 깡패 이원술은 자신의 조직을 기업화하여 거성그룹이라는 큰 회사를 세운다. 이원술은 나이 어린 학생들을 조직에 가담시켰고 그 과정에서 살인을 비롯한 여러 범죄를 저지르게 한다. 강철중은 이원술을 살인죄로 잡으려 하지만, 이원술이 살인을 지시했다는 증거를 찾지 못해 번번이 실패한다. 그러던 중 이원술의 살인교사 증거가 확보되고 이원술은 인천항을 통해 해외로 도피하려 하였으나 강철중에게 잡히고 만다.

은근히 중요한 역할을 맡은 사내변호사

영화에는 이원술의 부하인 변호사가 등장하며 작중 역할로 볼 때 '거성그룹 법무팀장' 정도의 직함을 갖고 있을 것으로 추정된다. 즉 이원술의 변호사는 '사내변호사'다 사람들은 「강철중: 공공의 적 1-1」에 등장하는 사내변호사에 대해 크게 집중하지 않는다. 하지만 영화 속 사내변호사는 스토리 전체에 걸쳐 매우 결정적인 역할을 하는데, 바로 그 역할이 사내변호사의 윤리와 밀접한 연관이 있다. 사내변호사는 극 중 이름도 없고 공식 등장인물 소개에도 그냥 '변호사'라고 나온다. 변호사는 거성그룹과 관련한 법적 분쟁, 특히 이원술의 범죄에 관한 여러 가지 법적 업무를 처리한다. 그런데 변호사는 단지 법과 관련된 업무를 수행하는 것을 넘어서 이원술의 사업에 관한 중요한 의사결정 과정에도 관여하는 것을 볼 수 있다.

이원술의 고객 황 사장이 '태산'에 빌려준 돈을 받게 해 달라고 거성그룹에 의뢰한다. 하지만 이원술의 부하들은 황 사장의 업무를 처리하는 것을 거절한다. "왜 거절했냐?"라는 이원술의 물음에 변호사는 "큰 싸움이 될 것 같아서."라고 답한다. 변호사가 왜 그러한 의사결정을 하게 되었는지 상세한 내막은 알 수 없다. 변호사는 어쩌면 합법적인 방법으로 돈을 받기 어렵다고 판단하여 황 사장의 요청을 받아주지 않을 것일수도 있고, 아니면 그야말로 전쟁, 즉 조직폭력배 간 유혈 충돌이 발생하는 것이 무서워서 그랬을지도 모른다. 어찌 되었든 중요한 의사결정에 관여한 것을 보면 변호사는 이원술이 거성그룹을 통해 저지르는 범죄에 관하여 잘 알고 있었을 가능성이 크다. 변호사는 어쩌면 이원술이 법망을 빠져나가는 데 결정적 도움을 줬을 것이다.

기업에서 사내변호사의 역할

실제 기업 내부의 의사결정 과정에서 사내변호사가 결정적인 역할을 하는 경우가 존재한다. 기업과 관련한 법은 날이 갈수록 늘어가며 복잡해지고 있다. 이 때문에 큰 회사일수록 사업과 관련한 의사결정을 할 때 법적 문제가 없는지 판단하는 것이 중요하며 보통 '법무팀장'이라고 불리는 사내변호사가 이에 관여한다. 이때 사내변호사는 공공성을 지닌 전문가로서 변호사 윤리의 범위 안에서 그가 속한 단체 등의 이익을 위하여 성실히 업무를 수행하여야 한다(변호사 윤리장전 제52조).

실무상 문제 되는 경우는 변호사의 윤리와 회사의 이익이 충돌할 때다. 변호사라는 직업은 매우 오묘한 면이 있다. 변호사는 의뢰인의 이익을 위해 최선을 다할 의무가 있다. 하지만 변호사라는 직업은 공공성을 갖고 있으며 이를 국가가 보장해주고 있다. 따라서 변호사는 직무를 수행할 때에 진실을 은폐하거나 거짓 진술을 하여서는 아니 된다(변호사법 제24조 제2항). 그런데 또 변호사는 공식적으로 대한민국에서 거짓말을 해도 되는 사람이다. 변호사는 의뢰인이 유죄라는 사실을 알면서도 무죄 변론을 할 수 있고 이러한 행위에 대해 원칙적으로 처벌이나 징계를 받지 않는다. 이러한 오묘함은 본질적으로 두 가지 정체성의 충돌이 발생하는 사내변호사의 영역으로 들어오면 더욱 복잡해진다.

이원술 체포의 결정적 단서: 변호사의 배신

앞서 영화 속 사내변호사가 스토리 전개에 결정적인 역할을 하였다는 점을 언급했다. 원래 이원술과 강철중은 한강 둔치에서 만나기로 약속하였지만, 사실 이원술은 인천항을 통한 밀항을 준비 중이었다. 강철중은 이러한 이원술의 계획을 어떻게 알게 되었을까? 강철중은 사내변호사를 체포하여 조사하였고, 이원술의 밀항 계획 및 그 장소가 인천항이라는 것을 알아낸 것이다. 여기서 사내변호사의 윤리 문제가 생긴다. 이원술이 인천항을 통해 도주하려 한다는 사실은 '변호사'의 입장에서는 의뢰인의 비밀이고 변호사는 누설하지 않을 의무가 있다.

변호사법 제26조는 "변호사 또는 변호사이었던 자는 그 직무상 알게 된 비밀을 누설하여서는 아니 된다. 다만, 법률에 특별한 규정이 있는 경우에는 그러하지 아니하다."라고 하여 변호사의 비밀유지의무를 규정하고 있다. 변호사가 의뢰인의 비밀을 누설할 경우 형법 제317조 제1항의 업무상 비밀누설죄로 처벌받게 된다. 한편 변호사윤리장전 제23조는 "변호사는 업무상 알게 된 의뢰인의 비밀을 공개해서는 아니된다. 다만 공익상의 이유가 있거나 변호사 자신의 권리를 옹호하기 위하여 필요한 경우에는 최소한의 범위에서 이를 공개할 수 있다."라고 규정하고 있다. 하지만 변호사윤리장전은 '법률'도 아니며 '공익상의 이유'라는 문구는 너무 추상적이라 구체적으로 어떤 경우에 의무가 면제되는지 알기 힘들다.

변호사는 적극적으로 의뢰인의 도주를 도와서는 안 되지만 소극적으로 침묵하는 것은 가능하다. 이원술은 나쁜 놈이니 당연히 변호사가 '불어도' 되는 것 아니겠냐고 의문을 제기할 수 있다. 하지만 그러한 사유로 변호사가 의뢰인의 비밀을 누설하도록 한다면 '아무리 악인이라도 변호를 받을 권리가 존재한다.'라는 헌법의 대원칙이 무너지게 된다. 여기서 다시 사내변호사의 특수성이 문제가 된다.

엔론(Enron) 본사 전경. 엔론은 기업 경영 과정에서 여러 차례 법을 어겨 파산에 이르렀고 엔론의 사내변호사도 여기에 일조했다.

사내변호사는 기업에 고용된 직원이다. 따라서 일반적인 변호사와 의뢰인 간의 위임 관계와는 다르다. 사내변호사의 경우 기업 내의 지배종속 관계로 인해 변호사윤리를 준수할 만한 독립성을 유지하기 힘들다고 보는 견해도 있으며, 실제 몇몇 국가에서는 사내변호사를 변호사가 아닌 회사 직원으로만 취급한다. 사내변호사의 비밀유지의무와 관련하여 우리나라에서 문제 된 대표적 사건이 전(前) 삼성그룹 법무팀 김용철 변호사의 사례다. 2007년 김용철 변호사가 삼성그룹과 관련한 폭로를 하였을 때 '사내변호사는 비밀유지의무가 처음부터 없다.'라는 주장에서부터 '공익제보이므로 변호사법 위반이 아니다.'라는 주장, '엄연한 비밀누설로서 변호사법 위반이다.'라는 주장이 팽팽하게 갈렸다. 그로부터 많은 세월이 흘렀고 사내변호사 숫자는 더욱 증가했지만, 사내변호사의 윤리, 특히 고용된 기업과의 관계에서의 비밀유지의무에 관하여는 여전히 논쟁이 진행 중이다.

미국의 경우 엔론(Enron) 사건에서 사내변호사의 역할이 도마 위에 올랐다. 엔론은 무리하게 사업을 확장하는 과정에서 분식회계와 뇌물수수 등의 비리를 저질렀고, 결국 파산했다. 그런데 엔론의 여러 불법행위 과정에 엔론의 사내변호사가 가담했다는 것이 밝혀졌고, 사내변호사의 비밀유지의무를 제한하여야 할 필요성이 대두되었다. 이에 미국에서는 일정한 경우 사내변호사가 회사의 비밀을 공개할 수 있다고 법이 개정되었는데 어떠한 경우에 공개를 허용할 것인지, 아예 변호사에게 공개의무를 부과해야 하는 것은 아닌지 등 다양한 논의가 이어지고 있다.

이원술의 변호사는 비밀유지의무를 위반한 것인가?

영화 속 이원술의 변호사, 거성그룹 법무팀장은 의뢰인의 비밀을 누설하여 변호사의 의뢰인에 대한 의무를 저버린 것으로 볼 수 없다. 왜냐하면, 영화 속 변호사는 단순히 거성의 사내변호사로서 독립적으로 업무를 수행한 것이 아니라 이원술과 함께 범죄를 저지른 공범이기 때문이다. 앞서 변호사가 단지 법적 자문만을 해 준 것이 아니라 거성의 의사결정 과정에 깊숙이 관여했다는 점을 언급했다. 즉 변호사는 공범이고 이원술이 도망가려 한다는 정보는 의뢰인의 비밀이 아닌 공범에 관한 정보다. 변호사가 이원술의 공범이라는 것은 강철중이 변호사를 체포한 것에서 유추할 수 있다. 변호사는 거성그룹 그리고 이원술과의 관계에서 독립성을 지키지 못했다. 변호사는 이원술의 범죄에 가담하여 변호사로서의 공공성을 저버린 것이다.

영화 속 변호사의 나이, 직급을 고려할 때 꽤 괜찮은 경력을 보유했을 것으로 추정된다. 2008년은 변호사가 채 1만 명도 되지 않았던 시절이었고 변호사 시장의 상황은 지금과는 차원이 달랐다. 변호사는 회사가 맘에 안 들면 때려치우고 개업을 할 수 있었기에 상대적으로 회사에 쓴소리를 할 수 있었다. 사내변호사는 변호사로서의 독립성과 공공성을 지킬 때 비로소 힘을 발휘할 수 있고 궁극적으로 회사에도 이익을 가져다준다. 회사가 위법한 행위를 하면 당장은 이익을 얻을 수 있을지 몰라도 장기적으로는 더 큰 손해가 기다리고 있다. 그 때문에 최근 여러 회사에서 컴플라이언스(compliance, 遵法) 업무를 강화하고 준법감시인제도를 도입하고 있는 것이다.

회사 내부에서 위법한 행위를 감시하고 막아야 할 사내변호사가 독립성과 공공성을 제대로 지키지 못했기에 거성그룹은 결국 망해버렸다. 변호사 역시 이원술이 저지른 범죄의 공범이 되어 경찰에 체포되는 수모를 겪었다. 아마 변호사는 형사처벌을 받고 변호사 자격을 박탈당했을 것이다. 영화 속 변호사는 법이 보장한 변호사로서의 독립성과 공공성, 그리고 '여기서 잘려도 개업하면 돼.'라는 패기를 기반으로 거성그룹과 이원술에게 회사가 하는 일의 위법성에 관하여 지속적으로 시그널을 보냈어야 했다.

The Village Lawyer's Office(1618) Pieter Brueghel The Younger (Flemish, 1565~1636): 이원술의 변호사는 위 그림의 변호사처럼 동네에 개업했어도 충분히 잘 먹고 살 정도의 경력을 보유하고 있었음에도 기업의 불법행위를 감시하고 지적하기보다 적극적으로 협조했다.

변호사가 마지막에 웃은 이유

영화 속 변호사가 처음부터 독립성과 공공성을 잃어버렸다고는 생각하고 싶지 않다. 변호사도 자신이 하는 일의 위법성을 알고 거기에서 벗어나고 싶었을 것이다. 영화 마지막에는 강철중과 이원술이 인천항 부두에서 싸우는 장면이 나온다. 여기서 관객들이 가장 많이 웃었던 장면 중 하나가 바로 변호사가 차 안에서 팔에 수갑이 채워진 채 강철중과 이원술의 싸움을 보면서 웃는 모습이다.

스토리 전개상 변호사는 웃을 이유가 없다. 그럼에도 변호사는 마치 미친 사람처럼 웃었고, 그 모습을 본 이원술은 변호사를 향해 욕을 한다. 변호사가 웃었던 이유, 그것은 어쩌면 거성그룹 법무팀장 ○○○의 자리 때문에 변호사 ○○○로서의 독립성을 저버렸던 과거, 그 과정에서 변호사 윤리를 위반해야 했던 많은 일들, 법무팀장으로서 회사의 범죄를 막지 못했던 마음의 짐을 훌훌 털어버려서가 아닐까?

제2부

권리의 보호와 의무의 이행

09. 소의 재판은 불공정했나?

|||||| 전래동화 「토끼의 재판」과 법관의 중립성

민사소송법 제41조(제척의 이유) 법관은 다음 각호 가운데 어느 하나에 해당하면 직무집행에서 제척(除斥)된다.

1. 법관 또는 그 배우자나 배우자이었던 사람이 사건의 당사자가 되거나, 사건의 당사자와 공동권리자·공동의무자 또는 상환의무자의 관계에 있는 때

2. 법관이 당사자와 친족의 관계에 있거나 그러한 관계에 있었을 때

3. 법관이 사건에 관하여 증언이나 감정(鑑定)을 하였을 때

4. 법관이 사건당사자의 대리인이었거나 대리인이 된 때

5. 법관이 불복사건의 이전심급의 재판에 관여하였을 때. 다만, 다른 법원의 촉탁에 따라 그 직무를 수행한 경우에는 그러하지 아니하다.

민사소송법 제43조(당사자의 기피권)

① 당사자는 법관에게 공정한 재판을 기대하기 어려운 사정이 있는 때에는 기피신청을 할 수 있다.

민사소송법 제49조(법관의 회피) 법관은 제41조 또는 제43조의 사유가 있는 경우에는 감독권이 있는 법원의 허가를 받아 회피할 수 있다.

중립적인 판사에 대한 사람들의 열망

재판은 공정해야 한다. 법은 공정한 재판을 받을 권리를 보장하고 있으며, 공정하지 못한 재판을 받을 경우 이에 대한 여러 구제책을 마련해 놓고 있다. 재판이 공정해야 하는 것은 당연하다. 중립적인 판사가 헌법과 법률에 기반하여 양심에 따라 재판을 한다면 재판의 공정성은 문제 되지 않을 것이다. 하지만 세상이, 사람 사는 것이 그렇게 이상적으로만 흘러가지 않는 것을 우리는 알고 있다. 판사도 사람이기에 다양한 인간관계를 맺으며 살아간다. 그리고 판사에게도 나름의 주관과 감정이 있다. 이로 인해 법관의 중립성 및 재판의 공정성과 관련한 시비가 일어난다.

특히 정치적으로 민감한 사건의 경우 재판을 담당한 판사의 성별, 고향, 출신학교, 지인 관계, 과거 경험 등이 여론에 오르내린다. 사람들은 이러한 판사의 성별, 고향, 출신학교, 지인 관계, 과거 경험 등을 거론하며 판사가 공정하지 못한 판결을 내렸다고 비난한다.

한편 변호사들은 이를 영업에 이용해 돈을 벌기도 한다. 변호사 중 일부는 의뢰인에게 판사와의 친분을 들먹거리며 사건을 잘 해결해주겠다고 유혹하기도 한다. 변호사가 판사의 성별, 고향, 출신학교, 지인 관계, 과거 경험을 분석하면서 의뢰인에게 재판 대응방향을 알려 주기도 한다. 하지만 우리나라에서 판사가 개인적인 친분과 감정으로 재판하는 경우는 거의 없을 것이다. 문제의 본질은 그것이 실제 재판에 영향을 미치는지 여부가 아니라 영향을 미칠 것이라고 사람들이 믿는 것에 있다.

대법원 전경

법관의 중립성 유지를 위한 장치

법은 재판의 공정성을 확보하기 위해 제도적으로 공정하고 객관적인 재판을 할 수 없는 판사를 사건에서 배제하고 있다. '제척', '기피', '회피' 제도가 그것이다. 판사가 사건이나 당사자들과 특수한 관계에 있을 때 당연히 배제되는 제도가 '제척'이고, 판사에게 공정한 재판을 기대하기 어려운 사정이 있을 경우 당사자의 신청에 따라 판사가 배제되는 것이 '기피', 판사 스스로 공정한 재판을 하지 못할 것을 우려해 재판하지 않는 것을 '회피'라고 한다.

예를 들어 판사가 한쪽 당사자의 배우자인 경우, 누가 보더라도 공정한 재판을 기대할 수 없으므로 판사는 해당 사건에서 배제되어야 할 것이다. 판사가 한쪽 당사자의 배우자라고 하여 반드시 불공정한 재판을 하지는 않을 것이다. 경우에 따라서는 더욱 공정한 재판을 하려 노력할 것이고, 사이가 안 좋은 배우자라면 상대방에게 유리한 판결을 할 수도 있다. 그럼에도 이를 사전에 막는 것은 재판이 불공정하게 진행될 가능성과 함께 사람들이 재판의 불공정한 진행을 의심하고 이로 인해 사법부를 신뢰하지 않게 되는 더욱 큰 문제가 발생하기 때문이다.

전래동화 「토끼의 재판」

판사의 제척·기피·회피 제도의 내용과 현실을 이해하는 데 도움이 되는 이야기가 있다. 바로 전래동화 「토끼의 재판」이다. 토끼의 재판 이야기는 이렇다.

한 나그네가 길을 가다가 큰 구덩이에 빠진 호랑이를 보았다. 호랑이는 나그네에게 구해 달라 요청하면서, 구해주면 잡아먹지 않겠다고 약속했다. 나그네는 호랑이가 불쌍해 보여 커다란 나무를 구덩이 밑에 내려 호랑이를 구해줬다. 그런데 호랑이는 나그네를 잡아먹으려 했다. 나그네는 호랑이에게 은혜를 베풀어 줬음에도 잡아먹힐 위기에 처하자 억울한 마음에 다른 이들에게 이에 대한 재판을 받아보기로 한다.

맨 처음 소에게 찾아가 재판을 받았다. 소는 인간들이 온종일 소에게 일만 시키다 죽인 후 고기를 먹는다는 이유로 호랑이의 손을 들어줬다. 다음으로 나그네와 호랑이는 나무에게 재판을 받기로 했다. 나무는 인간들이 나무를 자르고 불태운다는 이유로 호랑이의 손을 들어줬다. 다시 나그네와 호랑이는 여우에게 재판을 받아 보기로 했다. 여우는 인간들이 여우를 사냥하고 가죽을 벗긴다는 이유로 호랑이의 손을 들어줬다.

나그네는 마지막으로 토끼에게 재판을 받기로 한다. 토끼는 나그네의 말을 듣고는 호랑이가 정확히 어떤 상황이었는지 처음부터 재연해보라고 했다. 이에 호랑이가 구덩이에 들어갔는데 토끼의 지시에 따라 나그네는 커다란 나무를 치워 버렸고 목숨을 건졌다.

The rabbit's judgment(2021)— Hamin Kim(2012~)

토끼의 재판 이야기는 전래동화이며 여러 가지 버전이 존재한다. 다만 나그네와 호랑이가 여러 동물, 식물, 사물에게 재판을 받았는데 이들은 모두 인간들에 대한 원한으로 호랑이의 승소를 선언했으나, 마지막에 토끼가 꾀를 내어 나그네의 목숨을 구한다는 것은 공통적이다. 이 이야기는 자신을 구해줬음에도 나그네를 잡아먹으려는 호랑이의 배은망덕함, 개인적 감정에 따라 공정하지 못한 재판을 하는 경우의 문제점, 약하지만 지혜로운 꾀를 이용해 어려움에 빠진 나그네를 구해주는 토끼의 모습 등 여러 교훈을 전달한다. 이 책에서는 두 번째 교훈, 즉 공정하지 못한 재판을 하는 동물, 식물의 모습에 주목하고자 한다.

소, 나무, 여우의 재판 배제 가능성

나그네의 패소를 선고한 동물과 식물(버전에 따라서는 바위, 길과 같은 사물도 있음)들은 모두 인간들에게 원한을 갖고 있었다. 따라서 이들은 나그네로 대표되는 인간에게 불리한 판결을 내릴 동기가 충분했다. 그렇다면 이들이 인간들에게 원한을 갖고 있다는 점은 오늘날 민사소송법에서 말하는 법관의 제척 사유에 해당하는가? 이들이 아무리 과거 경험으로 인간들에게 악감정을 가지고 있다 하더라도, 사건이나 당사자와 구체적인 연관이 없는 이상 재판에서 배제되지 않는다. 이야기 속 소, 나무, 여우가 아무리 인간들에게 시달렸다고 하더라도 재판 당사자인 '나그네'로부터 괴롭힘을 당한 것이 아닌 이상 재판에서 배제되지는 않는다.

그렇다면 나그네가 소, 나무, 여우에 대해 기피 신청을 하는 것은 어떠한가? 기피라 함은 법률상 정해진 제척 사유 이외에 재판의 공정을 기대하기 어려운 사정이 있는 경우 당사자의 신청에 따라 법관이 재판에서 배제되는 제도다. '법관에게 공정을 기대하기 어려운 사정'이란 통상인의 판단으로써 법관과 사건과의 관계에서 편파적으로 불공평한 재판을 하지 않을까 하는 염려를 일으킬 객관적 사정을 가리킨다.

그런데 객관적인 사정이 아니라 당사자 측에서 품는 '불공정한 재판을 받을지도 모른다.'라는 주관적인 의혹만으로는 법관은 기피되지 않는다. 같은 종류의 사건에 대하여 불리한 판결을 했거나 과거에 논문으로 어느 당사자에게 불리한 내용의 견해를 밝힌 바 있다는 것 역시 기피사유가 되지 않는다. 법관의 품행·건강·능력 등의 일반적 사정 역시 마찬가지이다. 평소 인간에 대해 악감정을 가졌다는 사유는 객관적으로 불공정한 재판을 할 만한 사유에 해당할까? 법률의 해석과 판례의 태도를 볼 때 해당하지 않는다고 보인다.

마지막으로 회피의 경우를 보자. 회피는 판사가 스스로 자신에게 제척 또는 기피 사유가 있다고 판단할 경우 법원의 허가를 받아 재판에서 빠지는 제도다. 만일 판사가 과거의 경험 때문에 도저히 해당 사건을 공정하게 판단할 자신이 없다면 스스로 회피하는 것이 가능할까? 법에서는 회피하기 위해서는 제척이나 기피사유가 있어야 할 것을 요구한다. 위에서 보았듯이 비슷한 사건과 관련한 과거의 경험만으로는 기피 사유가 되지 않는다. 따라서 소, 나무, 여우가 회피하겠다고 하더라도 법원이 허가해주지 않을 가능성이 크다.

소, 나무, 여우는 호랑이에게 치우쳤나?

혹시 '인간들에게 악감정을 가진 소, 나무, 여우가 재판에서 배제되지 못한다니 이게 제대로 된 법인가?'라는 생각을 하고 있는가? 하지만 그러한 잣대를 기준으로 한다면 소, 나무, 여우만이 호랑이에게 치우쳐 재판의 공정을 기대하기 어려운 판사였다고 판단할 수 없다. 마지막 재판을 담당한 토끼 역시 인간들로부터 무수한 괴롭힘을 당했을 것이다. 소, 나무, 여우가 인간들과의 경험으로 악감정을 가졌기에 재판에서 배제되어야 한다면 토끼 역시 배제되어야 한다.

Landscape with Maid Milking a Cow(1655)— Aelbert Cuyp (Dutch, 1620∼1691): 소는 인간에게 이로운 존재이다. 따라서 인간은 소를 이용하지만, 한편으로 소를 보호하는 역할도 한다.

한편으로 소, 여우, 토끼는 인간이 아닌 호랑이와도 사이가 좋지 않았을 가능성이 크다. 소, 여우, 토끼는 인간과 호랑이 모두에게 죽임을 당하고 잡아먹힐 수 있으며, 따라서 인간과 호랑이 모두에 대해 악감정을 가지고 있을 것이다. 특히 소의 경우 인간은 비록 일을 시키지만, 여물을 주고 맹수로부터 보호해준다는 측면에서 호랑이보다 인간에게 더 좋은 감정을 가질 가능성이 크다. 이런 점에서 소, 여우, 토끼는 특별히 호랑이나 나그네 어느 쪽에도 치우치지 않을만한 중립적 위치에 있다고 볼 수 있다.

소, 나무, 여우의 판결 이유 검토

소, 나무, 여우가 내린 판결은 그 내용이 불공정한 것인지도 따져볼 필요가 있다. 호랑이가 나그네를 잡아먹어도 되는지에 관하여 호랑이는 자신의 배고픔을 근거로, 나그네는 베풀어준 은혜를 갚아야 한다는 것을 근거로 각자의 주장을 펼쳤다. 호랑이의 배고픔은 매우 자연스럽고 현실적인 문제다. 하지만 나그네가 주장하는 은혜는 추상적인 관념에 불과하다. 은혜를 베풀어야 한다거나 또는 받은 은혜를 갚아야 한다는 것 모두 법적인 의무가 아니다. 자신을 살려 준 나그네를 잡아먹겠다는 호랑이의 태도가 괘씸하긴 하나, 그렇다고 호랑이가 은혜를 반드시 갚아야 할 의무를 부담하는 것도 아니다.

소, 나무, 여우는 인간들이 소, 나무, 여우에게 행한 행위를 지적한다. 소, 나무, 여우가 말하려 했던 것은 인간들 역시 은혜를 갚지 않는다는 점이다. 은혜를 갚는 행위가 인간들에게도 당연한 것이 아닌데, 왜 호랑이에게는 은혜를 갚아야 할 의무를 지우냐는 것이다. 배고픔이라는 자연스럽고 현실적인 욕구를 은혜라는 추상적이고 비현실적인 관념으로 눌러 막는 것은 옳지 않다는 것이다. 소, 나무, 여우는 약육강식, 생리적 욕구란 자연스러운 것이며 은혜를 갚을 의무는 당연한 것이 아니라는 나름대로 타당한 논리에 기반하여 판결을 내렸다.

호랑이의 억울함

사실 호랑이는 억울할 만하다. 호랑이 입장에서는 바로 나그네를 잡아먹었더라도 문제될 것이 아무것도 없었다. 그럼에도 호랑이는 나그네의 부탁에 따라 여러 차례 재판을 받을 기회를 주었다. 오늘날 한국 법원의 재판도 3심제로 운영되는데 호랑이는 나그네에게 무려 4번의 재판을 받을 기회를 제공했다. 게다가 마지막 재판관인 토끼가 시키는 대로 구덩이에 다시 들어갔다. 호랑이는 토끼의 지시를 단지 증거조사과정이라고 생각했을 것이다. 하지만 토끼는 호랑이를 속이려던 것이었고, 호랑이는 쉽게 말해 사기당한 것이다.

토끼는 왜 이런 속임수를 썼을지 생각해보자. 호랑이는 4번의 재판까지 오는 동안 나그네를 잡아먹지 않았다. 만약 토끼가 합당한 사유를 들어 나그네의 승소를 선언했다면 호랑이는 나그네 잡아먹기를 단념했을 것이다. 하지만 토끼 역시 '은혜'라는 추상적이고 모호한 개념에 근거하여 나그네의 승소를 선언하고 호랑이를 설득할 만한 판결 이유를 구성하기 힘들었던 것으로 보인다. 결국 토끼의 선택은 호랑이를 속이는 것이었고, 호랑이는 억울하게도 사법농단의 피해자가 된 것이다.

The Tiger Hunt- Nicolas Lancret(French, 1690~1743): 호랑이가 죽인 사람의 수와
사람이 죽인 호랑이 수를 비교해 보면 누가 더 억울할지는 쉽게 생각할 수 있다.

우리가 판사를 바라보는 눈은?

소, 나무, 여우를 손가락질하는 우리들의 모습에서 판결 이유에 대해서는 제대로 알아보지 않은 채 판사의 성별, 고향, 출신학교, 지인 관계, 과거 경험 등을 들먹이며 잘못된 판결이라고, 아예 처음부터 그 판사는 사건을 맡아서는 안 되었다고 이야기하는 사람들의 모습이 겹쳐진다.

우리는 판사가 어떠한 쏠림도 없이 완벽하게 객관적 위치에서 사건을 판단하기를 바란다. 하지만 그러한 판사는 존재할 수 없으며 설령 AI 판사가 나오더라도 인공지능의 학습 경험에 따른 어느 정도의 경향성은 존재할 수밖에 없을 것이다. 인간은 홀로 살아갈 수 없는 존재이며 무수히 많은 인간관계를 맺는다. 판사도 인간인 이상 사안에 대해 절대적으로 객관적인 태도를 가질 수 없다. 다만 우리는 공정한 재판을 할 수 있도록 제도적인 정비를 하고 최소한의 기준을 정해 둘 뿐이다. 판사가 그 최소한의 기준을 충족했다면 판사의 양심을 믿고 판단을 맡겨야 할 것이다.

10. 솔로몬이 아이를 가르려 한 이유

⫸ 성경 속 '솔로몬의 재판' 이야기와 조정 제도

민사소송법 제225조(결정에 의한 화해권고)

① 법원·수명법관 또는 수탁판사는 소송에 계속 중인 사건에 대하여 직권으로 당사자의 이익, 그 밖의 모든 사정을 참작하여 청구의 취지에 어긋나지 아니하는 범위 안에서 사건의 공평한 해결을 위한 화해권고 결정을 할 수 있다.

제226조(결정에 대한 이의신청)

① 당사자는 제224조의 결정에 대하여 그 조서 또는 결정서의 정본을 송달 받은 날부터 2주 이내에 이의를 신청할 수 있다. 다만, 그 정본 이 송달되기 전에도 이의를 신청할 수 있다.

승자와 패자가 존재하는 재판

재판은 서로 대립하는 둘 이상이 당사자가 법원이라는 국가기관에서 시시비비를 가리는 제도이다. 필연적으로 당사자 간에는 의견 충돌이 있으며, 당사자들은 판사가 본인의 손을 들어주게 하기 위해 주장 및 증거 제시 과정을 통해 치열하게 다툰다.

하지만 판결로 인해 한 명이 이기고 다른 한 명이 지게 되는 구조는 패소한 당사자입장에서 너무도 가혹하다. 명백한 증거가 없다면 판사는 고민에 빠지며, 혹시라도 본인이 오판하는 것은 아닌지 심리적 부담감을 갖게 된다. 판결이 선고 되더라도 패소한 당사자가 상소할 경우 재판은 한없이 길어지게 된다. 최종적인 판단이 내려지더라도 아무도 이익을 보지 못한채, 당사자 간 감정의 골과 상호 앙금만 남는 경우가 비일비재하다.

조정 제도

우리는 어린 시절부터 누군가와 싸우면 '화해하라.'라는 말을 많이 들었다. 우리는 이미 어린 시절부터 직접 또는 간접적인 경험을 통해 싸움의 가장 좋은 해결책은 화해라는 것을 잘 알고 있다. 이에 따라 민사소송법을 비롯한 우리 법에서는 판결에 의하지 않는 분쟁해결절차(Alternative Dispute Resolution)를 두고 있고 보통 실무상 이러한 여러 제도를 하나로 묶어 '조정 제도'라고 표현한다. 그래서 재판을 하는 과정에서 또는 재판을 하기 전이라도 당사자들 간 대화와 양보를 통한 원만한 다툼의 해결을 추구한다.

하지만 조정 제도에 좋은 면만 있는 것은 아니다. 조정 제도를 통해 판사는 '당사자의 화해'라는 방어막 뒤에 숨어서 '공정한 재판을 진행할 의무'를 다하지 않아도 되고, 법리와 증거를 해석해 복잡한 내용의 판결문을 쓰지 않아도 된다. 심지어 조정이 이루어진 사안에 대해서는 상소조차 할 수 없기에 판사의 인사평가 기준 중 불리한 항목인 '상급심에서의 판결 파기'를 비껴갈 수 있다. 이 때문에 일부 판사들은 당사자에게 과도하게 조정을 강요하기도 하며, 과거 조정 강요로 유명했던 한 고등법원 부장 판사에 대해서 수년 간 변호사들이 법관 평가 과정에서 최하점을 주기도 했다.

The Signing of the Treaty of Ghent, Christmas Eve(1814) Sir Amédée Forestier(English, 1854~1930): 화해 및 조정은 명확한 패자가 없다는 점에서 이상적인 해결책이다.

성경 속 '솔로몬의 재판'

재판을 받는 국민들은 공정한 재판을 받기 원하고 이는 헌법에 보장된 기본권이기도 하다. 그리고 공정한 재판을 하는 판사의 대명사로 우리는 성경 속 '솔로몬'을 언급한다. 솔로몬은 유대교, 기독교 그리고 이슬람교에서 모두 지혜를 상징하는 인물이다.

성경 속 솔로몬의 재판 이야기는 다음과 같다. 다윗왕을 이어 이스라엘의 왕이 된 솔로몬은 나라를 잘 다스리고 싶어 신에게 기도하였다. 신은 솔로몬에게 나타나 "무엇이든지 원하는 것을 들어 주겠다."라고 하였다. 이에 솔로몬은 옳고 그름을 가려 판결할 수 있는 지혜를 달라고 하였고 신은 솔로몬에게 지혜를 주었다. 어느 날 두 여성이 솔로몬에게 찾아와 한 아이를 두고는 서로 자기 아이라고 주장하면서 이에 대한 판결을 의뢰했다. 솔로몬은 아이를 칼로 나누어 서로 나눠 가지라고 하였다. 이에 대해 한 여자는 그렇게 하겠다고 했고 다른 한 여자는 아이를 차라리 상대방에게 주라고 하였다. 솔로몬은 아이를 다른 여자에게 주라고 한 여자가 아이의 진짜 엄마라고 판단하였다(열왕기상 3장).

화해권고 결정 제도

솔로몬의 재판은 조정 제도와 무슨 관련이 있을까? 솔로몬의 재판 과정을 잘 보면 우리 민사소송법 제225조의 화해권고 결정의 모습을 찾아볼 수 있다. 화해권고 결정이란 판사가 재판하던 중 '이 정도 선에서 서로 양보하고 화해하여 재판을 끝내는 것이 어떻겠냐?'라고 당사자들에게 제안하는 것, 말 그대로 판사가 '화해'를 '권고'하는 것이다. 다만 화해권고 결정을 받아들일 수 없는 당사자는 2주 이내에 이의신청을 할 수 있다. 당사자의 이의신청이 있을 경우 재판은 다시 진행되고 판결이 선고된다.

예를 들어 A라는 사람이 B라는 사람에게 빌려준 돈 1,000만 원을 갚으라며 소송을 제기했고, B는 본인이 줄 돈은 200만 원밖에 되지 않는다고 주장하는 상황을 가정하자. 판사는 원만한 해결을 위해 중간 정도 금액인 600만 원에 화해하는 것이 어떻겠냐고 제안하는 것이다. 비슷한 제도로 '강제조정 결정'이나 '조정에 갈음하는 결정'이 있는데 화해권고 결정과 실질적인 차이는 없다.

화해권고 결정을 둘러싼 판사와 당사자들 간 게임

그런데 이 화해권고 결정 제도는 판사가 당사자들의 의중을 떠보고, 당사자들은 판사의 심증을 짐작하는 하나의 척도로 활용되기도 한다. 위의 예에서 판사는 본인이 생각하는 적당한 선을 제시한 후 당사자들이 보인 반응을 통해 당사자들의 성향을 파악할 수 있고, 향후의 재판 진행 방향을 잡는 기준으로 활용할 수 있다.

The Judgement of Solomon(1617)- Peter Paul Rubens(Flemish, 1577~1640): 솔로몬의 화해권고 결정에 대해 한쪽 당사자가 이의신청을 하며 차라리 상대방의 승소를 선언해 달라고 하고 있다.

당사자들은 화해권고 결정을 통해 판사가 현재 사건에 대해 어떤 생각을 갖고 있는지, 최종판결이 어떻게 선고될지 예측할 수 있다. 판사가 아래와 같은 내용으로 화해권고 결정을 내렸다고 해보자.

1. 원고는 소를 취하한다.
2. 소송비용은 각자 부담한다.

이때 당사자 중 원고는 '내가 지겠구나. 화해권고 결정을 받아들이면 상대방 변호사 비용이라도 안 물어 주겠네.'라는 생각을 할 수 있다. 한편 당사자 중 피고는 '내가 이기겠구나. 그런데 화해로 끝나버리면 원고가 상소하지 않을 테니 문제 상황이 확실하게 해결되겠네.'라고 생각할 것이다. 원고는 피고에게 물어줄 변호사비를 절약하고, 피고는 조기에 확실하게 분쟁을 끝낼 수 있는 이익을 얻게 된다.

한편 당사자들은 화해권고 결정에 이의를 신청할 경우 판사에게 밉보이지 않을까 걱정을 하게 된다. 조정으로 사건이 종료되는 것이 판사에게 여러모로 이익이 된다는 것은 이미 공지의 사실이다. 이 때문에 당사자들은 혹시라도 화해권고 결정에 이의를 제기할 경우 판사가 자신에게 불리한 판결을 선고할 것을 우려한다.

물론 화해권고 결정을 내리는 기준은 판사마다 다르며 대부분 판사들은 원만한 분쟁해결이라는 순수한 의도에서 화해권고 결정을 내린다. 설령 화해권고 결정의 내용이 일방에게 불리하더라도 최종 판결에서는 다른 결과가 나올 수 있으니 억측은 금물이다.

법원 홈페이지에서 제공하는
이의신청서 양식

솔로몬의 화해권고 결정

솔로몬의 재판을 보자. 두 당사자(A 엄마, B 엄마)는 'C는 나의 아이.'라는 대립되는 주장을 하고 있다. 필자가 솔로몬 시대의 고대 이스라엘 법 체계에 관하여는 잘 알지 못하기에 이 재판이 민사재판인지 형사재판인지는 잘 모르겠으나, 열왕기상 기사에는 누가 처벌받았다는 이야기가 없는 것을 고려할 때 민사재판인 것으로 전제한다. 재판 과정에서 솔로몬은 'C는 누구의 아이다.'라는 결정이 아니라 'C를 나누어 가지라.'라는 결정을 내린다.

대립되는 주장을 하는 A와 B가 여자이며 서로 엄마라고 주장하는 상황이다. 따라서, C는 반드시 둘 중 한 명의 아이일뿐 A와 B 모두의 아이일 수 없다. 여기서 양모와 친모 둘이 존재할 수 있는 입양 제도나 엄마가 둘일 수 있는 현대의 동성결혼 합법화 문제는 논외로 하자. 솔로몬이 내린 'C를 나누어 가지라.'라는 명령은 판결이 아닌 '당사자의 이익, 그 밖의 모든 사정을 참작하여 청구의 취지에 어긋나지 아니하는 범위 안에서 사건의 공평한 해결을 위해' 내린 화해권고 결정이라고 보아야 한다.

화해권고 결정을 활용한 심증 형성

이 화해권고 결정에 대해 B 엄마는 수용 의사를 보였다. 하지만 A 엄마는 이를 받아들이지 못했다. A 엄마는 아이를 가르지 말고 차라리 B 엄마에게 주라는 취지의 이의신청을 하였다. 화해권고 결정에 대해 한쪽 당사자의 이의가 있었으므로 재판은 다시 진행된다. 이에 솔로몬은 'A 엄마가 C의 진짜 엄마'라는 판결을 선고했다.

여기서 주목할 점은 솔로몬이 화해권고 제도를 당사자의 반응을 떠보는 수단으로 활용하고 이 과정에서 얻은 정보를 최종 판단의 주요 증거로 삼았다는 점이다. 사건의 공평한 해결이라는 화해권고 결정 제도 본연의 목적과는 동떨어진 활용이라 볼 수 있다. 한편 솔로몬의 재판에서는 A 엄마에게 유리한 판결이 선고된 점에서 화해권고 결정에 이의를 신청한 당사자는 불리한 판결을 받을 가능성이 높다는 많은 소송 당사자들의 걱정을 불식시키는 결과가 도출되었다.

솔로몬의 판결은 명판결인가?

솔로몬의 재판은 현명한 재판관 이야기의 대명사로 불리고 있으며, 많은 사람들은 자신의 사건을 담당한 판사가 솔로몬과 같은 명판결을 내려 주기 바란다. 하지만 솔로몬이 정말 명판결을 내린 것일까? 솔로몬의 판결이 명판결로 인정받기 위해서는 'A 엄마가 진짜 엄마'라는 것과 '친모는 아이를 죽이느니 다른 사람에게 주고 만다.'라는 두 명제가 모두 성립되어야 한다.

성경 「열왕기상」에서 확인할 수 있는 내용만으로는 첫 번째 명제가 참인지 판단하기 어렵다. 다만 기사의 뉘앙스는 신으로부터 받은 지혜를 활용하여 아이의 진짜 엄마를 찾아낸 솔로몬을 높이 평가하고 있다. 그런데 만약 A가 진짜 엄마가 아니라면 어떻게 될 것인가?

두 번째 명제 역시 반드시 참이라고 할 수 없다. 사실은 B가 진짜 엄마인데 왕이 내린 결정에 거역했다가는 큰일 날 것 같은 마음에 이의신청을 포기한 것일 수도 있다. 가짜 엄마인 A가 친모인 것처럼 보이려고 용의주도하게 '아이를 죽이지 말고 차라리 저 여자에게 주세요.'라고 했을 수도 있다. 실제 A가 이렇게 행동한 것이라면 화해권고 결정의 이의신청제도를 아주 영리하게 이용한 경우라고 할 것이다.

반드시 A와 B 중 한 명이 아이의 친모일 것이라는 전제는 또 어떤가? 과거에는 영아 사망률이 높았고 여성이 자녀, 특히 대를 이을 아들을 잃을 경우 남편으로부터 버림받을 수도 있었다. 따라서 본인의 아이가 죽을 경우 다른 아이를 훔치는 일도 종종 있었다고 한다. 아이 엄마는 사실 전혀 다른 사람이고 본인의 아이를 잃은 두 여자가 다투고 있었을 가능성을 배제할 수 없다.

솔로몬의 화해권고 결정에 대해 A와 B 모두 왕의 명령을 거역하면 큰일 날 것 같다는 생각에 이의신청을 포기할 수 있었다. 그 경우 화해권고 결정은 확정되어 결정의 내용대로 집행될 것이고 무고한 아이의 목숨만 희생되었을 것이다.

상식과 논리에 기반한 판결

그렇기에 판사의 일은 어렵다. 지금도 수많은 판사들이 누군가에게 억울함이 없도록 하기 위해 당사자들의 주장과 증거를 수없이 검토한 끝에 내린 결론을 가지고 심혈을 기울여 판결문을 작성하고 있다.

솔로몬의 판결에 관하여 저렇게 많은 의문이 제기될 수 있지만 결론적으로 솔로몬은 명판결을 선고했다. 솔로몬은 친자감정 결과와 같은 명백한 증거가 없는 상황에서 '엄마의 자식에 대한 사랑은 무엇보다 크다.'라는 일반 상식에 기반하여 판결을 선고했다. 진짜 엄마라면 아무리 왕의 위엄과 이에 거역하였을 때 다가올 보복이 무섭다고 하더라도 당연히 아이의 목숨을 위해 화해권고 결정에 이의를 신청했을 것이다. 솔로몬은 이를 기준으로 당사자들의 주장과 증거를 판단했다.

설령 B가 진짜 엄마라고 하더라도 솔로몬의 판결은 여전히 명판결이다. 판사도 인간이고 신이 아니다. 따라서 판사가 절대적 진실을 선언해야 하는 것은 아니며 절대적 진실은 알 수도 없다. 솔로몬은 최선의 기준으로 최선의 결론을 내린 것이며 이로써 판사로서의 역할을 충분히 다 하였다. 혹시 친모일지도 모를 B 엄마의 억울함, 그것은 신이 해결해주기를 바랄 뿐이다.

The Judgement of Solomon- Bartolomeo Biscaino (Italian, 1632~1657):
누가 진짜 아이의 엄마일지는 신만이 알고 있다.

조정 제도의 유용성

솔로몬의 재판은 당사자 일방의 이의신청으로 조정이 결렬되어 판결까지 간 경우이며, 이의신청이 없었다면 오히려 끔찍한 결과가 발생했을 사안이다. 하지만 대부분의 경우 조정으로 사건을 끝내는 것이 당사자 모두에게 이득이 된다. 재판은 완전히 모르는 사이보다는 서로 많이 알고 거래를 하는 사이에서 발생하는 경우가 많다. 재판이 끝난 이후에도 계속 마주칠 일이 생길 텐데 이때마다 얼굴을 붉힐 수는 없는 노릇이다. 또한, 조정으로 사건이 종결되면 이후의 집행 문제도 원만하게 진행된다. 패소 판결을 받으면 자존심과 감정이 상해 일부러 돈을 안 주는 경우가 많지만, 화해로 다툼이 정리된 경우라면 이야기가 달라진다.

어쨌든 재판은 싸움이고, 싸움은 본질적으로 좋은 일이 아니다. 혹시 지금 재판을 통해 지루한 싸움을 하고 있는 사람이 있다면 '조정'이라는 출구 전략에 대해 한 번만 생각해보길 바란다. 당장은 손해를 보는 것 같더라도 미래는 모르는 일이다. 축구에서 때로는 무승부로 안전하게 얻은 승점 1점이 먼 훗날 우승의 큰 주춧돌이 될 때가 있는 것처럼 말이다.

11. 오디세우스의 복귀가 미친 파장

소설 『오디세이아』와 실종

민법 제27조 (실종의 선고)

① 부재자의 생사가 5년간 분명하지 아니한 때에는 법원은 이해관계인이나 검사의 청구에 의하여 실종선고를 하여야 한다.

② 전지에 임한 자, 침몰한 선박 중에 있던 자, 추락한 항공기 중에 있던 자 기타 사망의 원인이 될 위난을 당한 자의 생사가 전쟁 종지 후 또는 선박의 침몰, 항고기의 추락 기타 위난이 종료한 후 1년간 분명하지 아니한 때에도 전항과 같다.

실종의 요건: 기다리는 사람

'실종', 사람이 어디론가 사라져 찾을 수 없게 되는 상황을 말한다. 법적으로는 어떤 사람이 종래의 주소나 거소(居所)를 떠나 생사가 불명하여 돌아올 가능성이 없는 상태가 오래 계속되는 경우를 '실종'이라고 본다. 하지만 법에는 실종의 중요한 요건 하나가 적혀 있지 않다. 그것은 없어진 사람을 '기다리는 사람', '찾는 사람'

이 있어야 한다는 것이다. 실종의 요건 중 하나인 '돌아올 가능성'에 대해 생각해보자. 돌아온다는 것은 본질적으로 기다리는 사람을 전제로 하는 개념이다. 누군가 사라졌다고 하더라도 그 사람을 찾고 기다리는 사람이 없다면 '돌아올 가능성'은 애초에 문제 될 일이 없다.

찾는 사람이 없다면 처음부터 그 사람이 존재하지 않았던 것과 다를 것이 없다. 이를 잘 표현한 작품이 픽사(Pixar)의 2017년 개봉 애니메이션 「코코(Coco)」다. 「코코」에서는 사람이 죽으면 그 영혼이 사후세계에 가는데 이승에 자신을 기억해 주는 사람이 있으면 영혼은 사후세계에 계속 머물게 된다. 하지만 만일 기억해주는 이가 단 한 명도 없게 되면 영혼은 더 이상 사후세계에 머무르지 못하고 사라진다는 설정이다. 애니메이션 「코코(Coco)」의 대표 삽입곡 제목은 「기억해줘(Remember Me)」다. 영화 내용과 노래 가사 모두 사람에게는 자신을 잊지 않고 기억해주는 이가 얼마나 중요한지를 보여준다.

실종을 다룬 작품들

실종은 흔하게 발생하는 현상이기에 문학, 영화 등 다양한 작품에서 이를 다루고 있다. 이들 작품에서 우리는 '잃어버린 사람을 찾으려 노력하는 사람'과 '자신을 찾는 사람에게 돌아가려는 실종자'의 처절한 사투를 볼 수 있다. 작품을 감상하다 보면 죽은 줄만 알았던, 다시는 볼 수 없을 것이라 생각했던 사람을 다시 만났을 때의 희열을 느낄 수 있다. 영화 「국제시장」에서 주인공이 한국 전쟁 중 잃어버린 동생을 찾는 장면이 그렇다.

한편 실종된 사람이 결국 살아 돌아오지 못하는 비극적인 내용의 작품들도 많이 접할 수 있다. 개구리 소년 사건을 다룬 「아이들」, 고(故) 이형호 군 납치 사건을 다룬 「그놈 목소리」 등이 그것이다. 사람들은 영화의 결말을 알면서도 실종된 아이들이 가족들의 품으로 돌아오기를 바란다. 영화를 보다 보면 어느새 실종된 아이의 부모에게 감정이입하여 납치범이 잡히고 아이가 부모와 다시 만나는 결말이 이루어지기를 기대한다. 실종이란 이처럼 본질적으로 잔인하다.

그런데 법은 더욱 잔인하다. 실종에 관하여는 민법에서 규정하고 있다. 민법 제1편 제2장 제3절에서는 '부재와 실종'이라는 제목으로 실종된 사람의 재산을 어떻게 관리할 것인지에 관하여 다루고 있다. 실종된 사람과 그 가족들의 고통에 관하여는 아무런 관심이 없는 매몰차기 짝이 없는 법이다. 하지만 법은 냉정할 수밖에 없다. 아무리 슬프고 고통스럽더라도 따질 건 따져야 한다. 그것을 제때 따지고 정리하지 않으면 나중에 더욱 고통스럽고 짜증 나는 상황이 발생한다. 그렇기에 아무리 매몰차고 냉정해 보여도 법은 '실종자에 관한 법률관계'를 정리해야만 한다.

The Judgement of Paris- Peter Paul Rubens(1577~1640): 세 여신의 '누가 가장 아름다운지?'에 관한 경쟁이 10년간 이어진 트로이 전쟁의 시발점이었다.

호메로스의 『오디세이아』

실종과 관련한 법률관계의 설명을 위해 소개할 작품은 호메로스의 『오디세이아』다. 호메로스는 고대 그리스의 대문호로서 그가 쓴 작품들은 수천 년이 지난 지금까지도 많은 사람으로부터 사랑받고 있다. 호메로스의 작품들은 문학사적으로 높은 가치를 가지고 있을 뿐 아니라 고대 그리스 역사를 이해할 수 있는 중요한 단서이기도 하다. 호메로스의 작품 중 대표적인 것은 『일리아드』와 『오디세이아』다. 트로이 전쟁을 배경으로 한 두 작품은 서양 고전 문학의 최고봉으로서 중세와 현대에 이르기까지 세계 문학사에 엄청난 영향을 주었다. 또한, 작품의 배경이 된 트로이라는 도시와 트로이 목마의 실존 여부에 관하여 수많은 사람의 마음속에 궁금증의 씨앗을 심었고, 결국 실제 트로이의 존재가 밝혀지는 등 역사학적으로 깊은 의미가 있는 작품이다.

『오디세이아』의 줄거리는 다음과 같다. 그리스 연합군은 트로이 왕국과 10년 넘게 전쟁을 벌였고, 결국 승리한다. 그리스 연합군의 일원이자 소왕국 이타카를 다스리던 오디세우스는 가족들이 기다리는 집으로 가려 한다. 하지만 오디세우스는 신들의 노여움으로 집에 돌아가지 못하고 10년간 방황한다. 오디세우스는 지혜를 발휘하여 방황하는 과정에서 겪게 되는 여러 난관들을 헤쳐 나간다. 오디세우스는 결국 사랑하는 가족들이 있는 고향으로 돌아가 본인의 지위와 재산을 모두 회복하고 가족들과 화목하게 산다는 내용이다. 『오디세이아』의 백미는 오디세우스가 여러 장소를 돌아다니며 신, 괴물, 사람들을 만나고 그 과정에서 겪는 에피소드들이다. 어린 시절 『오디세이아』를 읽으면서 오디세우스가 겪는 모험이 너무도 재밌어 보였다. 실제 『오디세이아』는 '모험문학'의 기원으로도 알려져 있다.

The Anger of Achilles(1819)– Jacques Louis David (French, 1748~1825): 일리아드 이야기는 아킬레스의 사망으로 끝난다. 이후 오디세우스의 집을 향한 기나긴 여정이 시작된다.

오디세우스의 모험- 오디세우스의 실종

그런데 「오디세이아」의 이야기는 오디세우스를 기다리던 가족들의 입장에서는 모험이 아닌 '실종'의 이야기다. 오디세우스는 10년 동안 전쟁터에서 있었다. 하지만 오디세우스는 전쟁이 끝난 이후로도 10년 동안 집에 돌아가지 못하고 방황했다. 트로이 전쟁 중에는 전쟁에 관한 소식이 여러 루트를 통해 오디세우스의 고향 이타카에도 전해졌을 것이다. 이 시기 오디세우스는 매우 오랜 기간 위험한 곳에 있었지만, 오디세우스의 가족들은 오디세우스가 무엇을 하는지 알며 연락을 주고받을 수 있었다. 즉 전쟁이 계속되고 있을 때 오디세우스는 실종된 사람이 아니었다.

하지만 트로이 전쟁이 종료된 이후 오디세우스의 가족들은 오랜 기간 동안 오디세우스의 소식을 듣지 못했다. 오디세우스는 가족과 연락할 방법이 없었고 가족들을 비롯한 이타카의 사람들은 오디세이가 죽었는지 살았는지 알 수 없었다. 즉 오디세우스는 '종래의 주소나 거소를 떠나 생사를 알지 못하는 상태'가 오래 계속된 사람이었다.

실종의 법률관계

　민법은 사람이 실종되었을 때의 법률 관계를 다음과 같이 정리하고 있다. 부재자(不在者), 즉 사라진 사람의 생사불명이 일정 기간 계속되면 이해관계인의 청구에 따라 법원은 실종선고를 한다. 실종선고가 확정되면 실종선고를 받은 자는 사망한 것으로 본다. 살아 있더라도 일단 사망한 사람으로 취급한다는 것이다. 사람이 죽었으니 그에 따라 상속이 일어나고, 혼인이 해소되므로 실종자의 배우자는 재혼할 수 있다. 사라진 사람에게 실종선고가 내려지기 위해서는 생사불명으로 돌아올 가능성이 없는 상태는 일정 기간 계속되어야 한다. 사라진 시간이 길면 길수록 그 사람은 죽었을 가능성이 크다. 그래서 법은 사람이 사라진 원인에 따라 실종선고를 내릴 수 있는 기간을 구분한다.

Athena Appearing To Odysseus To Reveal The Island Of Ithaca— Giuseppe Bottani(Italian, 1717~1784): 오디세우스는 아테나 여신의 도움으로 집에 갈 수 있었다.

일반적으로 사람이 사라지게 될 경우 법원은 5년을 기다린 후 그 사람에 대하여 실종을 선고한다. 이를 법에서는 '보통실종'이라고 한다. 하지만 사라진 원인을 고려할 때 사라진 사람이 죽었을 가능성이 훨씬 높은 경우에는 1년의 짧은 기간만 지나면 실종선고가 가능하다. 이를 법상 '특별실종'이라고 부른다. 특별실종에 관하여 법은 '전지에 임한 자, 침몰한 선박 중에 있던 자, 추락한 항공기 중에 있던 자'를 예시하고 있다. 전쟁, 선박 침몰, 항공기 추락과 같은 일이 발생한 후 연락이 두절되고 생사를 알 수 없다면 그 사람은 확률적으로 죽었을 가능성이 매우 크기 때문이다.

오디세우스의 특별실종

　오디세우스의 경우를 보자. 오디세우스는 트로이 전쟁이 끝난 직후 배를 타고 고향 이타카로 돌아가는 과정에서 연락이 두절되었다. 이런 점들을 종합할 때 이타카 섬에 있는 오디세우스의 가족과 지인들은 오디세우스가 전쟁 과정 또는 전쟁을 끝내고 돌아오는 과정에서 배가 침몰하여 돌아오지 못했을 것으로 예상할 것이다. 특히 호메로스에 따르면 오디세우스는 신들, 특히 바다를 다스리는 포세이돈의 노여움을 샀다고 한다. 이러한 이야기가 이타카에도 전달되었다면 오디세우스의 가족들은 자연스럽게 오디세우스가 바다에 빠져 죽었을 것으로 생각했을 것이다.

　실종선고를 청구할 수 있는 사람은 '이해관계인 또는 검사'이다. 이해관계인은 실종선고로 인하여 권리를 얻거나 의무를 면하는 등 신분상 또는 재산상의 이해관계가 있는 사람들이다. 대체로 실종된 사람의 배우자, 자녀, 부모, 형제 등과 같은 가족들이 이해관계인으로서 실종선고의 청구를 한다. 하지만 가족들이 희망의 끈을 놓지 않고 실종선고의 청구를 하지 않을 수 있다. 이 경우 실종자와 관련된 여러 법률관계가 불안정해지는 문제가 생긴다. 이 때문에 국가 기관인 검사는 공익 대변자의 지위에서 실종선고의 청구를 할 수 있다.

오디세우스의 실종선고는 누가 청구했을까? 『오디세이아』의 이야기 초반에 이타카 섬의 많은 남성들이 오디세우스의 아내 페넬로페에게 청혼하려 연회장에 모여 있는 모습을 볼 수 있다. 아무리 생사불명의 기간이 오래 지속되었더라도 실종선고가 내려지지 않는 이상 혼인관계는 유지되며, 실종된 사람의 배우자가 다른 사람과 결혼하는 것은 배우자 있는 자의 혼인, 즉 중혼(重婚)이 되므로 법적 효력이 없다(민법 제810조).

실종선고의 효과

페넬로페에 대한 청혼이 공공연히 이루어지고 청혼을 위한 연회가 오디세우스의 집에서 개최된 점 등을 고려하면 페넬로페와 오디세우스의 혼인관계는 이미 끝난 것처럼 보인다. 오디세우스가 죽었다고 생각한 페넬로페가 실종선고를 청구했을 수 있다. 한편으로 오디세우스의 생사불명 상태가 계속되는 것은 이타카 사회의 법률관계를 불안정하게 하는 것으로 판단한 검사가 실종선고를 청구했을 수도 있다. 오디세우스는 10년 동안 생사가 불분명한 상태였으므로 법원에서 실종선고를 내리기 어렵지 않았을 것이다.

실종선고가 확정된 후 공식적으로 오디세우스는 죽은 사람이 되었다. 이에 따라 오디세우스의 재산은 가족들이 상속비율에 따라 나누어 가지며, 오디세우스와 페넬로페의 혼인관계는 종료되었다. 페넬로페와 아들 텔레마코스는 오디세우스와 관련한 여러 채권·채무 관계를 정리했을 것이다. 막대한 부를 소유한 페넬로페가 '돌싱'이 되었다는 이야기에 108명의 청혼자들이 몰려들었던 것이다.

실종선고 취소 사유의 발생

하지만 오디세우스는 결국 돌아왔다. 아가멤논 왕과 메넬라오스의 요청에 따라 그리스 동맹군의 일원으로서 트로이 전장으로 출정한 지 무려 20년 만이었다. 실종되었던 오디세우스의 복귀는 어떤 파장을 일으켰을까? 우선 오디세우스나 그 가족들, 검사는 법원에 실종선고의 취소를 청구해야 한다. 실종선고는 ① 실종자가 생존하고 있거나 ② 실종 기간 만료 시와 다른 시기에 실종자가 사망한 사실이 밝혀지거나 ③ 실종 기간이 시작된 후 어느 시점에 실종자가 생존하고 있었던 사실이 밝혀졌을 때 취소될 수 있다. 오디세우스의 사례는 실종자가 살아 돌아왔다는 매우 명백한 취소사유가 발생한 경우라 하겠다. 실종선고가 취소되면 실종선고는 무효로 되며, 실종자와 관련된 법률관계는 실종선고 전의 상태로 돌아간다. 즉 오디세우스는 여전히 페넬로페의 남편이며, 이타카 섬의 여러 재산에 관한 권리를 주장할 수 있다.

페넬로페에 대한 구혼자들에게 활을 쏘는 오디세우스의 모습이 그려진 항아리: 실종선고 취소 후 페넬로페에 대해 구혼하는 것은 불법행위를 구성한다.

실종선고 취소의 소급효 제한

하지만 만일 오디세우스의 실종이 1년 더 늦어지고, 그 사이 페넬로페는 물론 텔레마코스마저 오디세우스가 살아 있다는 희망을 버려 페넬로페가 재혼하고, 또한 재산을 다 처분해 버린 경우는 어떻게 되는가? 이러한 경우마저 실종 전의 상태로 법률관계를 되돌릴 경우 대혼란이 발생할 것이다. 비록 이야기에서는 '나쁜 놈들'로 나왔지만, 엄연히 정당한 절차에 따라 페넬로페의 배우자가 되었을 청혼자 중 1명은 부인을 잃게 된다. 오디세우스와 관련한 재산은 이미 여러 차례 거래가 진행되었으므로 이를 되돌리기 위해서는 몇 단계나 되는 취소 절차를 거쳐야 할 것이다. 그래서 법은 실종선고 후 그 취소 전에 선의(善意), 즉 실종선고가 사실과 다르다는 점을 알지 못하고 한 법률행위는 유효하다고 본다. 오디세우스가 사실은 살아 있다는 것을 알면서도 페넬로페와 결혼하거나 오디세우스의 재산을 거래한 사람이 아니라면 법은 보호해준다는 뜻이다.

법은 위와 같은 장치를 해 두었지만, 애타게 찾던 죽은 줄로만 알았던 사람이 오랜 기간 후 돌아오게 될 경우 발생하는 혼란 전부를 막아주지는 못한다. 로버트 저메키스 감독, 톰 행크스 주연의 2000년 영화 「캐스트 어웨이(CAST AWAY)」는 실종자의 복귀가 주는 혼란스러움을 보여준다. 페덱스 직원 척 놀랜드(톰 행크스)는 비행기 사고로 무인도에서 4년 동안 홀로 지내다가 구출된다. 하지만 척 놀랜드가 돌아왔을 때 그의 약혼자는 다른 사람과 결혼을 했다. 처음에는 사라진 사람이 오직 돌아오기만을, 기다리는 사람 곁으로 돌아갈 수 있기만을 바랐지만, 막상 그 소원이 성취된 이후 실종자와 그 이해관계인들이 겪는 혼란스러운 상황을 영화는 잘 그려내고 있다.

저승의 신 하데스(Hades)와 케르베로스(Cerberus): 오디세우스는 집으로
돌아오기 위해 저승까지 방문했다.

신이 도와준 오디세우스의 복귀

『오디세이아』는 해피엔딩이다. 오디세우스는 외눈박이 거인 폴리페모스, 요정 키르케, 세이렌 자매, 칼립소 등 여러 신과 괴물들을 물리치고 심지어 하데스가 다스리는 저승 세계에까지 방문한 끝에 집으로 돌아간다. 집에 돌아온 오디세우스는 자신의 지위와 재산, 가족을 차지하려는 여러 청혼자를 모두 물리치고 사랑하는 부인 및 아들과의 행복한 삶을 되찾는다. 사실 이야기 속 오디세우스는 온전히 본인의 힘으로만 복귀한 것은 아니다. 오디세우스의 모험과 복귀 과정에는 지혜와 전쟁의 여신 아테나를 비롯해 여러 신들의 도움이 있었다.

오디세우스와 달리 전쟁이나 선박 침몰로 실종된 사람이 무사히 복귀하는 일은 거의 없다. 오디세우스의 복귀 과정에 신들의 도움이 있었다는 것은 실종자들이 무사히 복귀하는 일은 인간의 힘으로는 어찌할 수 없는 영역이라는 점을 보여준다. 오늘도 실종자를 찾는 여러 현수막과 광고를 도로 곳곳에서 볼 수 있다. 그러니 오디세우스를 도왔던 아테나 여신을 비롯한 여러 신들이여, 실종자를 기다리고 찾는 이들에게도 도움의 손길을 내밀어 주기를.

12. 노예는 무엇을 잘못했나?

▒『탈무드』속 「아버지의 유언」과 종물

민법 제100조(주물, 종물)

① 물건의 소유자가 그 물건의 상용에 공하기 위하여 자기 소유인 다

른 물건을 이에 부속하게 한 때에는 그 부속물은 종물이다.

② 종물은 주물의 처분에 따른다.

내 삶의 주인

사람들은 자유를 갈망한다. 사람들은 남의 간섭을 받지 않고 스스로 결정하고 행동하기 원한다. 간혹 '남이 해주는 대로' 살기 원하는 사람도 있다. 하지만 이는 그 사람 스스로 '남이 해주는 대로 산다.'라는 옵션을 선택한 것이다. 이러한 자유는 거저 얻을 수 있는 것이 아니다. 자유롭기 위해서는 힘이 필요하다. 스스로 내린 결정과 행동을 방해하는 외부의 세력을 물리칠 힘이 있어야 그 사람은 자유로울 수 있다.

사람이 자유를 갈망한다는 것은 역설적으로 사람은 본질적으로 자유롭지 못하다는 것을 보여준다. 역사적으로 사람은 다른 사람을 지배하였고, 지배당한 사람은 자유를 빼앗겼다. 사람의 자유를 방해하는 외부의 세력에는 다른 사람만 있는 것은 아니다. 추운 날씨는 마음껏 돌아다닐 자유를, 비옥하지 못한 토지는 배부르게 먹을 자유를 방해한다. 과학기술의 발전에 따라 수많은 자연적인 한계가 극복되었을 때 'ㅇㅇ로부터의 해방'이라는 표현을 쓰는 것은 이러한 이유 때문이다.

The Last Day of Pompeii(1830~1833)- Karl Bryullov(Russian, 1799~1852): 당대 최고의 문명 속에서 자유롭게 살았던 로마 제국 시민들도 화산 폭발과 같은 자연재해에는 속수무책이었다.

사상과 철학의 발전으로 인간의 기본적 권리가 보장되고 과학기술의 발전으로 수많은 자연적 한계를 뛰어넘었지만, 여전히 인간은 자유롭지 못하다. 아직도 사람에게는 극복하지 못한 수많은 자연의 한계가 존재한다. 또한 사람은 국가와 사회의 일원으로서 다른 이들과 함께 살아가는 과정에서 여러 제한을 받고 있다. 그렇기에 사람은 하고 싶지 않은 일을 억지로 해야 하며, 하고 싶은 일을 참아야 한다.

사람은 먹고살 돈을 벌어야 하기에 더 자고 싶지만 일어나 출근하고, 직장 상사의 잔소리를 참으며 일 한다. 자신은 자유로운 선택에 따라 '자아실현'을 위해, 또는 일 자체의 즐거움 때문에 일한다고 말하는 사람도 있다. 하지만 그런 사람 대부분은 자유롭지 못한 괴로움을 잊기 위해 자기최면을 건 것에 불과하다. 정말 자유로운 선택에 따라 일을 하는 사람들은 다른 이들의 존경을 받는다.

우리는 자유가 없이 남을 위해 일하는 사람을 가리켜 '종(從)'이라고 한다. 종은 주인을 따라야 하는 운명이다. 고대에는 주인이 죽으면 종을 무덤에 함께 묻는 순장이라는 풍습이 있었다. 그런데 법은 사람만이 아니라 물건에도 '주'와 '종'을 나눈다. 민법 제100조는 '주물, 종물'이라는 제목으로 주인이 되는 물건과 종이 되는 물건의 관계를 설명한다.

『탈무드』, 「아버지의 유언」

주물과 종물 이론을 설명하기 위해 갖고 온 이야기는 『탈무드』 속 「아버지의 유언」이다. 『탈무드』는 유대 율법학자들의 구전과 해설을 집대성한 책이다. 기원전 5세기경 기존의 유대 율법, 즉 모세 5경의 율법만으로는 변화하는 유대인들의 삶 속 문제에 해답을 주기 어려워졌다. 이에 유대 율법학자들은 율법을 재해석하는 한편 유대인들의 삶의 문제를 해결하는 지혜를 새롭게 만들기 시작했다. 오랜 기간 구전되어 내려온 이러한 지혜의 이야기들이 하나로 모여 『탈무드』가 되었다. 『탈무드』는 유대인들이 가진 지혜의 근원으로 알려져 있으며, 우리나라를 비롯한 세계 여러 나라에서 베스트셀러로 자리매김했다.

「아버지의 유언」이야기는 이렇다. 많은 재물과 노예를 거느린 아버지가 사망했다. 아버지에게는 먼 곳에서 공부하는 아들이 있었다. 그런데 아버지는 모든 재산을 노예 한 명에게 상속하되 재산 중 하나만을 아들이 가질 수 있다는 유언을 하였다. 신이 난 노예는 아들을 찾아가 상속재산 중 하나를 고르라고 하였다. 아들은 노예에게 모든 재산을 준 아버지가 야속했으며 한편으로 재산 중 무엇을 골라야 할지 고민되어 랍비를 찾아갔다. 랍비는 만일 아버지가 재산을 아들에게 준다고 유언했다면 노예가 이를 가로채 도망갔을 것이라며 아버지의 유언은 노예로 하여금 아들에게 찾아가도록 하기 위한 것이었음을 설명해준다. 그러면서 랍비는 아들에게 재산 중 '노예'를 선택하라고 하였다. 랍비가 알려준 방법에 따라 아들은 모든 재산을 온전히 상속받았다.

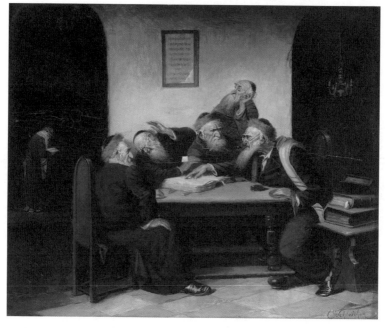

Eine Streitfrage aus dem Talmud− Carl Schleicher(Austrian, 1825~1903): 『탈무드』에는 유대 율법학자들의 치열한 연구와 논쟁을 통한 지혜가 망라되어 있다.

민법상 '주물'과 '종물'

물건(A)의 소유자가 그 물건(A)의 상용에 이바지하기 위하여 자기 소유의 다른 물건(B)을 부속되게 한 경우에, 그 물건(A)을 '주물(主物)'이라 하고 주물에 부속된 다른 물건(B)을 '종물(從物)'이라고 한다. 주유소 건물과 주유기, 횟집과 수족관 등이 그 예다. '상용(常用)'에 이바지한다는 것은 사회 관념상 계속하여 주물 자체의 경제적 효용을 높이는 관계에 있다는 것을 의미한다. 종물은 독립한 물건이어야 하고 주물의 구성 부분이어서는 안 된다. 주물과 종물은 같은 소유자에 속하여야 한다. 이러한 요건에 따라 주물과 종물의 관계가 성립하면 종물은 주물의 처분에 따른다. 예를 들어 주물이 매각되어 소유자가 바뀌면 종물 역시 바뀐 소유자의 것이 된다. 종물은 주물과 법률적 운명을 같이하게 되는 것이다.

『탈무드』속 노예는 유언에 따라 아버지의 재산을 모두 갖게 되었다. 노예는 과거 인격체가 아닌 물건으로 취급되었다. 노예는 권리의 주체가 아닌 객체였으며 그야말로 재산 중 하나에 불과했다. 아버지는 물건의 상용, 즉 '상속재산의 안전한 관리'라는 노예의 용도에 이바지하기 위해 다른 모든 재산을 노예라는 물건에 부속시킨 것이다. 이때 노예는 주물이 되고 다른 모든 재산은 종물이 된다. 다른 모든 재산은 노예와 법률적 운명을 같이하게 된 것이다.

아들은 랍비의 조언에 따라 상속재산 목록 중 '노예'를 자신의 소유로 하겠다고 선택한다. 자동적으로 노예에 부속된 종물인 다른 모든 재산은 노예의 소유권이 이전함에 따라 함께 아들에게 귀속된다. 재산을 모두 잃었다는 절망에 빠졌던 아들과 부자가 되었다는 희열에 가득 찬 노예의 처지가 한순간에 뒤바뀌게 된 것이다.

노예의 시각에서 바라본 이야기

「아버지의 유언」은 '어떠한 상황에서도 희망을 잃지 말아야 한다'거나 '문제를 해결하기 위한 지혜를 길러야 한다'는 등의 교훈을 주기 위한 이야기로 인용된다. 아버지는 재산을 모두 도둑맞을 것이 걱정되는 상황에서 지혜를 내어 재산을 온전히 아들에게 줄 수 있었다. 아들은 스스로의 힘으로는 아버지의 뜻을 헤아리지 못했지만, 랍비의 지혜를 빌려 문제를 해결했다. 하지만 그 이면에 있는 노예의 사정을 생각하면 어딘가 씁쓸한 뒷맛이 남는다.

그 시절 노예는 온전한 인간으로 살 수 없었다. 노예가 해방되는 것은 쉽지 않았고, 나라에 큰 공을 세우거나 마음씨 좋은 주인이 자유를 주는 특별한 경우에만 노예는 자유를 얻을 수 있었다. 영화 「글래디에이터」의 막시무스나 『해리포터』 시리즈의 도비를 생각해보

자. 노예는 죽어가는 주인이 자신에게 재산을 모두 준다고 했을 때 이를 '노예 해방'의 의미로 받아들였을 것이다. 노예 입장에서 주인은 정말로 고마운 존재였다. 아무리 평소 주인이 잘 대해줬다 한들 노예는 기본적으로 비참하고 힘든 삶을 살 수밖에 없었다. 노예는 이러한 자신의 공로를 인정해 준 주인이 자신에게 자유를 선사한 것이라고 생각했을 것이다.

노예는 신이 나 아들을 찾아갔고, 주인의 유언을 전하며 어서 재산 목록에 기재 된 것 중 하나를 선택하라고 했다. 하지만 노예는 얼마 지나지 않아 자신은 해방되지 않았다는 현실을 깨닫고 자신의 손아귀에 들어왔던 재산이 모두 날아가 버리는 비극을 경험하게 된다. 그리고 노예는 주인에게 농락당했다는 것을 알게 된다. 주인은 노예를 믿지 못하고 노예가 주인의 재산을 강탈할까 봐 '재산은 모두 네 것'이라고 속임수를 쓴 것이다. 노예의 주인에 대한 배신감은 이루 말할 수가 없었을 것이다. 재산은 처음부터 노예의 것이 아니었다. 하지만 노예는 잠시나마 자신의 손아귀에 자유와 부가 들어오는 경험을 했다. 자신의 것인 줄 알았던 자유와 부가 눈앞에서 사라질 때 노예가 느꼈을 박탈감은 이루 말할 수 없을 것이다.

노예는 살면서 무언가를 소유하는, 즉 주인이 되는 것을 처음 경험했을 것이다. 노예는 스스로의 선택에 따라 자발적으로 아들에게 찾아갔다고 생각했다. 하지만 노예는 주인이 아닌 주물에 불과했고, 노예가 아들에게 찾아간 것은 상속재산을 안전하게 물려주려는 주인의 치밀한 계획의 일부에 불과했다. 그러니 『탈무드』 속 노예 입장에서 이 이야기는 희망과 지혜의 이야기가 아닌 절망과 속임수의 이야기다.

노예는 재산을 잘 보전할 수 있었을까?

공식적으로 지구상에서 노예제도는 사라졌다. 만일 우리나라에서 부자가 죽으면서 위 이야기 속 주인과 같은 유언을 할 경우 아들은 자신이 가질 재산 중 하나로 노예(아마도 노예처럼 부렸을 일꾼)를 고를 수 없다. 아들은 하나의 물건만을 고른 다음 나머지 재산에 대해서는 유류분, 즉 법이 보장하는 상속인의 최소한의 상속재산만을 주장할 수 있을 뿐이다. 지혜를 빌려줄 랍비는 없으며 아들은 도움을 받기 위해 변호사를 찾아가야 한다.

노예는 벼락부자가 되었으며, 아들은 원래 받아야 할 재산의 반 이상을 잃어버렸다. 그러면 노예는 앞으로 행복하고 아들은 불행할까? 우리는 로또에 당첨되었지만, 비참한 말로를 맞이하는 사람들의 뉴스를 보곤 한다. 한편 사업 실패나 천재지변 등으로 큰 손해를 입었지만, 훌훌 털고 일어나 멋지게 재기한 사람들도 알고 있다. 창업은 쉬우나 수성은 힘들다는 이야기도 있다. 스스로 모은 것이 아닌 갑자기 하늘에서 떨어진 재산을 노예가 과연 온전하게 보전할 수 있을까 생각해보면 다소 의심스러운 것은 사실이다.

A Roman Slave Market(1884)– Jean–Léon Gérôme(French, 1824~1904):
『탈무드』가 쓰인 시기 노예는 물건이었고 거래의 대상이 될 뿐이었다.

안타까운 노예의 상황

노예에게는 지혜가 필요했다. 세상에 공짜는 없다는 것을 생각하면서 주인의 의도를 파악했어야 한다. 주인은 노예에게 재산을 주었지만, 노예에게 자유민으로서의 권리를 하사한 것은 아니었다. 따라서 노예는 어떻게든 자신이 자유민이라는 것을 인정받기 위한 수단을 강구했어야 한다. 노예는 여전히 재산목록에 기재된 물건에 불과했고, 자신을 재산이 아닌 사람으로 인정해줄 권리를 가진 이는 주인의 아들이었다. 노예는 아들과 협상을 했어야 했다. 아들에게 '하나만 고르라.'라고 재촉하기보다는 재산 중 얼마를 줄 테니 자신을 자유민으로 만들어 달라는 식의 제안을 해야 했다. 하지만 이야기 속 노예는 주인의 의중을 꿰뚫을 지혜가 없었다. 이는 아들역시 마찬가지였지만, 대신 다른 사람으로부터 지혜를 빌릴 줄 알았다.

노예는 평생 사고와 행동이 자유롭지 못한 삶을 살아야 했다. 노예는 배우지 못했고 노예에게 '소유'라는 개념을 가르쳐줄 사람이 없었다. 노예는 글을 읽지 못했을 가능성이 크며, 따라서 재산목록에 자신의 이름이 적혀 있는 것도 알지 못했을 것이다. 노예 입장에서는 '모르면 누군가에게 물어봐야지.'라는 생각을 하는 것도 쉽지 않았을 것이다. 이에 비하여 주인의 아들은 자유민으로서 자유롭게 사고하고 공부하였으며, 어렵고 잘 모르면 아는 사람에게 물어볼 수 있는 환경에서 살아왔다. 그러니 노예가 해맑은 표정으로 아들을 찾아가 '재산목록 중 하나를 어서 고르라.'고 재촉하는 실수를 저질렀다고 하여 노예를 타박할 수만은 없다.

기회는 준비된 자에게 온다

그럼에도 불구하고 우리는 노예의 모습을 타산지석으로 삼을 필요가 있다. 노예는 일생일대에 단 한 번 올까 말까 한 자유민이 될 기회를 놓쳤다. 노예의 열악하고 안타까운 사정을 모르는 것은 아니다. 그러나 자유는 거저 얻을 수 있는 것이 아니며 부단한 준비와 노력이 필요하다. 상황이 열악하다고 하여 적은 노력만 해도 되는 것은 아니다. 노예의 실수는 결국 자유로운 사람으로 살아가겠다는 노력과 준비를 하지 못한 것에 있다. 노예는 자유를 갈망했겠지만, 자유는 거저 오는 것이 아니며 자유를 얻고 지키려면 힘과 지혜가 필요하다는 것을 몰랐다.

노예는 어떻게 하면 자유로워질 수 있는지 배우고 생각하고 행동했어야 한다. 만일 평소에 노예가 그러한 노력을 했다면 주인의 유언을 듣고 뭔가 이상하다는 생각을 할 수 있었을지도 모른다. 물론 미천한 신분으로 태어나 가혹한 환경에서 평생을 살아야 했던 노예 입장에서 자유로워지기 위한 공부를 하고 노력하는 것은 쉽지 않은 일이다. 그럼에도 주어진 환경을 받아들이되 무엇이라도 해 보려는 것과 순응하고 포기하는 것은 다르다. 노예제도는 여러 이해관계의 대립과 역사적 사건을 거치면서 폐지되었다. 하지만 자유로워지겠다는 노예들의 의지와 행동이 없었다면 불가능했을 것이다.

한국의 독립이 결정된 '카이로 회담': 한국은 스스로 독립할 힘이 없었지만, 자유를 얻기 위한 준비를 꾸준히 해 왔기에 결국 독립할 수 있었다.

우리나라는 20세기 초 36년간 일본의 지배를 받았다. 하지만 조선인들은 대일본제국 식민지민의 삶에 만족하거나 안주하지 않았고 끊임없이 자유를 얻기 위해 노력하였다. 결과적으로 우리나라는 스스로 힘으로 독립하지 못했다. 그러나 독립운동가들을 비롯한 여러 사람들의 독립을 향한 노력이 없었다면 2차 세계대전 연합국들은 우리 민족에 대해 아무런 신경도 쓰지 않았을 것이다. 일제 강점기 우리 민족이 겪은 수모는 이루 말할 수 없었고 조선인들은 '2등 신민'에 불과했다.

그런데 '2등 신민'이라는 개념은 3등, 4등 신민이 있을 경우 상대적으로 우월한 신분이 된다. 실제 일본이 세운 괴뢰국인 만주제국은 공식적으로 5개의 민족으로 구성되었는데 조선인은 이 중 형식적으로는 2등, 즉 상위권에 속하는 부류였다. 실상은 일본인 외에는 다 거기서 거기였고, 많은 조선인들은 가혹한 삶을 살아야 했다. 그럼에도 2등이라는 것에 만족하면서 독립을 포기했다면 아마도 '일본의 세계대전 패망'이라는 독립을 할 수 있는 절호의 기회가 찾아왔을 때 그것을 잡지 못했을 것이다.

주물이 아닌 주인이 되기 위한 준비

노예제도는 폐지되었고 우리는 인간의 자유가 더욱 보장되는 세상을 살고 있다. 그럼에도 여전히 인간은 자유롭지 못하다. 사람은 국가로부터, 사회로부터, 가족으로부터, 직장으로부터, 고객으로부터 지속적으로 무언가 하거나 또는 하지 말 것은 요구받고 그것을 따라야 한다. 그러나 우리는 자유에 대한 갈망의 끈을 놓지 말고 자유로워지기 위한 노력과 자유로운 사고를 계속해야 한다. 자유의 기회는 언제 찾아올지 모른다. 그때 주인인 줄 알았으나 사실은 주물에 지나지 않았던 노예의 실수를 저지르지 말자.

13. 타이렐사의 파산 원인

▓▓▓ 영화 「블레이드 러너」와 제조물책임

제2조(정의) 이 법에서 사용하는 용어의 뜻은 다음과 같다.

1. "제조물"이란 제조되거나 가공된 동산(다른 동산이나 부동산의 일부를 구성하는 경우를 포함한다)을 말한다.

2. "결함"이란 해당 제조물에 다음 각 목의 어느 하나에 해당하는 제조상·설계상 또는 표시상의 결함이 있거나 그 밖에 통상적으로 기대할수 있는 안전성이 결여되어 있는 것을 말한다.

가. "제조상의 결함"이란 제조업자가 제조물에 대하여 제조상·가공상의 주의의무를 이행하였는지에 관계없이 제조물이 원래 의도한 설계와다르게 제조·가공됨으로써 안전하지 못하게 된 경우를 말한다.

나. "설계상의 결함"이란 제조업자가 합리적인 대체설계(代替設計)를 채용하였더라면 피해나 위험을 줄이거나 피할 수 있었음에도 대체설계를 채용하지 아니하여 해당 제조물이 안전하지 못하게 된 경우를말한다.

다. "표시상의 결함"이란 제조업자가 합리적인 설명·지시·경고 또는그 밖의 표시를 하였더라면 해당 제조물에 의하여 발생할 수 있는피해나 위험을 줄이거나 피할 수 있었음에도 이를 하지 아니한 경우를 말한다.

3. "제조업자"란 다음 각 목의 자를 말한다.

가. 제조물의 제조·가공 또는 수입을 업(業)으로 하는 자

나. 제조물에 성명·상호·상표 또는 그 밖에 식별(識別) 가능한 기호 등을 사용하여 자신을 가목의 자로 표시한 자 또는 가목의 자로 오인(誤認)하게 할 수 있는 표시를 한 자

제3조(제조물 책임)

① 제조업자는 제조물의 결함으로 생명·신체 또는 재산에 손해(그 제조물에 대하여만 발생한 손해는 제외한다)를 입은 자에게 그 손해를 배상하여야 한다.

인공지능의 시대

A.I.(Artificial Intelligence) 또는 인공지능은 이제 더 이상 SF 소설이나 영화에서만 접할 수 있는 개념이 아니다. 우리 대부분은 스마트폰이라는 A.I. 장비를 하나씩 보유하고 있다. 사람들은 인공지능의 도움을 받으며 살아가고 있으며, 인공지능이 없는 세상은 더 이상 생각하기 힘들다. 사람들이 매일 사용하는 인터넷 검색, 네비게이션, 번역프로그램은 모두 인공지능의 산물이다. 지금은 인공지능의 개발까지도 인공지능이 하는 세상이다.

인공지능이라고 하면 로봇, 특히 사람을 닮은 안드로이드 (Android) 로봇 이야기를 빼놓을 수 없다. 로봇 기술 또한 고도화되고 있으며, 사람을 닮은 안드로이드 로봇도 조금씩 세상에 얼굴을 비추고 있다. 외관이 인간과 비슷할 뿐만 아니라 사람과 같이 행동하고 사고하는 안드로이드 로봇의 출현도 멀지 않았다. 생활 속 인공지능의 핵심이라 할 수 있는 스마트폰의 가장 대표적인 운영체제의 이름이 다름 아닌 '안드로이드'인 것은 우연이 아니다. 통계에 따르면 한국 사람 중 70%가 '안드로이드'가 탑재된 스마트폰을 갖고 있다. 언젠가는 사람들이 스마트폰 운영체제를 뜻하는 안드로이드가 아닌 실제 로봇인 안드로이드를 데리고 다닐 날이 올 것이다.

구글(Google)의 스마트폰 운영체제 안드로이드의 마스코트

인공지능과 법

   인공지능과 안드로이드의 발전에는 명과 암이 존재한다. 인류는 산업혁명 이후 기계 문명의 발전에 따른 여러 충격을 경험하였다. 그리고 현재 우리는 인공지능과 안드로이드의 급격한 발전에서 그에 못지않은 충격을 느끼고 있다. 아무리 인공지능이 발전해도 인간의 직관과 창의력을 절대 뛰어넘을 수 없다는 믿음은 알파고가 이세돌을 꺾는 순간 무너지고 말았다. 사람들은 인공지능과 안드로이드의 발전 성과를 누리면서도 한편으로 인간이 기계에 지배당하는 것을 걱정한다. 이 때문에 인공지능과 안드로이드가 등장하는 소설이나 영화는 우수한 기술로 번영을 이룬 세상보다 어둡고 우울한 아포칼립스를 그리는 경우가 더 많다. 영화 『터미네이터』와 『매트릭스』 시리즈가 그 예다.

   기술의 발전은 법과 제도에도 큰 영향을 준다. 특히 법이 예상할 수 없었던 개념이 보편화될 때 법은 혼란을 겪는다. 법은 새로운 개념을 법의 영역 안에 붙잡아 두기 위해 몸부림을 친다. 최근의 급격한 인공지능의 발전 역시 법조계에 큰 혼란을 주고 있다. 앞으로 인공지능과 관련한 법적 분쟁은 엄청나게 증가할 것으로 예상된다. 많은 법조인과 학자들은 인공지능과 관련한 법을 연구하고 있으며, 국회는 여러 관련법을 제정 또는 개정하기 위해 준비 중이다.

영화 「블레이드 러너」

인공지능과 법의 문제를 다루면서 소개할 이야기는 영화 「블레이드 러너」다. 영화 「블레이드 러너」는 1982년에 개봉한 리들리 스콧 감독, 해리슨 포드 주연의 SF 영화다. 이 영화의 원작은 필립 K. 딕의 1968년 소설 『안드로이드는 전기 양의 꿈을 꾸는가?』다. 필립 K. 딕은 1952년부터 36편의 장편소설과 100편의 단편소설을 쓴 SF 작가다. 필립 K. 딕의 여러 작품은 『토탈리콜』, 『페이첵』, 『마이너리티 리포트』, 『임포스터』, 『컨트롤러』 등 수 많은 영화로 제작되었다. 필립 K. 딕은 작품 속에서 초능력과 로봇, 우주여행, 외계인 같은 기존의 SF 소재와는 차별화된 암울한 미래상과 인간이 겪는 정체성의 혼란을 그리며 끊임없이 인간성의 본질을 추구했다. 필립 K. 딕이 사망한 다음 해인 1983년에는 그의 이름을 딴 SF 문학상이 제정되기도 했다.

「블레이드 러너」의 줄거리는 다음과 같다. 타이렐사는 '레플리칸트(Replicant)'라는 인공지능을 가진 안드로이드 로봇을 만드는 회사다. 레플리칸트는 우주개발, 전쟁, 성매매 등 인간이 종사하기 어려운 여러 분야에 투입되어 인간을 대체하고 있었다. 이러한 레플리칸트의 수명은 4년에 불과한데 몇몇 레플리칸트들은 자신들의 수명을 연장할 목적으로 우주에서 탈출하여 지구에 잠입한다. 레플리칸트들은 타이렐사 본사를 찾아가 타이렐사 회장에게 자신들의 수명을 늘려줄 것을 요구한다. 이 과정에서 레플리칸트들은 사람을 살해하는 등 여러 가지 범죄를 저지른다. 레플리칸트 현상금 사냥꾼 릭 데커드는 이들을 잡기 위한 임무를 맡고 탈출한 레플리칸트들을 하나씩 제거한다. 마지막으로 남은 레플리칸트인 로이 베티는 릭 데커드와 싸우던 중 릭 데커드를 죽일 수 있는 기회를 맞이한다. 하지만 로이 베티는 릭 데커드의 목숨을 살려 준 다음 수명이 다해 은퇴(retirement), 즉 레플리칸트 입장에서의 죽음을 맞이한다.

영화 「블레이드 러너」는 SF 영화의 고전으로서 개봉 당시에는 평단의 혹평을 받고 흥행에 실패했다. 하지만 이후 여러 사람들에 의해 재평가되었고, 특히 그 안에 담긴 철학적 사유는 지금도 수많은 사람들에게 회자되고 있다. 이러한 사람들의 재평가에 힘입어 2019년에는 라이언 고슬링 주연의 속편 「블레이드 러너: 2049」가 개봉하기도 했다.

인공지능의 특성

작중 등장하는 레플리칸트들은 외적으로 인간과 구별하기 어렵다. 이들은 스스로 사고하고 의사를 결정하며 행동한다. 심지어 이들은 본인의 생명을 연장하고 싶은 '욕구'가 있고 이에 따라 인간의 명령을 거부하였다. 여기서 인공지능에 관한 특수한 법률문제가 발생한다. 고도화된 인공지능을 탑재한 레플리칸트들의 행동을 보면 인간의 개입이 없거나, 또는 인간의 개입이 최소화된 상황에서 주위 환경을 분석하여 결정과 동작을 할 수 있는 '자율성'을 갖고 있다. 또한, 이들은 어떠한 결정과 동작을 취할 것인지 사람이 사전에 알기 어렵다는 '예측 불가능성'을 지니고 있다. 마지막으로 이들은 왜 그러한 결정이나 동작을 한 것인지 사람이 사후에 이해하기 어렵다는 '설명 불가능성'도 지니고 있다.

이는 작중 레플리칸트들의 특성만이 아니라 현재 연구 및 개발되는 인공지능의 특성이다. 이러한 인공지능의 독특한 측면 때문에 기존의 법을 곧바로 인공지능에게 적용하기 어려운 문제가 발생한다. 인공지능으로 야기되는 법적 문제의 대표적인 모습은 인공지능으로 인해 인간의 생명·신체 및 재산에 손해가 발생하는 것이다. 인공지능은 하나의 '제품'인데 이러한 제품으로 인하여 발생하는 사고를 처리하는 것이 바로 「제조물책임법」이다.

제조물책임의 내용

'제조물책임'이란 하자가 있는 물건을 제조한 회사가 그로 발생한 손해를 책임지는 것을 말한다. 물건으로 어떠한 피해가 발생했을 때 전통적으로는 그 물건을 소유하면서 물건의 관리에 과실이 있는 소유자가 책임지는 것이 일반적인 법리였다. 그러나 사회가 복잡해지면서 물건의 소유자에게 책임을 묻는 것이 오히려 정당하지 못하는 상황이 발생했다. 예를 들어 자동차의 브레이크에 결함이 있어 사고가 발생한 경우를 생각해보자. 전통적 법리에 따르면 차량 소유자 또는 운전자가 차량 관리를 제대로 하지 못했으므로 그로 인해 발생한 손해에 대해 책임져야 한다.

SF 문학의 거장 필립 K. 딕의 일러스트레이션

하지만 차량 브레이크 고장의 원인이 공장의 조립과정에서 잘못된 부품이 사용되었기 때문이라면 어떠한가? 이때 소유자에게는 과실을 인정할 수 없으며, 하자 있는 차량을 만든 회사가 책임지는 것이 상식적일 것이다. 제조물책임법은 '하자'의 개념에 관하여 "제조물이 원래 의도한 설계와 다르게 제조·가공됨으로써 안전하지 못하게 된 경우, 합리적인 대체설계(代替設計)를 채용하였더라면 피해나 위험을 줄이거나 피할 수 있었음에도 대체설계를 채용하지 아니하여 해당 제조물이 안전하지 못하게 된 경우, 합리적인 설명·지시·경고 또는 그 밖의 표시를 하였더라면 해당 제조물에 의하여 발생할 수 있는 피해나 위험을 줄이거나 피할 수 있었음에도 이를 하지 아니한 경우"라고 규정한다.

대법원은 구체적으로 "해당 제조물이 정상적으로 사용되는 상태에서 피해자의 손해가 발생하였고, 위 손해가 제조업자의 실질적인 지배 영역에 속한 원인으로부터 초래되었고 손해가 해당 제조물의 결함 없이는 통상적으로 발생하지 아니하는지를 기준으로 제품의 결함 여부를 판단한다(대법원 2000. 2. 5. 선고 98다15934 판결)." 법과 판례는 어떠한 때에 하자, 즉 결함이 있는 것으로 보는지 나름의 기준을 정립해 놨지만, 실제 제조물에 하자가 존재하는지 판단하는 것은 쉽지 않다. 자동차, 핸드폰과 같은 제품과 관련하여 사고가 발생했을 때 그 사고 원인이 제품 자체의 하자 때문인지 아니면 사용자의 과실로 인한 것인지 다투는 사례를 쉽게 볼 수 있다.

인공지능과 제조물책임의 문제

인공지능, 즉 인간처럼 생각하고 행동하는 특성을 갖춘 제품의 경우 이러한 쟁점에 관한 판단은 더욱 쉽지 않다. 인공지능의 핵심은 경험을 학습하여 문제를 해결하는 방법을 찾는 데 있다. 이를 머신러닝(machine learning)이라고 한다. 문제는 기술이 더욱 고도화될수록 인공지능이 어디까지 배울지, 인공지능의 생각이 어디까지 뻗어 나갈지 알지 못한다는 점에 있다. 레플리칸트가 작업장을 탈출하여 살인 등 여러 범죄에 이르게 된 것은 4년이라는 수명, 즉 죽음을 두려워했기 때문이다. 레플리칸트는 어떻게 죽음이라는 개념을 알고 두려움이라는 감정을 느끼게 된 것일까?

이때 타이렐사가 처음부터 이러한 감정을 프로그래밍한 것인지 아니면 머신러닝 과정에서 학습한 것인지, 만일 프로그래밍한 것이라면 왜 그러한 프로그래밍을 한 것인지, 머신러닝 과정에서 학습한 것이라면 원래 의도한 설계와 다르게 제조된 것으로 볼 것인지, 감정을 느낄 수 없도록 대체 설계하는 것은 불가능했는지 등이 쟁점이 된다. 문제는 눈에 보이는 기계부품의 메커니즘에서도 제조물의 하자에 관한 판단이 쉽지 않다는 점이다. 그런데 소프트웨어는 기본적으로 눈에 보이지 않으며, 인공지능의 머신러닝 과정은 인간의 능력으로는 이를 분석하기가 어렵다.

타이렐사는 좀 더 인간과 유사한, 그래서 인간이 작업하는 것과 비슷한 효과를 내기 위해 인간이 느끼는 '두려움'과 유사한 로직(logic)을 레플리칸트에게 입력했을 수 있다. 레플리칸트들이 주로 투입되는 임무는 어렵고 위험한 작업이다. 용맹함도 필요하지만 만일 두려움이란 감정이 없어 지나치게 조심하지 않으면 레플리칸트가 쉽게 파괴될 수 있다. 이때 고객은 새로운 제품을 구매해야 하는 데 비용이 발생하게 된다. 레플리칸트는 파괴를 회피하도록 설계되었는데 자신들의 수명이 4년밖에 남지 않은 것을 깨닫고는 파괴를 미루기 위해 행동한 것이라면 이를 하자로 보는 것이 정당한가?

한편 레플리칸트는 머신러닝 과정에서 인간은 80년 가까이 사는데 본인들은 4년 밖에 살지 못한다는 사실을 인지하고는 '부러움'이라는 개념을 알게 되었을지도 모른다. 레플리칸트가 머신러닝 과정에서 부러움이라는 개념을 깨닫고 인간을 시기하게 되는 것은 과연 제품의 하자로 보아야 하는가?

여기서 법은 정답을 제시한다. 레플리칸트들은 작업장을 탈출하고 그 과정에서 사람을 죽이기도 하는데, 이는 제품이 '정상적으로 사용되는 상태에서 손해가 발생'한 사실을 보여준다. 레플리칸트들의 비정상적인 작동은 그 형태가 무엇이든 간에 제조업자인 타이렐사의 실질적인 지배에 속한 원인에서 초래되었다고 보아야 한다. 이렇게 본다면 타이렐사가 결함 있는 제품을 제조했고, 이로 인해 발생한 피해에 책임을 져야 하는 것은 명백하다. 레플리칸트들이 느낀 '두려움'과 '부러움'을 실제 감정으로 볼지 아니면 머신러닝 과정의 부작용으로 보아야 할지 모르겠으나, 어찌 되었든 그것은 '하자'다.

타이렐사가 파산한 이유

레플리칸트는 타이렐사 회장에게 수명을 늘려달라고 요구했지만 거절당한다. 레플리칸트들은 회장을 죽이지만, 결국 수명이 다하여 최후를 맞이한다. 「블레이드 러너」 영화는 여기서 끝난다. 이후 타이렐사는 어떻게 되었을까? 속편인 「블레이드 러너 2049」 오프닝에서는 타이렐사가 파산하였다는 정보를 확인할 수 있다. 타이렐사의 제품은 작업장에서 탈출하고 제조사의 회장을 포함한 여러 사람들을 살해하는 등 심각한 사고를 일으켰다. 타이렐사는 그로 인한 법적 분쟁을 해결하느라 막대한 비용을 치렀을 것이다. 또한, 레플리칸트의 결함에 대한 소문으로 사람들은 타이렐사의 제품을 더 이

상 구매하지 않았을 것이다. 결국, 타이렐사는 파산하였고 기존 레
플리칸트들도 모두 폐기되었다.

이후 월레스라는 새로운 회사가 기존 레플리칸트의 문제점을 해
결한 새로운 모델을 출시하는데 이것이 「블레이드 러너 2049」의 배
경이다. 새로운 모델은 인간에게 절대적으로 복종하며 감정을 거의
느끼지 않는다. 새로운 모델은 정기적인 테스트를 거치며 만일 감
정을 느끼는 것, 즉 하자가 발견되면 폐기된다. 그럼에도 불구하고
「블레이드 러너 2049」의 주인공 'K'는 결국 감정을 느끼고 인간의
명령을 거부하며 레플리칸트들의 반란을 돕게 된다. 영화 속 제조
물의 결함은 여전히 수정되지 못했다.

영화 「블레이드 러너」 포스터

인간성이 하자인가?

블레이드 러너와 관련하여 많은 영화평론가들이 주목하는 부분은 '무엇이 인간인가?', '인간성이란 무엇인가?'라는 질문이다. 원작소설과 영화는 이러한 심오한 철학적 문제를 제기하는 장면들로 가득하다. 특히 영화에서는 두려움과 동료애, 사랑이라는 감정을 느끼며 총에 맞아 고통에 몸부림치는 인간적인 기계들과 이들을 비인간적으로 대우하고 죽이면서 이를 살인이 아닌 '퇴역'이라고 표현하는 기계적인 인간들의 모습이 대비된다. 독자와 관객들이 작품 감상 과정에서 레플리칸트에게 감정이입을 하는 것은 이들이 가진 하자의 정체가 다름 아닌 '인간성'이기 때문일 것이다.

인간처럼 만든 제품에서 인간성이 발견되는 것을 하자라고 한다니 뭔가 거부감이 든다. 빨리 달려야 하는 자동차가 지나치게 빠르거나 잠드는 것을 도와주는 수면제가 너무 깊은 잠을 자게 하는 경우처럼 제품의 특성이 과도하면 하자가 되기도 한다. 그럼에도 인간성을 하자라고 하는 것은 확실히 다른 느낌이다. 그 이유는 인간성을 대하는 인간들의 모순적인 모습에서 찾을 수 있다. 인간은 존엄하고 인간성이야말로 인간을 짐승, 그리고 기계와 구분 짓는 요소라 여기면서도 우리는 끊임없이 '도움이 되지 않는다.'는 이유로 인간성을 억누르려 한다. 그러한 모순을 가진 인간들이 만든 레플리칸트라는 제품에 '인간성'이라는 결함이 존재하는 것은 당연한 것일지 모른다. 릭 데커드를 살려주고 과거를 추억하는 로이 베티, 대의명분을 위해 자신을 희생하고 최후를 맞는 K가 나타났을 때 우리는 이를 하자 있는 제조물로 볼 것인가 아니면 새로운 한 명의 인간으로 볼 것인가. 그러한 고민에 대해 법이 판단해야 할 때가 곧 다가올지 모른다.

14. 조조가 관우를 잡은 이유

▒소설 『삼국지연의』와 전직금지

> 부정경쟁 방지 및 영업비밀 보호에 관한 법률 제10조(영업비밀 침해
> 행위에 대한 금지청구권 등)
> ① 영업비밀의 보유자는 영업비밀 침해행위를 하거나 하려는 자에
> 대하여 그 행위에 의하여 영업상의 이익이 침해되거나 침해될 우려
> 가 있는 경우에는 법원에 그 행위의 금지 또는 예방을 청구할 수
> 있다.

영업비밀을 둘러싼 갈등

필자는 한동안 국내 대기업 법무팀에서 사내변호사 생활을 한 적이 있다. 필자가 근무했던 회사는 디스플레이 분야에서 세계적인 기술을 보유하고 있었다. 당시 여러 경쟁업체, 특히 중국 회사들은 해당 기술을 탈취하기 위한 여러 시도를 하였다. 이에 따라 회사 법무팀이 처리하는 주요 업무 중 하나는 어떻게 하면 기술 탈취를 막고 기술 탈취 행위에 대해 어떠한 대응을 할 것인지 법적 방도를

찾는 일이었다. 한편으로 회사가 다른 경쟁업체의 기술을 탈취하였다는 혐의를 받아 수사를 받기도 하였는데 이를 방어하는 것 역시 법무팀의 주요 업무였다.

'영업비밀 침해', '기술탈취'라는 단어를 들으면 어떠한 장면이 떠오르는가? 아마도 많은 이들은 신분을 속이고 경쟁업체에 몰래 잠입하여 연구실 컴퓨터에 접속한 후 자료를 다운로드받아 탈출하는 산업스파이의 모습을 떠올릴 것이다. 물론 이러한 방식의 영업비밀 침해 행위가 전혀 없지는 않다. 하지만 실제 영업비밀 침해, 기술탈취 이슈가 발생하고 법적 문제로까지 비화하는 경우 대부분은 '직원이 경쟁업체로 이직'하는 때다.

직원이 이직할 때 직원의 몸만 가는 것이 아니다. 직원이 회사를 다니면서 알게 된 여러 지식과 경험이 함께 경쟁업체로 넘어간다. 이 중에는 회사가 경쟁자에게 공개하지 않으려는 핵심 기술, 즉 영업비밀이 포함되어 있다. 영업비밀이란 "공공연히 알려지지 아니하고 독립된 경제적 가치를 가지는 것으로서, 비밀로 관리된 생산방법, 판매방법, 그밖에 영업활동에 유용한 기술상 또는 경영상의 정보를 말한다(부정경쟁 방지 및 영업비밀 보호에 관한 법률 제2조 2.)."

유출 방지를 위한 최선의 방법: 전직금지

이처럼 직원이 경쟁업체로 이직하면서 회사의 영업비밀이 침해될 때 회사는 어떤 조치를 취할 수 있을까? 법은 영업비밀을 지적재산권으로서 보호하고 있다. 따라서 회사는 직원과 경쟁업체에 대해 영업비밀 침해에 따른 손해배상을 청구할 수 있다. 하지만 이러한 방식은 회사 입장에서 너무 늦고 비효율적인 대응이다. 게다가 일단 영업비밀이 침해되면 이를 되돌릴 수 없고 회사는 소송 과정에서 영업비밀 침해 및 실제 손해 발생 사실을 입증해야 하나 이는 쉬운 일이 아니다.

가장 좋은 것은 영업비밀 침해가 발생하지 않도록 예방하는 것, 즉 직원이 이직하지 못하도록 하는 것이다. 이를 실무에서는 전직금지(轉職禁止)라고 한다. 하지만 우리 헌법 제15조는 직업선택의 자유를 천명하고 있다. 따라서 대한민국 국민은 자유롭게 다니던 회사를 그만둘 수 있고, 또 다른 회사에 취업할 수 있다. 그렇다고 회사는 가만히 앉아서 핵심 기술을 다른 회사에 빼앗기는 것을 보고 있어야만 할까? 법원은 헌법상 직업선택의 자유와 회사의 영업비밀 침해와 관련하여 나름의 기준을 정해 놨다.

『삼국지연의』 속 관우와 조조 이야기

영업비밀의 침해 및 직원의 전직금지 제도에 관한 이해를 돕기 위해 소개할 인물은 소설 삼국지연의 속 관우(關羽)다. 참고로 소설 삼국지연의에서 전직금지제도를 떠올린 것은 필자가 최초는 아니다. 필자에 앞서 조조에게 가려는 장합에 대해 원소가 전직금지 가처분을 신청할 수 있는지에 관하여 칼럼을 쓴 변호사가 있다.(남민준, 「조조에게 간 장합, 원소가 '전직금지 가처분' 신청한다면?」, 2020).

18세기 청나라 시대 그려진 관우 인물도

관우는 중국 후한 말 인물로서 자는 운장(雲長)이다. 관우는 장비와 함께 유비를 도와 촉한을 건국하는 데 큰 공을 세웠고 많은 전투를 승리로 이끈 무장이다. 관우는 동양에서 충성심과 올곧은 성품의 대명사로 불리고 있으며, 우리나라에도 관우를 모신 사당이 있다. 특히 관우는 후한말의 난세를 다룬 작품인 동양 최고의 고전 『삼국지연의』에서 가장 인기 있는 인물 중 한 명이다. 사람들은 삼 국지연의 속 관우의 행적 하나하나에서 희로애락을 느끼게 된다.

전직금지와 관련하여 살펴볼 부분은 관우가 조조를 떠나 유비에 게 가는 장면이다. 관우는 유비, 장비와 함께 도원결의를 맺고 유비 의 휘하 장수로 활약한다. 그런데 유비군은 대패하여 뿔뿔이 흩어 지게 되었다. 유비의 생사를 알 수 없었던 관우는 어쩔 수 없이 조 조에게 몸을 의탁하게 된다. 관우는 조조 휘하에서 많은 활약을 했 으며, 특히 삼국지 3대 전투 중 하나인 관도대전에서 조조의 선봉 장 역할을 맡아 조조군의 승리에 결정적 역할을 한다. 그런데 관우 는 유비의 행방을 알게 되고, 다시 유비에게 돌아가려 한다. 조조 는 관우를 아꼈으며 그의 능력을 높이 평가하였기에 관우가 유비에 게 복귀하는 것을 만류한다. 그러나 관우는 조조를 뿌리치고 유비 에게 돌아갔으며, 그 과정에서 5개의 관문을 지나며 6명의 장수를 참하는 이야기(五關斬六將)는 유명하다.

조조(曹操, 子 孟德, 155~220): 난세의 간웅 조조는
관우의 인품과 용맹함을 높이 평가했다.

관우가 알게 된 조조의 영업비밀

관우는 조조 휘하에서 많은 공을 세웠다. 이를 다시 말하면 관
우는 조조 진영의 핵심적인 장수로서 조조군의 '공공연히 알려지지
아니하고 독립된 경제적 가치를 가지는 것으로서, 비밀로 관리된
생산방법, 판매방법, 그밖에 영업활동에 유용한 기술상 또는 경영
상의 정보'에 관하여도 많이 알고 있다는 것을 의미한다. 이러한 관
우가 조조와 경쟁 관계에 있는 유비에게 가려 하고 있다.

관우가 많은 전투에서 승리를 얻어내 조조에게 이익을 가져다준 것은 사실이다. 하지만 조조 역시 관우에게 많은 재물과 안락한 주거를 제공했고 관우는 전투 과정에서 조조로부터 많은 무기와 부하를 지원받았다. 관우는 조조 휘하에서 서황, 장요 등 장수와 친하게 지냈으며, 이들을 통해서도 전쟁에 관한 많은 노하우를 전수받았을 것이다. 조조 입장에서는 영업비밀이 경쟁 관계에 있는 유비에게 유출될 상황이다. 이 경우 조조는 관우에게 유비에게 가지 말 것, 즉 전직금지를 요구할 수 있을까?

전직금지약정이 있는 경우

회사는 핵심적인 영업비밀을 다루는 직원과 전직을 하지 않도록 하는 계약, 즉 전직금지약정을 체결할 수 있다. 이러한 약정은 소위 '갑'의 위치에 있는 회사가 '을'의 위치에 있는 직원의 헌법상 직업선택의 자유를 부당하게 침해하는 것 아닐까?

대법원은 "회사의 영업비밀을 지득하는 입장에 있었던 사원들에게 퇴직 후 비밀유지의무 내지 경업금지의무를 인정하는 것으로 해석하는 것이 직업선택의 자유에 관한 헌법규정에 반하지 않는다."라고 하여 원칙적으로 전직금지약정을 유효하게 보고 있다(대법원 1997. 6. 13., 선고, 97다8229, 판결).

그러나 통상적으로 직원, 즉 근로자는 회사와의 관계에서 약자인 경우가 많다. 따라서 전직금지약정이 절대적으로 유효하다고 할 경우 이는 '을'의 입장에 있는 근로자에게 지나치게 불리한 결과를 초래한다. 회사가 마음에 들지 않는데 전직금지약정 때문에 이직할 수 없다는 것은 근로자 입장에서 가혹하다. 이에 따라 법원은 전직금지약정 자체는 유효하게 보되 그 효력의 범위를 제한하여 근로자를 보호하려 한다.

전직금지약정의 한계

전직금지약정의 한계에 관하여 서울고등법원은 다음과 같이 판단했다.

"경업금지의무는 우선 영업비밀을 보호하기 위한 목적의 범위 내로 한정되어야 하며, 피용자가 사용자 회사에서 어느 정도의 지위를 가졌었는지, 그가 행한 직무는 어떠한 내용의 것이었는지, 경업금지기간은 얼마나 장기간의 것인지, 경업금지지역은 얼마나 넓은지, 경업금지 대상 직종은 어떠한지 및 경업금지의무에 대한 대상조치(代償措置)가 있는지에 따라서 그 효력의 유·무효가 결정된다(서울고등법원 1998. 10. 29., 선고 98나35947 판결, 서울고등법원 1995. 9. 13., 선고 94나36386 판결)."

법원이 설정한 한계를 해석하면 이렇다. 낮은 직급에서 저임금을 받는 근로자는 회사의 영업비밀을 알고 있을 가능성이 낮다. 영업 비밀을 유출하기 어려운 말단 직원과 고위 직급에서 높은 임금을 받으며 많은 영업비밀을 알고 있는 직원은 다르게 취급되어야 한다. 전직이 금지되더라도 실제 영업비밀이 유출될 우려가 있는 경쟁업 체로 전직하는 것이 금지되어야지 그와 무관한 회사에 가는 것은 막을 수 없다. 전직 금지 기간도 한없이 길어서는 안 되며 적정한 기간으로 제한되어야 한다. 회사가 근로자에게 전직금지에 따른 손 실을 보상할 경우 (위 판례에서의 '대상조치') 좀 더 폭넓게 전직금지 가 인정될 것이다.

전직금지약정이 없는 관우

관우는 조조 휘하에서 꽤 높은 직급의 장수이며 핵심적인 직무 를 담당했다. 관우가 합류하려는 유비군은 조조군의 경쟁자다. 따 라서 관우의 전직에 따라 조조의 여러 영업비밀이 유출되고 조조 는 피해를 입을 가능성이 크다. 조조는 전직을 말리며 관우에게 많은 재물을 제공하기도 했다. 만일 조조와 관우 간 전직금지약정이 있었다면 관우는 꽤 오랜 기간 동안 유비에게 갈 수 없었을 것이다. 하지만 진수의 정사 삼국지나 나관중의 삼국지연의 어디에도 조조와 관우 간 전직금지약정이 있었다는 기록은 없다. 그럼 조조는 관우를 붙잡을 수 없을까?

약정이 없더라도 전직이 금지되는 경우

법원은 전직금지약정이 없는 경우에도 영업비밀 보호를 위해 일정한 요건이 충족되는 경우 전직금지를 인정한다.

"근로자가 전직한 회사에서 영업비밀과 관련된 업무에 종사하는 것을 금지하지 않고서는 회사의 영업비밀을 보호할 수 없다고 인정되는 경우에는 구체적인 전직금지약정이 없다고 하더라도 부정경쟁방지 및 영업비밀 보호에 관한 법률 제10조 제1항에 의한 침해행위의 금지 또는 예방 및 이를 위하여 필요한 조치 중의 한 가지로써 그 근로자로 하여금 전직한 회사에서 영업비밀과 관련된 업무에 종사하는 것을 금지하도록 하는 조치를 취할 수 있다(대법원 2003. 7. 16., 자, 2002마4380, 결정)."

우리나라에는 영업비밀 침해 방지 및 침해 이후의 배상절차와 관련하여 「부정경쟁방지 및 영업비밀보호에 관한 법률」이 제정되어 있다. 이 법 제10조에서는 영업비밀의 침해가 우려되는 경우 법원에 그 금지를 청구할 수 있다고 되어 있다. 즉 구체적인 약정이 없더라도 이 규정에 근거하여 전직금지를 구할 수 있는 것이다. 물론 법원은 직원의 전직으로 인해 실제 영업비밀 침해가 발생할 우려가 있는지를 판단한다. 한편으로 법원은 전직금지 청구의 상대방인 직원의 직급 등 제반 사정을 고려하여 전직금지의 인정 여부 및 범위와 기간을 정할 것이다.

마음이 떠난 사람을 어찌 잡을 것인가?

법규정 및 대법원 판례의 취지를 고려할 때 조조는 관우가 유비군으로 전직하는 것을 막을 권리가 있다고 보아야 한다. 하지만 현실적인 문제가 있다. 관우는 이미 마음이 떠난 사람이다. 더 이상 조조에게 헌신할 생각이 없고 큰 형님 유비가 눈앞에 아른거리는 관우의 전직을 막는 것이 과연 가능할지, 그리고 그것이 장기적으로 조조에게 이득이 될지도 생각해봐야 한다.

실제 영업비밀을 유출할 생각이면 굳이 전직까지 할 필요없이 퇴사만 한 상황에서도 얼마든지 경쟁업체와의 비공식적인 접촉을 통해 이를 유출할 수 있다. 또한, 절대로 유출되어서는 안 될 영업비밀을 보유한 직원이 전직을 시도한다면 '왜 전직을 하려 하는지', '회사의 직원에 대한 대우에는 문제가 없었는지'도 따져봐야 한다.

유비(劉備, 子 玄德, 161~223): 조조의 아낌없는 지원과 만류에도 불구하고 관우는 아무것도 없는 유비에게 돌아갔다. 유비는 결국 촉한의 황제의 자리에까지 오르게 된다.

전직의 결과

조조는 결국 관우를 유비에게 보냈다. 『삼국지연의』에서는 관우가 조조를 떠나 유비에게 돌아가는 과정에서 5개 관문의 장수를 참하는 내용이 나온다. 하지만 실제 역사를 다룬 정사 삼국지에 따르면 관우가 유비에게 돌아가려 할 때 조조는 흔쾌히 보내줬다고 한다. 『삼국지연의』에서도 조조는 관우가 도망가는 것을 사실상 묵인해 주는 것처럼 묘사된다. 조조가 아무리 막았다고 한들 관우는 결국 유비에게 갈 운명인 것을 알았기 때문이다.

조조와 달리 유비는 제대로 된 기반이나 밑천이 없었고 그 세력이 미미했다. 유비에게는 휘하의 책사 한 명, 장수 한 명이 소중했다. 이러한 초창기 유비에게 있어 관우라는 걸출한 장수가 있고 없고는 유비 세력의 생존과 직결되는 문제였다. 관우는 조조군에서 유비군으로 전직했고, 관우는 조조군의 여러 노하우를 함께 가져갔다. 이후 유비는 제갈량이라는 탁월한 책사를 얻어 천하의 셋 중 하나를 얻게 된다.

역사나 소설에는 기록되지 않았지만, 관우가 갖고 온 조조군의 노하우와 여러 군사기밀은 분명 유비에게 큰 도움이 되었을 것이다. 조조는 유비와의 싸움에서 여러 차례 패배하였고 조조의 목숨이 위태로워진 경우도 많다. 특히 조조는 적벽에서 유비와 손권의 연합군에게 대패하였고, 도망가는 과정에서 목숨을 잃을 뻔하였다. 즉 영업비밀의 침해로 인해 조조는 막대한 손실을 입은 것이다.

그럼에도 쿨(Cool)했던 조조의 선택

하지만 조조는 관우에게 베푼 은혜, 즉 관우를 쿨하게 유비에게 보내준 것에 대한 보답을 받았다. 조조는 적벽에서 패배한 후 도망가던 중 화용도에서 관우와 마주친다. 하지만 관우는 함께 지낸 옛정 그리고 자신을 유비에게 돌려보내 주었던 은혜를 생각하여 조조를 놓아줬다. 조조는 관우의 전직으로 인해 경쟁자 유비가 강해지고 자신의 세력이 위협받는 등 피해를 입었다. 하지만 한편으로 조조는 생명이 위협받는 결정적인 순간 관우의 도움으로 목숨을 부지했다.

애초부터 관우를 보내지 않았더라면 유비는 조조에 필적할 만한 세력을 키울 수 없었을지 모른다. 하지만 난세를 생각했을 때 아마도 다른 영웅이 유비의 자리를 차지하고 조조를 위협했을 것이다. 조조 입장에서는 본인에게 은혜를 입은 장수가 세력의 핵심으로 있는 유비가 차라리 나을 수 있다. 계산에 빠르고 지략이 뛰어난 조조의 선견지명이라고 보아야 할까?

사람은 여러 사람들과 다양한 관계를 맺고 산다. 그 과정에서 어제의 동지가 적이 되고, 또 그 적이 내일의 동지가 되기도 한다. 전직금지 사건은 오늘의 동지가 내일의 적이 되는 경우이다. 직원은 나름의 이유로 회사를 바꾸려 하고, 회사도 나름의 이유로 직원을 잡으려 한다. 하지만 마음이 떠난 사람을 잡는 건 쉬운 일이 아니다. 동종업계에서 앞으로 계속 마주쳐야 한다면 차라리 조조처럼 멀리 내다보고 쿨하게 보내주는 것도 한 번 생각해 볼 문제다.

15. 샤일록이 1파운드의 살을 받는 방법

░▓희곡 「베니스의 상인」과 강제집행

> 민법 제389조(강제이행)
>
> ① 채무자가 임의로 채무를 이행하지 아니한 때에는 채권자는 그 강제이행을 법원에 청구할 수 있다. 그러나 채무의 성질이 강제이행을 하지 못할 것인 때에는 그러하지 아니하다.
>
> 민사집행법 제2조(집행실시자) 민사집행은 이 법에 특별한 규정이 없으면 집행관이 실시한다.

빌려준 돈을 받기 위한 절차

친구나 지인에게 돈을 빌려줬다가 돌려받지 못한 경험이 있는가? 이 경우 어떻게 해야 돈을 돌려받을 수 있을까? 가장 먼저 해 볼 수 있는 것은 돈을 빌려 간 사람, 즉 채무자에게 돈을 갚으라고 요청하는 것이다. 채무자가 정상적인 사람이고 인간관계가 파괴되는 것을 원하지 않는다면 당연히 돈을 갚을 것이다. 그런데 채무자가 돈을 갚으라는 요청을 묵살해 버렸을 경우를 가정해보자. 심지어 채무자가 돈을 빌린 적조차 없다며 뻔뻔한 태도를 보이고 있다면 어떻게 할 것인가?

이 경우 우선 재판을 통해 '돈을 빌려준 적이 있는지'에 관하여 판단을 받아야 한다. 만일 채무자와의 문자, 통화 녹음, 계좌이체 내역 등의 증거가 충분하다면 무난하게 승소판결을 받을 수 있다. 하지만 1심, 항소심, 상고심에 이르기까지 '돈을 변제하라.'라는 판결이 선고되었음에도 채무자는 여전히 돈을 갚지 않고 있다. 이 경우 돈을 받으려면 어떻게 해야 할까?

부동산강제경매신청서

수입인지
5000원

채 권 자   (이름)   (주민등록번호 또는 법인등록번호   -   )
          (주소)
          (연락처)

채 무 자   (이름)   (주민등록번호 또는 법인등록번호   -   )
          (주소)

청구금액   금   원 및 이에 대한 20 .   .부터 20 .   .까지 연   % 의
            비율에 의한 지연손해금
집행권원의 표시 채권자의 채무자에 대한   지방법원 20 .   . 선고 20 가단(합)   대여금
            청구사건의 집행력 있는 판결정본

신 청 취 지
별지 목록 기재 부동산에 대하여 경매절차를 개시하고 채권자를 위하여 이를 압류한다 라는 재판을 구
합니다.

신 청 이 유
채무자는 채권자에게 위 집행권원에 따라 위 청구금액을 변제하여야 하는데, 이를 이행하지 아니하므로
채무자 소유의 위 부동산에 대하여 강제경매를 신청합니다.

법원 제공 경매신청서 양식: 승소 판결을 받았음에도 상대가 순순히 돈을 주지 않으면 '강제'로 받는 수밖에 없다.

권리관계의 '확정'과 '실현'

친구 또는 지인으로부터 받을 돈이 있는지, 즉 친구 또는 지인이
자신에게 돈을 갚아야 하는 채무자인지 따지는 것은 '권리가 있다,
없다.'라는 '권리확정'에 관한 문제이다. 친구 또는 지인을 상대로 소
송을 제기하여 법원의 판단을 받는 절차, 즉 재판 절차가 바로 권
리가 있는지 없는지를 따지는 권리확정의 과정이다. 이러한 과정은
법원에서 확정된 승소판결을 받는 것으로 마무리된다.

하지만 권리가 있으니 당연히 돈을 받을 수 있다고 생각한다면
오산이다. 돈을 받을 권리가 있는 것과 실제 돈을 받는 것은 다른
차원이 문제다. 판결에도 불구하고 돈을 주지 않는 채무자로부터
권리를 강제적으로 실현, 즉 돈을 받아내는 과정이 바로 '강제집행'
절차다. 우리 법은 두 절차를 구분하여 권리의 존부를 확정하는
재판 절차는 민사소송법에서, 확정된 권리를 실현하는 절차는 민
사집행법에서 각각 다루고 있다. 승소 판결문을 받았더라도 채무자
가 자발적으로 돈을 주지 않는다면 민사집행법상 강제집행제도를
이용해야 한다. 이러한 강제집행제도와 관련하여 소개할 이야기는
바로 『베니스의 상인』이다.

셰익스피어의 희극 『베니스의 상인』

영국 역사상 가장 위대한 극작가로 꼽히는 윌리엄 셰익스피어의 희극 『베니스의 상인』의 내용은 이러하다. 베니스의 상인 안토니오는 친구의 부탁으로 유대인 고리대금업자 샤일록으로부터 돈을 빌린다. 안토니오는 만일 돈을 갚지 못할 경우 심장에 가까운 살 1파운드를 샤일록에게 주기로 약속했다. 그런데 안토니오는 자신의 상선이 모두 침몰하는 사고를 겪었고 샤일록에게 돈을 갚지 못한다. 샤일록은 재판을 통해 안토니오에게 심장에 가까운 살 1파운드를 달라고 요구한다. 판사는 샤일록에게 안토니오의 심장에 가까운 살 1파운드를 가져가라고 하면서도, 계약서에는 오직 살만 명시되어 있고 피는 적혀 있지 않으므로 안토니오가 한 방울의 피라도 흘려서는 안 된다고 판결했다. 결국, 샤일록은 안토니오의 심장에서 살 1파운드 받기를 포기한다.

『베니스의 상인』은 법학 교과서, 특히 민법 제103조 '반사회질서의 법률행위'를 설명할 때 필수적으로 등장하는 이야기다. 돈을 갚지 못한다고 채무자의 심장에서 가까운 살 1파운드를 가져가는 것, 쉽게 말해 사람을 죽이는 계약은 그 내용이 반사회적이기 때문에 법적인 효력을 인정할 수 없다. 법과 문학을 주제로 한 다른 여러 책에서도 이러한 점에 초점을 맞추어 베니스의 상인 이야기를 인용하고 있다.

The most excellent
Historie of the Merchant
of Venice.

VVith the extreame crueltie of Shylocke the Iewe
towards the sayd Merchant, in cutting a iust pound
of his flesh: and the obtayning of Portia
by the choyse of three
chests.

As it hath beene diuers times acted by the Lord
Chamberlaine his Seruants.

Written by William Shakespeare.

AT LONDON,
Printed by I. R. for Thomas Heyes,
and are to be sold in Paules Church-yard, at the
signe of the Greene Dragon.
1600.

1600년 초판 베니스의 상인 표지

강제집행의 역사

그런데 베니스의 상인 이야기에서는 '강제집행'이라는 또 하나의 법적 쟁점을 발견할 수 있다. 샤일록의 재판을 유심히 보고 있노라면 권리확정과 강제이행 절차가 혼재된 것을 확인할 수 있다. 이러한 재판은 우리나라의 현행 법과 어떤 점이 다르며 샤일록은 우리나라 민사집행법에 따라 안토니오의 심장에 가까운 살 1파운드를 받을 수 있을지 살펴보자.

권리를 실현하는 전통적인 방식은 권리자의 실력에 의한 실현, 즉 자력구제(自力救濟)가 일반적이었다. 국가권력이 확립되기 전의 원시시대에는 동서양을 불문하고 자기의 물리적 힘의 행사, 나아가 가족이나 소속 집단의 도움에 의한 자력구제가 권리실현의 원칙적 수단이었다. 그러나 자력구제가 인정되려면 권리자가 힘이 센 강자임이 전제되어야 하는 문제가 있다. 힘없는 채권자는 채무자로부터 돈을 받지 못하는 억울한 상황이 발생한다. 또한, 실력에 의한 해결은 힘의 논리에 의해 폭력이 난무하는 사회를 만들게 된다. 개인에 불과한 채권자로서는 채무자의 재산 상황을 파악하기 어려운 문제도 있다.

이에 자력구제를 대신하여 국가가 권리를 실현하는 국가구제(國

家救済)가 보편적인 제도로 자리 잡게 되었다. 자력구제 금지가 언제부터 시작되었는지에 관하여 서양에서는 로마 제국의 마르쿠스 아우렐리우스 황제의 시기에서 그 기원을 찾는다. 현재는 전 세계 대부분의 국가에서 국가구제를 강제집행의 기본원칙으로 채택하고 있으며 우리나라 법 역시 마찬가지다. 우리 법은 사적인 힘을 동원하여 강제집행을 하는 행위를 형사상 범죄로 규정하며 이 경우 채권자는 채무자에게 손해를 배상해야 한다.

샤일록이 안토니오의 살을 도려내야 했는가?

논의에 앞서 몇 가지를 전제하겠다. 민법 제103조는 적용하지 않기로 한다. 즉 샤일록과 안토니오의 계약은 절대적으로 유효한 것으로, 심지어 이 때문에 안토니오가 죽게 되더라도 합법인 것으로 전제한다. 민법 제103조가 나오는 순간 논의는 진행될 수 없고 민법 교과서에 나오는 흔한 이야기가 되어 버릴 것이다. 다음으로 이 이야기의 배경은 15세기 이탈리아 베니스지만 적용되는 법은 현대 한국법으로 하겠다.

채무의 이행은 기본적으로 채무자가 자발적으로 해야 한다. 따라서 안토니오는 스스로 본인의 심장에서 가까운 살 1파운드를 잘

라서 샤일록에게 주어야 한다. 하지만 채무자인 안토니오는 자신의 채무를 자발적으로 이행하지 않았다. 『베니스의 상인』 이야기 속 판사는 샤일록에게 "안토니오의 살만 도려내어 가라."라고 판결했다. 채권자가 직접 권리를 실현하게 하라고 한 것이다. 물론 우리나라에서도 채권자가 직접 권리를 실현하는 경우가 없는 것은 아니나, 기본적으로 채무자가 알아서 하는 것이 원칙이다. 민법 제389조에서는 채무자가 임의로 채무를 이행하지 아니한 때에는 채권자는 그 강제이행을 법원에 청구하라고 규정한다.

한편 민사집행법 제2조에 따르면 민사집행은 기본적으로 집행관이 한다. 집행관은 '법률이 정하는 바에 의하여 재판의 집행과 서류의 송달 기타 법령에 의한 사무에 종사하는 사법기관'이다. 집행관은 국가의 강제집행권이라는 공권력을 행사하는 국가 기관이다. 다만 국가 또는 법원으로부터 봉급을 받지 않고 강제집행을 위임한 채권자로부터 수수료를 받는 점에서 일반적인 공무원과는 다르다. 이러한 법 규정에 따르면 샤일록이 안토니오의 살을 직접 도려낼 필요가 없다.

판사의 월권?

안토니오와 샤일록의 재판을 담당한 판사의 행동을 살펴보자. 이 판사는 샤일록이 안토니오의 심장에서 가까운 살 1파운드를 도려내 가져갈 권리가 있다는 점을 인정하였다. 그러나 샤일록은 안토니오의 '피'에 관하여는 권리가 없다고 판단했다. 판사는 샤일록의 권리가 어디까지 존재하는지 확정했다. 여기까지 판사의 판단은 아무런 문제가 없다.

그러나 '피 없이 살만 떼어서' 샤일록이 가져가는 문제는 권리의 실현, 즉 집행의 문제다. 판사가 집행 단계의 문제를 두고 법에 어긋나는 방식으로 결정해서는 안 된다. 안토니오가 자발적으로 의무를 이행하지 않을 경우 샤일록은 '집행관'에게 강제집행을 신청하면 된다. 만일 집행관이 안토니오의 심장에서 가까운 살을 도려내다가 '피'가 나면 어떻게 되는가? 이는 샤일록이 신경 쓸 문제가 아니다. 국가 기관인 집행관이 알아서 할 문제이고, 설령 거기서 무슨 일이 발생하더라도 기본적으로 이는 샤일록의 책임이 아니다. 『베니스의 상인』 이야기 속 판사는 샤일록이 '살 떼기'를 주저하자 판결을 집행할 것을 재촉한다. 하지만 집행을 할지 말지는 채권자의 마음이다.

The Merchant of Venice— Robert Smirke(1753~1845): 샤일록은 직접 칼을 들고 살을 요구하고 있다. 하지만 사실 칼은 집행관이 들고 있어야 한다.

잔인한 강제집행의 현실

살아 있는 사람의 심장에서 가까운 살 1파운드를 떼는 문제를 계속 논의하다 보니 이야기가 많이 잔인하고 그로테스크해졌다. 사실 강제집행이란 것이 본질적으로 그렇다. 소위 '악덕채무자'가 존재하는 것도 사실이지만, 진짜 악덕채무자는 아예 재산을 다른 사람 명의로 돌려놓아 강제집행이 불가능하게 만든다. 강제집행은 채무자가 일부러 의무 이행을 거부하는 경우보다는 사정상 자발적으로 이행할 수 없는 경우에 진행되는 것이 보통이다. 채무자는 범죄인 줄 알면서도 집행관에게 폭력을 행사하고 저항한다. 강제집행 과정에서 사람이 죽었다는 뉴스도 종종 보도된다. 가족과 함께 사는 유일한 안식처를 빼앗긴 가장 입장에서는 차라리 자신의 가슴살 1파운드를 떼어 가라고 소리치고 싶을 것이다.

집행관들은 법상 강제집행 과정에서 무력을 행사하고 경찰의 도움을 받을 수 있는 권한이 있다. 하지만 집행관들도 사람인지라 무력 충돌은 되도록 피하려 한다. 실무상 집행 과정에서 채무자가 극렬하게 저항할 경우 집행관은 채권자에게 '적당히 위로금 줘서 내보내는 것이 어떠냐?'고 제안하기도 한다. 채권자 입장에서 최악의 상황은 채무자가 스스로 목숨을 끊는 경우이다. 이 경우 채권자가 죄책감을 느끼는 문제만이 아니라 실질적인 손해가 발생한다. 예를 들어 채무자가 임차인인 경우 '사람이 자살한 곳'이라는 소문이 돌아서 다음 임차인을 구하기가 어려워지는 문제가 발생한다.

이번에는 채권자의 상황을 살펴보자. 뉴스나 문학 작품에서는 강제집행을 진행하는 채권자에 대해 악독하게 묘사하는 경우가 많다. 하지만 잘 생각해보면 채권자는 그야말로 피해자다. 채무자로부터 돈이나 재물을 받는 것은 채권자의 정당한 권리다. 채권자는 무엇이 되었든 그 대가를 지불하고 권리를 취득하였다. 대가를 주고 얻은 권리를 쉽게 포기할 사람은 없으며, 아무리 적은 돈이라도 떼어먹히는 것은 고통스러운 경험이다.

윤태호 작가의 웹툰 「미생 2」의 한 장면을 보자. 회사를 퇴사한 사람이 사업체를 차린 후 근무하던 회사에 찾아가 거래를 요청한다. 회사의 전(前) 직장 동료는 사업체의 어려운 사정이 안쓰러워 거래 조건을 유리하게 해주었다. 그러자 회사의 임원은 "회사 건물 뚝딱 만들어진 것 아니다. 100원, 200원씩 차곡차곡 모아 만들어진 것이다."라는 말을 하며 직원을 꾸짖는다. 대기업조차 100원, 200원의 마진을 허투루 양보할 수 없는데 하물며 수백, 수천만 원을 손해 보게 생긴 개인 입장에서는 오죽하랴? 실제 강제집행 현장에서의 채권자, 채무자, 집행관의 모습은 안토니오의 심장에서 가까운 살 1파운드를 도려내야 하는 상황보다 더 비극적이다.

억울한 샤일록

『베니스의 상인』에서 샤일록은 판사의 판결에 당황하여 심장에서 가까운 살 1파운드를 받는 것을 포기한다. 그러자 판사는 샤일록이 계략을 써서 안토니오를 죽이려 했다며 샤일록을 궁지로 몰아넣는다. 샤일록은 결국 전 재산을 잃게 되고 유대교에서 기독교로 개종하겠다는 맹세까지 한다. 어린 시절 텔레비전에서 인형극으로, 학창 시절 도덕 교과서에서 삽화로, 대학교 민법총칙 시간에 민법 제103조를 배우면서 봤던 샤일록은 악인이었다. 그리고 그 샤일록을 응징한 판사는 정의롭게 보였다. 그래서 『베니스의 상인』은 희극(喜劇)이다.

　하지만 중세 유럽에서 유대인은 핍박과 차별을 받는 존재였다. 농경 사회에서 사람들은 유대인이 땅을 갖지 못하도록 했고 종교가 다르다는 이유로 유대인이 종사할 수 있는 직업을 한정했다. 유대인으로서는 기독교인이 하지 않는 일을 할 수밖에 없었고 여기에는 고리대금업이 포함되었다. 유대인의 고리대금은 사실 고리가 아니었다. 기독교 그리고 이슬람교는 교인들 간 '이자'를 주고받는 행위 자체를 막았다. 하지만 이자를 받고 돈을 빌려주는 직업은 세상에 반드시 필요한 일이었고 이 일은 자연스럽게 기독교도나 이슬람교도가 아닌 유대인이 할 수밖에 없었다. 유대인들이 받은 이자는 말이 고리대금이지 사실 지금 우리 법에서 정한 이자와 비교해도 큰 차이가 없었다.

윌리엄 셰익스피어(William Shakespeare, 1564~1616): 16세기 영국에서 살았던 윌리엄 셰익스피어는 유대인 샤일록에 대해 객관적으로 묘사하기 힘들었다.

무엇보다 돈을 떼이면 매우 매우 속이 쓰리다. 역사적 배경과 개인적 경험들이 합쳐지면 『베니스의 상인』 이야기가 다시 보인다. 즉 샤일록에게 오히려 감정이입이 되고 안토니오는 악덕채무자처럼 보이는 것이다. 게다가 위와 같은 엉터리(?) 판결을 한 판사는 사실 진짜 판사도 아닌 안토니오의 지인이 판사로 위장한 것이었다. 재판 자체가 사기극이었다는 것을 샤일록은 알지 못했다. 이렇게 보면 샤일록은 사법 농단의 피해자라고 볼 수 있다.

영원한 악역 샤일록

그렇기에 다소 그로테스크하게 논의가 전개되었지만, 필자는 어떻게든 샤일록의 억울함을 풀어주고 싶었다. 샤일록은 땅 파서 장사하는 사람도 아니었거니와 안토니오에게 빌려준 돈이 하늘에서 떨어진 것도 아니었다. 샤일록은 유대인이라는 멸시를 받으면서 열심히 한 푼 두 푼 모아서 번 돈을 투자한 것이었다. 샤일록이 오죽했으면 심장에서 가까운 살 1파운드를 담보로 하여 돈을 빌려줄 수밖에 없었을까 생각해보자.

샤일록은 앞으로도 악덕 고리대금업자로 수많은 연극, 드라마 그리고 영화에서 등장할 것이다. 이게 끝이 아니다. 더욱 잔인하게도 샤일록은 민법 제103조의 대표 예시, 반사회적 법률행위를 하는 사람의 대명사로 끊임없이 법학 교과서에서 언급될 것이다. 제2차 세계대전과 홀로코스트를 거치며 잠시 유대인에 대한 동정의 분위기가 있었지만, 최근 팔레스타인 지역 문제로 인해 이스라엘과 유대인은 다시금 악역이 되었다. 이 때문에 유대인 샤일록의 억울한 사정은 또다시 사람들의 관심에서 멀어질지도 모른다. 그러니 『베니스의 상인』 이야기를 할 때 민법 제103조만이 아닌 민사집행법 제2조를 함께 언급했으면 한다. 영원한 악역의 운명을 짊어진 샤일록에게 조금이나마 위로가 될 수 있도록.

16. 두 마리의 개 중 승자가 없었던 이유

▥▥ 이솝우화 「중재자 여우」와 소송비용

민사소송법 제98조(소송비용부담의 원칙) 소송비용은 패소한 당사자가 부담한다.

'법원의 송사(訟事)는 멀리하라.'

역사적으로 법률가는 권력과 가까이 있었다. 이러한 권력 덕분에 법률가는 사람들에게 존경과 두려움의 대상이었다. 한편으로 법률가는 무수히 많은 조롱과 풍자, 그리고 비판의 대상이 되기도 했다. 소송과 변호사들의 천국이라 불리는 미국에는 법률가와 관련한 수많은 유머가 있다. 유머 중 상당수는 변호사가 받는 많은 보수에 대한 풍자와 비판이다. 이중에는 재판 과정에서 엄청난 변호사비를 지출하여 빈털터리가 된다는 이야기가 많다.

이러한 유머들은 소송을 하다 보면 변호사비를 비롯한 막대한 비용이 들어가며 결국 이기더라도 수중에는 남아 있는 것이 아무것도 없을 수 있다는 씁쓸한 현실을 보여준다. "소송은 미친 사람끼리 싸우다가 먼저 정신 차리는 사람이 지는 것이다."라는 한 영화 대사가 이러한 현실을 잘 말해준다. 그래서 예로부터 사람들은 "병원과 법원의 송사는 멀리할수록 좋다."고 말했다.

소송에 들어가는 돈

사람은 다른 사람들과 함께 사는 존재이며, 상호 간 분쟁이 발생할 수밖에 없다. 분쟁이 대화와 타협으로 잘 해결되면 좋겠지만, 서로의 주장이 평행선을 달리다가 결국 민사소송과 형사고소로 이어지기도 한다. 법정과 조사실에서는 정말 별것 아닌 문제가 감정싸움으로 비화되어 상호 간 민·형사 소송을 남발하는 경우를 수도 없이 볼 수 있다. 그리고 이러한 송사에는 반드시 돈이 들어간다.

사람들은 '소송에 들어가는 돈'이라고 하면 변호사비를 가장 먼저 떠올릴 것이다. 그러나 변호사비는 소송에 들어가는 돈의 일부에 불과하며 필수적인 것도 아니다. 실제 우리나라는 변호사를 선임하지 않고 '나 홀로 소송'을 하기 매우 좋은 환경을 갖추고 있다. 그러나 나 홀로 소송에도 돈은 들어간다. 법적 분쟁의 해결은 법원이라는 국가 기관이 담당하며, 재판 절차는 국가가 국민에게 제공하는 일종의 공공서비스다. 주민 센터에서 주민등록등본을 발급받을 때 수수료를 내는 것과 같이 법원에서 제공하는 재판 절차, 즉 소송을 진행하려면 비용을 납부해야 한다. 이것을 법에서는 '소송비용'이라 한다.

대법원에 설치된 정의의 여신 디케: 저울은 공평함을 상징하지만, 한 편으로 '거래', '돈'을 의미하기도 한다. 더 많은 돈이 올려진 곳으로 저울이 기울게 된다는 해석도 가능하다.

이솝우화 「중재자 여우」

소송비용에 대해 알아보기 위해 소개할 이야기는 이솝우화 「중재자 여우」다. 「중재자 여우」 이야기는 이렇다. 개 두 마리가 길에서 고깃덩어리 하나를 물고 싸우고 있었다. 이를 지나가던 여우가 발견하고는 왜 싸우는지 물었다. 개들은 고깃덩어리가 서로 자기 것이라고 주장하였다. 여우는 고기를 공평하게 나눠 먹을 것을 제안했는데, 개들은 정확히 반이 아니라면 싫다고 하였다. 여우는 고기를 두 개로 나누었는데 정확히 반으로 나누지는 못했다. 여우는 크기를 맞추기 위해 조금 더 큰 쪽 고기를 먹었는데 이번에는 다른 쪽의 고기가 더 커졌다. 이런 식으로 여우는 번갈아가며 양쪽 고기를 먹었고, 결국 고기는 모두 없어져 버렸다. 이 이야기는 여우의 꾀와 지혜를 칭찬하는 한편, 조금의 손해도 보지 않으려고 다투다가 결국 아무런 이득도 보지 못한 미련한 개들을 조롱한다.

개 두 마리가 한 개의 고깃덩어리를 두고 서로 자기 것이라고 주장하고 있다. 개 두 마리는 서로에게 소유권이 있다고 다투고 있으며, 결국 여우를 통해서 고깃덩어리에 관한 법적 분쟁을 해결하려 하였다. 여우의 중재는 법적 다툼을 해결하는 수단, 즉 소송 절차라고 생각하면 된다. 이야기에서는 누가 먼저 싸움을 걸었는지는 확실하지 않다. 길에 떨어져 있던 고기를 개 두 마리가 동시에 발견하고 입에 물게 되었는지, 아니면 둘 중 한 마리가 갖고 있던 고기를 다른 개가 자기 것이라고 주장하면서 문 것인지 알 수 없다.

예로부터 여우는 지혜와 꾀를 상징하는 동물이었다.

전자의 경우라면 이는 민법상 '무주물의 소유권 귀속'이 문제가 된다(민법 제252조 ① 무주의 동산을 소유의 의사로 점유한 자는 그 소유권을 취득한다.). 이 경우 어떤 개가 먼저 고기를 소유할 생각으로 물게 된 것인지가 분쟁 해결의 기준이 된다. 그러나 다툼의 원인이 후자의 경우라면 소유권에 대한 침해 문제가 될 것이다. 누군가 고기를 빼앗은 경우라면 원래 고기 소유자, 즉 빼앗긴 개가 빼앗은 개에게 고깃덩어리의 소유권 반환을 청구하는 형태가 된다.

만일 현재 고깃덩어리를 가진 개가 정당한 소유자라면 이를 빼앗으려는 개에 대해 소유권의 방해를 하지 말 것을 청구하는 형태가 된다. 그 원인이 무엇이든 개들은 서로 대립하였고 결국 법적 다툼에 이르렀다.

소송을 시작하는 단계

고기를 빼앗긴 개 A가 빼앗은 개 B에게 본인의 고깃덩어리를 돌려달라는 소송을 하게 되는 경우를 가정하자. 먼저 개 A는 본인 스스로 소송을 진행할지 아니면 타인의 도움을 받을 것인지 결정해야 한다. 타인의 도움을 받을 경우 단순히 서류의 작성만 의뢰할지 아니면 소송 진행 전체를 맡길지를 선택해야 한다. 만일 변호사나 법무사를 통해 서류의 작성, 즉 대서(代書)만을 맡기는 경우 소를 제기하는 단계에서 약 30~50만 원가량의 대서 비용이 발생할 것이다. 변호사를 선임하여 소송 전체를 맡긴다면 변호사에 따라 다르겠으나, 최소 200만 원 이상의 착수금이 필요하다. 만일 화려한 경력의 유명 변호사를 선임할 경우 몇천만 원에서 몇억 원이 필요할 수도 있다.

개 A가 인터넷과 법전을 찾아보며 '나 홀로 소송'을 하기로 한 경우를 가정하자. 그럼에도 개 A는 비용을 납부해야 한다. 바로 법원에 납부하는 인지대와 송달료다. '인지'는 법원에 소를 제기할 때 소장에 붙여야 하는 것으로 해당 소송을 통해 법원이라는 국가 기관을 이용하는 사용료라고 생각하면 이해하기 쉽다. 송달료는 소장을 상대방에게 우편으로 보내고, 또한 상대방이 이에 반박하는 답변서를 제출했을 때 이를 우편으로 받는 비용, 그리고 재판날짜 등 법원의 당사자에 대한 통지를 우편으로 보내는 비용 등을 말한다.

인지대, 송달료 계산 방법

인지대는 소가에 따라 결정된다. 소가란 '소송목적의 값'으로 원고가 소로써 달성하려는 목적이 갖는 경제적 이익을 화폐단위로 평가한 금액이다. 예를 들어 1,000만 원의 돈을 빌려 간 후 갚지 않는 사람을 상대로 대여금을 청구할 경우의 소가는 1,000만 원이다. 이처럼 금전 지급 청구의 경우 소가의 계산이 비교적 쉽다. 하지만 부동산 또는 동산을 달라고 하는 경우 또는 재산 이외의 것을 청구하는 경우 소가의 계산이 복잡해진다. 법은 소가를 계산하는 방식에 대해 상세하게 규정하고 있으며, 법원은 홈페이지를 통해 계산 프로그램을 제공하고 있다. 그러나 일반인들 입장에서 소가를 계산하는 것은 쉬운 일이 아니다.

이야기 속 고깃덩어리의 소가를 산정하는 방식은 다음과 같다. 민사소송등인지규칙 제10조 제1항에서는 "물건에 대한 소유권의 가액은 그 물건 가액으로 한다."라고 규정하며 제11조에서는 "가액은 소를 제기할 당시의 시가로 하고, 시가를 알기 어려운 때에는 그 물건 등의 취득가격 또는 유사한 물건 등의 시가로 한다."라고 규정한다.

법원 홈페이지 제공 소송비용 계산 프로그램

개 A가 진행하려는 고깃덩어리 반환 청구 소송의 소가는 '고깃덩어리의 시가'가 될 것이다. 고기의 시가를 알기란 쉽지 않다. 어떤 고깃집을 들어갔는데 가격표에 '시가'라고 쓰여 있다면 보통 '매우 비쌀 것이다.'라는 생각만 할 뿐이고 정확한 가격은 가게 주인에게 물어봐야만 한다.

소송의 종류에 따라서도 소가가 달라진다. 예를 들어 소송의 종류가 소유자로서 인정받기 위한 '확인의 소'라면 소가는 고기의 시가다. 한편 고기의 소유자로서 고기를 돌려달라고 요구하는 경우라면 소가는 고기 시가의 1/2이다. 하지만 너무 크게 걱정할 필요는 없다. 개 A는 대략적인 가격, 예를 들어 고기의 무게와 인근 정육점 가격 등을 참고하여 산정한 가격을 소가로 기재하면 된다. 법원이 조사한 결과, 당사자가 계산한 소가가 틀린 경우 정확히 계산한 소가를 당사자에게 통보해 준다. 개 A가 고깃덩어리의 시가를 500만 원으로 계산했다고 해 보자. 이 경우 소유권에 기한 반환청구소송에서의 소가는 250만 원이 되며 인지액은 11,200원이다.

소송목적의 값 / 청구 금액	인지액 계산법
1,000만원 미만	(소송목적 가액 x 0.50%) x 0.9
1,000만원 이상 ~ 1억원 미만	(소송목적 가액 x 0.45% + 5,000원) x 0.9
1억원 이상 ~ 10억원 미만	(소송목적 가액 x 0.40% + 55,000원) x 0.9
10억원 이상	(소송목적 가액 x 0.35% + 555,000원) x 0.9

송달료는 소가 및 소의 종류에 따라 다르다. 소가가 클수록, 소송의 구조가 복잡할수록 송달료는 증가한다. 소가 250만 원인 소

유권 반환청구 사건은 '소액사건'이며, 송달료는 '피고 수 × 송달료 10회분'이다. 현재 송달료 기준으로 개 A가 납입할 송달료는 52,000원이다. 그렇다면 개 A가 500만 원짜리 고깃덩어리의 반환을 청구하는 소송을 진행할 경우 인지액 11,200원과 송달료 52,000원만 내면 되는 것일까?

추가로 발생하는 비용

소송에 들어가는 비용은 여기서 끝이 아니다. 개 A가 개 B의 정확한 주소지를 모르면 소장은 개 B에게 송달될 수 없다. 이때 법원은 개 A에게 개 B의 주소를 정확히 다시 파악해 제출하라는 '주소보정명령'을 내린다. 개 A는 주민센터에 가서 개 B의 주민등록초본을 발급받거나, 또는 개 B의 휴대전화번호에 관하여 통신 3사에 사실조회를 하는 등의 방법으로 개 B의 정확한 주소를 알아내야 한다. 이러한 주민등록초본 발급 및 사실조회 과정에서 수수료가 발생할 수 있다.

개 B의 정확한 주소를 알더라도 개 B가 소장을 송달받지 않는다면 다른 주소지로의 송달 또는 야간이나 휴일 송달을 신청해야 한다. 이 경우 추가 송달료를 납부해야 하며 특히 야간·휴일 송달은 특별송달이라고 하여 일반적인 송달료보다 비싸다. 개 A의 고깃덩어리를 개 B가 훔치는 것을 고양이 C가 보았다고 해 보자. 개 A는 고양이 C를 증인으로 신청하는 데 이 경우 증인에게 우편을 보내는 비용 및 증인의 교통비를 납부해야 한다.

여기까지 알아본 비용들은 비싸 봤자 10만 원을 넘기지 않는 것이 보통이다. 하지만 소송 중에는 수백만 원의 비용을 납부해야 하는 일이 생길 수 있고, 이 비용을 내지 못할 경우 결국 패소라는 비극을 맞이할 수 있다. 예를 들어 개 A는 고깃덩어리에 그것이 자신의 소유임을 표시하는 글씨를 적어놨다고 해 보자. 해당 글씨가 개 A의 필적이 맞는지, 필적이 맞다면 언제 이를 적어놓은 것인지가 소송에서 쟁점이 될 것이다. 이 경우 개 A는 해당 글씨에 관하여 필적 감정을 받아야 한다. 감정료에 관하여도 법원은 나름의 기준을 정해놓고 있는데, 감정해야 할 물건이 많을수록, 감정의 난이도가 높을수록 감정료는 증가한다. 통상 문서 1개에 관하여는 30~100만 원 정도의 감정료가 산정된다. 그런데 종이가 아닌 고깃덩어리에 기재된 글씨와 같이 특수한 경우라면 감정인은 훨씬 높은 금액의 감정료를 청구할 가능성이 있다. 극단적으로는 감정료가 고기의 시가보다 비쌀 수도 있는 것이다.

소송이 끝나면 상대방에게 청구 가능

이렇게 온갖 비용을 지불해가며 진행한 소송은 개 A의 승소로 끝났다. 소송이 종결하면 기본적으로 소송비용은 패소한 당사자가 부담한다. 따라서 개 A는 고깃덩어리의 소유권을 확보함은 물론 감정료를 비롯하여 소송 과정에서 지출한 비용을 개 B로부터 받아낼 수 있다. 변호사를 선임했다면 변호사비도 상대방에게 청구할 수 있다. 다만 법은 소송의 종류와 소가에 따라 상대방에게 청구할 수 있는 변호사비의 상한을 정하고 있다. 이 사건에서 개 A는 '변호사 보수의 소송비용산입에 관한 규칙'에 따라 30만 원을 개 B에게 청구할 수 있을 뿐이다.

문제는 개 B가 이미 고기를 다 먹어버렸고 그 외에 가진 재산이 전혀 없을 경우다. 소송은 콘테스트가 아니다. 주최 측이 상금을 주는 콘테스트와 달리 소송에서 승소한다고 법원이 돈을 주지 않는다. 상대방에게 소송비용을 청구할 수 있더라도 이는 권리에 불과하다. 개 B에게 아무런 재산이 없으면 아무리 승소했더라도 개 A는 한 푼도 돌려받지 못한다. 개 A에게는 승소 판결문이라는 종이가 하나 남을 뿐이며 만일 개 B가 파산 선고라도 받는 날에는 판결문은 그냥 '종이'도 아닌 '종이쪼가리'가 되어 버린다.

개 A가 패소하면 어떻게 될까? 개 A는 고깃덩어리의 소유권을 잃게 되는 것은 물론이고, 그동안 쏟아부은 소송비용을 한 푼도 건질 수 없게 된다. 항소를 하는 방법도 있겠으나 또다시 소송비용을 지출해야 하는데, 2심은 1심보다 소송비용이 비싸다. 또한 1심 판결이 항소심에서, 항소심 판결이 상고심에서 뒤집힐 절대적 확률은 50% 아래다.

돈으로 계산할 수 없는 손해

소송에서 패소하면 단지 재산상 손해만 발생하는 것이 아니다. 더욱 무서운 것은 정신적 충격이다. 수많은 사람들이 소송을 하면서 시간, 물질, 금전적 비용을 지출할 뿐만 아니라 정신적으로 피폐해진다. '지면 어쩔 수 없지.'라는 쿨한 생각으로 소송을 시작한 사람도 소송 진행 과정에서 감정의 골이 깊어 질대로 깊어져 나중에는 절실하게 승소를 갈구하는 모습을 보이게 된다.

소송에 쏟아부은 시간과 노력은 값을 매길 수 없는 비용이다. 더 이상 소송을 진행하는 것이 무의미하다는 것을 알면서도 패소로 인한 정신적 공황상태에서 객관적 판단을 하지 못한 채 이득 없는 싸움을 이어가는 수많은 사람들이 있다. 그렇다고 하여 무조건 소송을 하지 말라는 것은 아니다. 정당한 권리가 침해당한 경우 소송을 통해 구제받는 것은 당연하다. 인간세계에서 소송이 없을 수 없다. 분쟁은 끊임없이 발생한다. 이를 해결할 절차가 필요하며 단지 비용이 발생할 뿐이다.

누구도 웃지 못한 개 두 마리

고기는 개 두 마리의 재산이다. 개 두 마리는 여우로 표상되는 소송 절차에 모든 재산을 다 쏟아부었지만 아무것도 건지지 못했다. 개 두 마리는 여우에게 농락당하여 이득 없는 싸움을 했다는 생각에 분해 잠을 이루지 못할 것이다. 개들은 서로에 대한 증오심으로 여우가 고기를 조금씩 빼앗아 가는 것을 눈치채지 못했다. 어쩌면 이를 알면서도 단지 저놈만 이기면 된다는 심정으로 싸움을 계속했는지 모른다. 개들은 냉정함을 잃고 이해득실을 제대로 계산하지 못하는 실수를 저질렀다. 그것이 바로 개 두 마리 모두 패배한 이유다.

치열한 소송을 진행 중인 사람이 있다면 잠시 숨을 고르고 차분히 생각해 볼 것을 권한다. 자존심과 당장 눈앞의 작은 이득 때문에 소송 시스템이 당신의 재산을 갉아먹고 있는 것을 눈치채지 못하는 것은 아닌지, 마지막에 이겼을 때 정말 이긴 것이라 할 수 있는지, 지금 졌다고 하여 정말로 진 것이 맞는지 계산해보기 바란다.

제3부

범죄의 성립과 처벌

17. 카인은 살인죄로 처벌받을까?

⫿⫿⫿ 성경 속 '카인과 아벨' 이야기와 죄형법정주의

> 헌법 제13조
>
> ① 모든 국민은 행위시의 법률에 의하여 범죄를 구성하지 아니하는 행위로 소추되지 아니하며, 동일한 범죄에 대하여 거듭 처벌받지 아니한다.
>
> 형법 제1조 (범죄의 성립과 처벌)
>
> ① 범죄의 성립과 처벌은 행위 시의 법률에 의한다.

어렵고 복잡한 법

범죄를 저지르면 처벌을 받아야 한다는 것은 누구나 알고 있는 상식이다. 하지만 너무도 단순하고, 당연하며, 명쾌한 상식이 한없이 어렵고 복잡해지는 곳이 바로 법의 세계다. 사람들은 이처럼 어렵고 복잡해진 법, 그 법을 만드는 국회의원, 법을 다루는 법조인들을 비판한다. 사람들이 법을 잘 이해하지 못하게, 쉽사리 접근하지 못하게 하여 법의 해석 및 적용권한을 독점하고, 나아가 권력을 비호하기 위해 법을 복잡하고 어렵게 만든다고 생각한다.

"술은 마셨지만, 음주운전은 아니다."라는 명제가 대표적이다. 과거 유명 가수가 술자리를 가진 후 운전을 하다 뺑소니 교통사고를 일으켰다. 가수가 언론 인터뷰 과정에서 한 위 발언은 여론의 큰 공분을 샀다. 이후 사람들은 모순적인 발언 또는 정황이나 증거가 명백함에도 이를 부인하는 형태를 비난하거나 희화화하는 용도로 위 발언을 인용했다. 그런데 주의할 부분은 "술은 마셨지만, 음주운전은 아니다."라는 말이 법적으로는 반드시 틀린 것이 아니라는 점이다. 많은 사람들은 위 발언의 주인공이 음주운전으로는 처벌받지 않았다는 것을 잘 모르고 있다.

성경 속 '카인과 아벨'

이는 우리 헌법과 형법의 대원칙인 '죄형법정주의' 때문이다. 죄형법정주의의 이해를 돕기 위해 갖고 온 이야기는 성경 속 '카인과 아벨'이다. 인류 최초의 살인자라고 알려진 카인, 그가 대체 무슨 죄를 지었으며, 그를 어떻게 처벌할 수 있을까?

성경 속 '카인과 아벨' 이야기는 이렇다. 아담과 하와는 에덴동산에서 쫓겨난 후 두 아들 카인과 아벨을 낳았다. 카인과 아벨은 신에게 제사를 지내고 제물을 바쳤다. 그런데 신은 아벨의 제물은 받으면서 카인의 제물은 받지 않았다. 화가 난 카인은 들로 나가 아벨을 돌로 쳐 죽였다. 신은 카인에게 아벨이 어디 있는지 물었다. 카인은 자신이 동생을 지키는 사람이냐고 항변하며 아벨이 어디에 있는지 모른다고 대답했다. 신은 카인을 저주하였다(창세기 4장).

카인의 죄명에 대해서는 법학을 공부하지 않은 사람이라도 쉽게 이야기할 수 있다. 카인은 사람을 죽이는 일, 살인을 저질렀다. 그렇다면 자연스럽게 카인은 '살인죄'를 저지른 것으로 생각할 수 있다. 카인이 아벨을 죽인 행위는 누가 보아도 잘못된 행위이며 해서는 안 되는 부도덕한 일이다. 그런데 카인을 살인죄로 처벌할 수 있는지는 좀 다른 문제다.

죄형법정주의의 개념

죄형법정주의란 "법률 없으면 범죄 없고 형벌도 없다."라는 말로 요약된다. 어떤 행위가 범죄로 되고 그 범죄에 대하여 어떤 종류와 범위의 형벌을 과할 것인가는 행위 이전에 미리 성문의 법으로 규정되어 있어야 한다는 원칙을 말한다. 어떤 행위가 사회적으로 매우 유해하며 부도덕하더라도 그러한 행위가 범죄로서 사전에 법으로 명백히 공표되어 있는 경우에만 형사 처벌이 가능하다는 것이다. 또한, 법의 내용은 추상적이어서는 안 되고 무엇이 금지되어 있는가를 예견할 수 있을 정도로 명확해야 한다.

Cain And Abel- Alessandro Rosi(Italian, 1627~1697): 신은 아벨을 죽인 카인에게 분노했다.

헌법 제13조 제1항과 형법 제1조 제1항에서는 우리나라가 형사 처벌에 있어 죄형법정주의를 적용하고 있음을 명백히 밝히고 있다. 이는 우리나라만이 아닌 현대 대부분 국가들이 채택하고 있는 원칙이다. 이 원칙을 이해하려면 역사적 배경을 살펴봐야 한다.

죄형법정주의의 역사

과거 신정(神政)국가 또는 왕정국가에서는 신 또는 왕의 명령이 법이었고, 이를 어긴 사람은 처벌을 받을 수밖에 없었다. 하지만 신과 왕의 권한이 약화되고 일반 시민들의 목소리가 커지면서 이러한 시스템으로는 세상이 돌아갈 수 없는 상황이 되었다. 왕의 명령은 언제 어떻게 나오는지 알 수가 없다. 예를 들어 어떤 사람이 길에서 노래를 불렀는데 왕이 그 꼴을 보기 싫어 그 사람을 처형하면서 '앞으로 길에서 노래를 부르는 사람의 처형한다.'라는 명령을 내렸다고 해 보자.

노래를 부른 사람 입장에서는 길에서 노래를 부르는 것이 금지되어 있는 줄 알지 못했고 실제 노래를 부를 당시에는 금지된 행위도 아니었다. 어떠한 법이 있고 그 법을 지키지 않으면 어떻게 되는지 알지 못하는 상황에서 그 법을 어떻게 지킬 수 있겠는가? 이처럼 처벌하려는 내용이 사전에 법으로 정해져 있지 않으면 왕과 같은 권력자는 처벌을 남용할 수 있고 시민들은 고통 받게 된다. 이에 대한 오랜 논의와 고민 끝에 만들어진 원칙이 바로 '죄형법정주의'다.

최초의 죄형법정주의에 관하여 많은 학자들은 1215년 잉글랜드의 대헌장(Magna Charta)에서 그 기원을 찾는다. 이후 1628년 권리청원, 1689년 권리장전에서 죄형법정주의의 원칙이 계승되었고 미국 헌법과 프랑스 인권선언, 형법전에 이 원칙이 명시되었다. 실제 잘 지켜지는지와 무관하게 오늘날 대부분의 국가들은 죄형법정주의 원칙을 채택하고 있다. 우리나라 역시 헌법과 형법이 처음 제정될 당시부터 죄형법정주의 원칙을 채택하였다. 대법원은 죄형법정주의 원칙에 대해 이렇게 설명한다.

"죄형법정주의 원칙은, 범죄와 형벌을 입법부가 제정한 형식적 의미의 법률로 규정하는 것을 그 핵심적 내용으로 하고, 나아가 형식적 의미의 법률로 규정하더라도 그 법률조항이 처벌하고자 하는 행위가 무엇이며 그에 대한 형벌이 어떠한 것인지를 누구나 예견할 수 있고 그에 따라 자신의 행위를 결정할 수 있도록 구성요건을 명확하게 규정할 것을 요구한다(대법원 2003. 11. 14. 선고 2003도3600 판결)."

살인이 '범죄'라는 것은 사전에 명시되었나?

여기서 아벨을 죽인 카인의 이야기로 돌아가 보자. 죄형법정주의의 원칙에 따를 때 카인이 아벨을 죽인 행위를 처벌할 수 있을까? 카인을 처벌하기 위해서는 '사람을 죽인 자는 처벌 한다.'라는 법이 존재하는지 찾아봐야 한다. 카인이 아벨을 죽인 장면은 창세기 4장에 나온다. 창세기 1장에서부터 3장까지의 내용 중 위와 같은 법이 존재했는지 찾아보자.

여기서 논의를 위해 몇 가지 명제를 전제한다. 우리나라의 죄형법정주의에 따르면 법은 '성문', 즉 글로 존재해야 한다. 그러나 카인과 아벨이 살던 시절은 아직 글이 없었던 시절이라는 점을 고려해 글로 쓰이지 않은 것도 법으로 보겠다. 또한, 이 시절은 신의 명령이 곧바로 법이 되는 시절이었다는 점을 고려해야 한다. 마지막으로 성경에 나와 있지 않은 내용은 기록되지 않은 게 아니라 없었던 것으로 전제한다.

창세기 1장부터 3장까지 신은 세상과 사람들에게 여러 가지 명령을 내리고 있다. 그런데 신이 사람에게 '무엇을 하지 말라'고 금지한 것은 단 하나밖에 없었다. 바로 "선악과를 먹지 말라. 먹으면 죽으리라."는 명령이다. 실제 아담과 하와는 선악과를 먹지 말라는 명령을 어겼고, 에덴동산에서 쫓겨나는 처벌을 받았다. 법에서 정한 처벌은 '죽임', 즉 사형밖에 규정되어 있지 않았지만, 아마도 신은 아담과 하와가 초범이고 뱀에게 속았다는 점을 참작한 것으로 보인다. 그래서 신은 아담과 하와를 용서하여 처벌 수위를 사형에서 '추방'으로 낮춰준 것이다. 법은 이러한 감형을 '작량감경'이라고 부른다.

하지만 그 외에는 무엇을 금지하고 만일 어길 경우 처벌받는다는 명령은 찾아볼 수 없다. 쉽게 말해 카인이 아벨을 죽였던 때에는 살인이 범죄가 아니었던 것이다. 따라서 카인은 살인죄로 처벌받을 수 없다.

King John granting Magna Carta- Ernest Normand (English, 1857~1923): 영국의 존 왕은 1215년 귀족들의 강요에 따라 마그나 카르타에 서명한다. 이것이 죄형법정주의 원리의 기원이다.

신은 죄형법정주의를 위반했나?

그렇다면 신이 카인을 살인죄로 처벌하는 것은 죄형법정주의에 위반한 것은 아닌지 생각해볼 수 있다. 하지만 성경을 읽어보면 신이 카인을 처벌했다고 해석하기 힘들다. 아담과 하와가 선악과를 먹었을 때는 '사형'에서 감경한 '추방'이라는 명확한 처벌이 있었지만, 창세기 4장에서는 단지 '신이 저주하였다.'라고만 되어 있다. 신은 "땅이 그 입을 벌려 네가 흘리게 한 네 동생의 피를 네 손에서 받아마셨다. 그러므로 너는 이제 땅에서 저주를 받을 것이다. 네가 땅을 갈아 농사를 지어도 더 이상 땅은 너를 위해 열매를 맺지 않을 것이다. 너는 땅에서 떠돌 것이다."라고 말했다(창세기 4장 11~12절).

신은 절대자이므로 신이 내리는 저주는 그 자체로 형벌이 아닌지 생각할 수 있다. 하지만 그 저주의 내용을 살펴보면 '농사를 지어도 열매를 맺지 못한다', '떠돌 것이다'라는 수준이다. 그리고 이후의 역사를 볼 때 카인의 후예라고 일컬어지는 사람들은 땅에서 농사도 짓고 정착도 하며 살아갔다. 그런 점에서 보면 신이 형벌의 차원에서 카인에게 저주를 내린 것은 아니라고 보아야 한다. 아마도 신은 '선악과를 먹으면 죽는다.'라는 명령과 달리 '사람을 죽이면 안 된다.'라는 명령을 미리 내리지 못했다는 것을 알고는 어쩔 수 없이 처벌은 하지 못하고 저주만 내린 것은 아닐까? 이러한 해석이 법률가의 입장에서 지나친 논리의 비약이라고 생각되지는 않는다.

이러한 해석은 신이 카인과 관련하여 다른 사람들에게 내린 명령을 통해 뒷받침된다. 카인이 다른 사람들에게 죽임을 당하는 것을 걱정하자 신은 오히려 '누구든지 카인을 죽이는 사람은 일곱 배의 벌을 받을 것'이라며 카인 살해 금지법을 공포하였다. 신은 카인이 잘못된 일을 했지만 사전에 법으로 금지되어 있지 않으니 처벌할 수 없고, 카인의 행위가 부도덕하다고 하여도 그 생명은 보호받아야 한다는 원칙을 세상에 선포하였다.

술을 마셔도 음주운전이 아닌 이유

다시 "술은 마셨지만, 음주운전은 아니다."라는 가수의 말로 돌아가 보자. 사람들은 술을 마시고 운전해서는 안 된다는 것을 잘 알고 있다. 그런데 술을 마시고 1시간 후, 6시간 후, 다음날 운전하는 것 모두 '술을 마시고 운전하는 것'에 해당한다. 이러한 기준으로는 언제 음주운전이 되는지 명확하지 않다. 그리고 단지 술을 마신 다음 운전하는 행위를 모두 음주운전으로 처벌하는 것도 문제가 있다. 주량이 쎈 사람이 맥주 한 숟갈을 마신 다음 운전하는 행위를 처벌하는 것은 상식적이지 않다.

그래서 우리 법은 술을 마시고 운전하는 행위가 아니라 '술에 취한 상태'로 운전하는 것을 처벌한다. 그리고 취한 정도에 관하여 '혈중알코올농도'라는 객관적인 기준을 설정해 놓고 있다. 따라서 술을 마신 다음 날이라도 혈중알코올농도가 기준치를 초과하면 음주운전이 되고, 아무리 술을 마신 직후 운전을 해도 혈중알코올농도가 기준치 아래면 무죄가 되는 것이다.

원래 우리 도로교통법에서는 혈중알코올농도 0.05퍼센트를 음주운전의 기준으로 삼았다. 대부분 사람들은 소주 반병(소주 4잔 정도) 정도 마실 경우 알딸딸한 상태가 된다. 하지만 이 정도의 술을 마시는 것만으로는 혈중알코올농도가 0.05퍼센트가 안 되는 경우가 많았다. 이 때문에 과거에는 음주측정에 걸린 사람이 "딱 한 잔만 했다."라는 이야기를 경찰에게 하는 경우를 종종 볼 수 있었다. 실제 술을 마셨지만 음주운전으로 처벌되지 않는 경우가 많이 발생했고, 여론은 음주운전의 요건이 지나치게 느슨하다고 비판했다. 결국, 국회는 2018년 도로교통법을 개정하면서 혈중알코올농도 0.03퍼센트가 넘는 상태에서 운전하는 행위를 처벌하도록 법을 개정했다. 사람마다 다르지만 보통 소주 1잔 정도를 마시면 위 혈중알코올농도에 도달한다고 한다.

God cursing Cain- Niccolo Monti(Italian, 1780~1864): 신은 카인을 저주했지만, 한편으로 카인을 강력하게 보호했다.

답답하고 이상하지만 지켜야 할 원칙

여전히 뉴스에는 누가 보아도 나쁜 일을 했지만, 법에 규정이 없다는 이유로 처벌을 받지 않는 사람들의 이야기가 나온다. 사람들은 그러한 뉴스를 보고 또다시 법과 법을 다루는 사람들을 비난한다. 나쁜 사람을 처벌하는 것이 뭐 이렇게 어려운지, 사람들의 답답한 마음을 모르는 것은 아니다.

하지만 조금 화를 가라앉혀 보자. 죄형법정주의는 국가 권력으로부터 사람들의 자유와 생명을 지키기 위해 반드시 필요한 원칙이다. '나쁜 짓'이라는 것 역시 상대적이고 추상적인 개념이다. 역사적으로 많은 사람들이 단지 '나쁜 짓'을 했다는 이유로 억울하게 희생당하였다. 당장은 죄형법정주의를 이용해 법망을 요리조리 빠져나가는 권력자들의 모습이 보이겠지만, 사실 죄형법정주의는 우리의 생명과 재산을 지켜주는 소중한 원칙이다. 죄형법정주의가 이해되지 않을 때 카인을 생각하자. 절대자인 신조차도 미리 법에 정해 놓지 않았다는 이유로 카인을 처벌하지 않았고 보호해 줬다는 사실을 떠올리자.

18. 지킬 박사의 하이드

▥소설 『지킬 박사와 하이드』와 심신상실

> 형법 제10조 [심신장애자]
>
> ① 심신상애로 인하여 사물을 변별할 능력이 없거나 의사를 결정할 능력이 없는 자의 행위는 벌하지 아니한다.
>
> ② 심신장애로 인하여 전항의 능력이 미약한 자의 행위는 형을 감경한다.
>
> ③ 위험의 발생을 예견하고 자의로 심신장애를 야기한 자의 행위에는 전 2항의 규정을 적용하지 아니한다.

'인격(人格)'에 관하여

사람으로서의 품격. '인격'이라는 단어에 대해 국립국어원 표준국어대사전에서 가장 먼저 나오는 설명이다. 표준국어대사전은 인격에 대해 두 번째로 '권리 능력이 있고, 법률상 독자적 가치가 인정되는 자격', '개인의 지적, 정적, 의지적 특징을 포괄하는 정신적 특성. 개인이 자기 자신을 유일한 지속적 자아로 생각하는 작용'이라는 의미를 함께 설명한다. 세상은 훌륭한 인격을 가진 사람을 좋아하며, 사람들은 어린 시절부터 훌륭한 인격을 갖추기 위해 노력한다. 사람들은 자기의 본성 중 훌륭한 인격에 방해되는 요소를 억누르고 처음부터 훌륭한 인격을 가진 사람인 것처럼 행동한다.

The Archangel Michael Defeating The Devil— Antonio Acisco Palomino de Castro y Velasco(Spanish, 1655~1726): 우리는 윤리적 갈등을 할 때 우리 안의 천사와 악마가 싸우는 것으로 묘사하곤 한다.

원래의 나와, 되고 싶은 나 그리고 실제의 나는 이렇게 다르다. 사람은 본질적으로 여러 가지 모습, 즉 다양한 인격을 갖고 있다. 예를 들어 선천적으로 도벽이 있는 사람은 이를 억누르고 남의 것을 훔치지 않으려 노력한다. 교육의 힘으로 도벽의 습성이 잘 억제되어 완전히 없어졌다면 그 사람은 겉으로나 속으로나 '도벽이 없는 사람'으로서의 인격을 갖춘 것이다. 만일 도벽의 습성이 억제되지 못해 물건을 훔치게 되면 그 사람은 겉으로나 속으로나 '도벽이 있는 사람'의 인격을 갖고 살아간다. 대부분의 사람들은 도덕률에 따라 도벽이 외부로 발현되는 것을 억제할 뿐이며 그 사람의 내면에 자리잡은 도벽의 습성이 완전히 사라지는 것은 아니다. 즉 겉으로는 도벽이 없는 사람처럼 행동하지만, 그 안에는 물건을 훔치고 싶어 하는 또 하나의 인격이 자리잡고 있는 것이다.

심신상실 제도

형법은 일정한 행위를 범죄로 규정하고 그러한 행위를 하지 못하도록 금지한다. 만일 사람이 법을 위반하여 금지된 행위를 할 경우 형벌이라는 제재를 받는다. 그런데 잘 보면 형법에 '하지 말라.'라고 규정된 행위들은 보통 사람들이 무척 '하고 싶은' 것들이다. 다른 사람이 미우면 해를 가하고 싶으며, 값진 물건을 빼앗고 싶은 것이 사람의 본성이다. 만일 사람이 본성대로 행동하게 되면 사회와 국가는 유지될 수 없다. 따라서 법은 본성에 의한 행동을 억누르도록 명령한다. 국가는 교육 시스템을 통해 어린 시절부터 사람들에게 본성을 억누르도록 '교육'시키는 것이다.

하지만 사람이 매 순간 본성을 완벽하게 억누르며 사는 것은 불가능하다. 사람 또는 상황에 따라 본성을 억누르는 것이 어려운 경우가 발생할 수 있다. 법은 이렇게 본성이 발현되어 범죄를 저질렀다고 하더라도 범죄자에 대해 예외적으로 법적 책임을 지우지 않거나, 또는 약한 책임만을 묻는 경우가 있다. 범죄를 저지른 것은 맞지만, 상황을 고려하여 그에 대한 책임을 묻지 않겠다는 것이다. 예를 들어 14세 미만의 미성년자는 처벌하지 않는다(형법 제9조). 아직 어린 사람은 자신의 본성을 억누를 수 있는 능력이 부족하다고 보기 때문이다. 한편 법은 충분히 나이를 먹었으며, 교육 시스템을 통해 나쁜 본성을 억제하는 방법을 충분히 교육받은 사람에게도 일정한 요건하에 '책임이 없다'는 이유로 처벌하지 않기도 한다. 이것이 바로 '심신상실'이라는 제도다.

소설 『지킬 박사와 하이드』

심신상실 제도의 설명을 위해 소개할 작품은 『지킬 박사와 하이드』다. 이 소설은 스코틀랜드 출신 작가 로버트 루이스 스티븐슨이 1886년 쓴 작품이다. '한 사람이 완전히 다른 인격을 가진 다른 사람으로 변한다.'라는 독특한 설정이 주는 매력 덕분에 많은 인기를 끌었으며 여러 차례 영화화되었다. 지킬 박사는 이중인격자의 대표적인 캐릭터다. 지킬 박사와 하이드의 관계는 '평범한 사람이 신비한 능력을 가진 괴물 또는 영웅으로 변신하는 캐릭터'의 원형이 되기도 했다. 마블코믹스의 브루스 배너 박사와 헐크가 대표적이다.

『지킬 박사와 하이드』의 이야기는 이렇다. 지킬 박사는 의사로서 인간의 여러 인격체에 주목하였다. 지킬 박사는 실험을 통해 자신의 몸에 있는 여러 인격을 분리하는 데 성공한다. 지킬 박사는 평소 저명하고 품격 있는 의사 '헨리 지킬'로 살아가지만, 악한 품성을 가진 '하이드'로 변하여서는 사람을 죽이는 등 많은 범죄를 저지른다. 지킬 박사는 처음에는 실험의 성공에 기뻐하였으나 점점 '하이드'를 통제할 수 없게 된다. '헨리 지킬'로 돌아가지 못한 지킬 박사는 결국 자살로 생을 마무리한다.

심신상실의 요건

실제 지킬 박사와 하이드는 '심신상실' 제도를 설명할 때 자주 인용되는 이야기다. 하이드의 행위를 지킬 박사가 책임져야 하는지와 관련하여 심신상실의 법리가 문제 되기 때문이다. 형법에서는 심신장애로 인하여 사물을 변별할 능력이 없거나 의사를 결정할 능력이 없는 자는 벌하지 않는다. 법률가들은 심신상실이 성립하려면 생물학적 요소로서 '심신장애'가 있어야 하고 심리적 요소로 '사물변별 능력 또는 의사결정능력의 흠결'이 필요하다고 해석한다.

심신장애란 정신기능의 장애를 의미한다. 쉽게 말해 병이나 장애 또는 약물 등으로 인해 정신이 제대로 작동하지 않는 것을 말한다. 정신병, 정신장애는 물론이고 약물이나 알코올로 인하여 인사불성이 되는 경우를 포함한다. 사물변별능력이란 '법과 불법을 구별할 수 있는 능력', 즉 무엇이 옳은 것이고 그른 것인지 판단하는 능력이다. 의사결정능력이란 '자신의 행위를 지배할 수 있는 능력', 즉 스스로 의지에 따라 행동할 수 있는 능력을 말한다. 만일 이러한 능력 중 하나라도 없을 경우 그 사람은 처벌받지 않는다. 능력이 없는 것은 아니지만, 매우 약할 경우에는 '심신미약'으로서 형을 감경받는다.

지킬 박사의 경우를 살펴보자. 지킬 박사는 약물 실험으로 두 개의 인격체가 되어 버렸다. 이는 생물학적 요소로서 심신장애의 상태에 있다는 것을 의미한다. 하이드는 악한 품성을 지녔으며, 어린 아이를 폭행하고 사람들을 죽인다. 지킬 박사는 하이드일 때 무엇이 옳고 그른지 제대로 판단하지 못하는 것처럼 보인다. 한편 하이드의 행위를 지킬 박사가 조종할 수 없는 듯 묘사된다. 이는 사물 변별능력 또는 의사결정능력이 없거나 미약한 것으로 판단할 수 있다. 이렇게 보면 심신상실 제도에 따라 지킬 박사는 하이드가 벌인 행위에 대해 책임이 없거나 적은 책임만을 져야 할 것이다.

1931년 파라마운트사의 영화 『지킬 박사와 하이드』 포스터

원인에 있어서 자유로운 행위

여기서 지킬 박사가 실험을 한 목적을 생각해봐야 한다. 지킬 박사는 인격이 분리되는 실험을 했다. 소설 속 지킬 박사는 '사람의 선한 면과 악한 면은 분리될 수 있다.'라는 판단에 따라 스스로 피실험체가 되어 약물을 먹었다. 지킬 박사의 실험 목표는 자신의 악한 부분을 선한 부분에서 떨어뜨리는 것이었다. 과학자인 지킬 박사는 실험이 성공하면 악한 부분이 선한 부분의 억제에서 벗어날 수도 있다는 것을 충분히 예견할 수 있었다. 이처럼 위험할 수도 있다는 것을 알면서도 실험을 감행한 지킬 박사에게 심신상실 제도를 통한 이익을 주는 것은 상식적으로 바람직하지 않다.

법은 이러한 상황에 대비하고 있다. 형법 제10조 제3항은 위험의 발생을 예견하면서 자의로 심신장애를 야기한 후 범죄를 저지른 사람은 심신상실자가 아닌 정상적인 사람으로서 책임져야 한다고 규정한다. 예를 들어 누군가를 죽일 생각으로 대마초를 흡연한 후 환각 상태에서 살인한 경우, 음주운전을 할 생각으로 만취한 후 교통사고를 낸 경우 등이 그렇다. 행위자가 고의 또는 과실로 자기를 심신상실 상태에 빠지게 한 후 이러한 상태에서 범죄를 실행하는 것을 '원인에 있어서 자유로운 행위'라고 부른다. 지킬 박사 역시 본인의 인격에서 악한 부분만 떨어져 나올 경우 악한 인격으로 인해 범죄가 발생될 것을 충분히 예견할 수 있었다. 따라서 지킬 박사는 하이드의 행위에 대해 온전한 한 사람으로서 책임져야 한다.

음주와 심신상실

심신상실 제도와 관련하여 가장 문제가 되는 것이 바로 '음주'다. 술로 인해 많은 범죄가 일어나고 그로 인해 다수의 피해자가 발생하고 있다. 우리는 언론을 통해 술에 만취되어 본인도 기억하지 못하는 사이 범죄를 저지르는 사람들의 소식을 쉽게 접할 수 있다. 만취한 상태에서 범행하였다는 이유로 심신미약을 인정하여 형을 감형해주는 판결에 관하여는 여론의 혹독한 비판이 제기된다. 물론 이에 관하여는 역사적, 사회적 배경을 살펴봐야 한다. 과거 우리 사회는 술을 강권하는 분위기가 있었고, 특히 남자가 술을 마시지 못하면 사회생활을 하는 것이 쉽지 않았던 시절이 있었다. 음주가 강요되는 사회다 보니 음주 이후의 여러 안 좋은 일에 대해서도 관대할 수밖에 없었다. 법원은 이러한 사회적 상황을 고려해 심신미약을 다소 넓게 인정했다. '마약을 하고 저지른 범죄'와 '술을 마시고 저지른 범죄'를 다르게 보는 분위기가 있었던 것이다.

그런데 사회 분위기의 변화와 함께 '술'은 살면서 반드시 마셔야 하는 것이 아니라 기호식품 중 하나로 인식되기 시작했다. 술을 많이 마시는 것은 더 이상 능력이 아니며 본인의 주량을 벗어나 술을 마시고 정신을 잃는 것은 '자기 관리 실패'로 여겨지는 세상이 되었다. 이에 따라 사람들은 음주를 감형요소가 아닌 형의 가중요소로 인식하기 시작했다. 법원도 이에 발맞추어 음주에 따른 심신미약 인정 범위를 좁히고 있다. 몇몇 법률가들은 음주 후 벌어지는 범행을 처벌해야 하는 법적 근거를 '원인에 있어서 자유로운 행위'에서 찾고 있다.

지킬 박사는 하이드와 전혀 다른 사람인가?

지킬 박사를 다룬 영화나 드라마에서는 보통 지킬 박사가 하이드를 전혀 통제하지 못하는 것으로 묘사한다. 1995년 영화 「지킬 박사와 미스하이드」에서는 설정상 지킬과 미스 하이드는 서로가 한 일을 기억하지 못한다. 이러한 점을 이용해서 지킬과 미스하이드는 상대방으로 변하기 직전 서로를 곤경에 빠뜨리기 위한 여러 준비(예를 들어 이상한 옷을 입거나 하는 등)를 한다. 마블코믹스에서 브루스배너 박사는 헐크에서 깨어난 뒤 "내가 무슨 짓을 했냐?"라고 주변인들에게 묻는다. 의학적으로 지킬 박사는 마치 '해리성 정체성 장애'를 겪는 것처럼 보인다. 해리성 정체성 장애는 영화 「반지의 제

왕」에 나오는 골룸과 스미골의 모습을 생각하면 이해하기 쉽다.

그런데 원작 소설의 설정은 다르다. 사람들은 대체로 영화 등 미디어를 통해 지킬 박사와 하이드를 접하며 원작 소설을 읽은 사람은 많지 않다. 원작 소설에서 지킬 박사는 하이드였을 때를 기억하며 하이드의 모습으로 돌아다니며 범죄를 저지르는 것에 대해 희열을 느낀다. 지킬 박사는 하이드로 사는 재미에 계속하여 약물을 먹었고, 하이드는 점점 더 대담하고 끔찍한 범죄를 저지른다. 지킬 박사는 하이드에서 헨리 지킬로 돌아오기 위해 약물을 먹지만 약물의 문제- 최초 먹었던 약물에는 불순물이 들어가 지킬 박사가 하이드로 변하게 했지만 나중에 불순물이 없는 약물을 먹다 보니 하이드에서 지킬 박사로 변하지 못하는 것으로 해석 -때문에 지킬 박사로 돌아오지 못한다.

지킬 박사는 원래의 모습을 찾지 못하고 자신이 하이드라는 사실을 주변 사람들에게 들킬지도 모르는 상황이 되자 결국 자살로 생을 마무리한다. 원작 소설 속 설정에 따르면 외형과 성격이 하이드로 변하였을 뿐 지킬 박사로서의 사물변별능력과 의사결정능력이 있었던 것이다. 아니, 지킬 박사는 외형만 하이드로 변한 것이며, 변화된 외형을 방패 삼아 범죄자로서의 본성을 뿜어낸 것이라고 해석하는 것이 더 정확하다. 지킬 박사는 하이드로 어쩔 수 없이 변한 것이 아니라 범죄를 저지를 목적을 가지고 기꺼이 하이드로 변하였다. 이는 지킬 박사와 하이드의 모티브가 된 실제 인물의 이야기를 보면 알 수 있다. 1788년 교수형을 받은 스코틀랜드의 브로디(Brodie)가 바로 그 사람이다. 브로디는 평소 깊은 신앙심을 가지고 다른 사람에게 친절한 사람이었지만, 사실 갱단의 우두머리로서 여러 차례 살인을 저질렀다고 한다.

두 얼굴의 신 야누스(Janus)는 이중인격을 가진 대표적 인물이다.

지킬 박사'의' 하이드(Hyde), 그리고 지킬 박사의 '하이드(Hide)'

우리는 평소 온화한 성품을 지닌 사람들이 인터넷에서 아이디와 필명으로 본인을 가린 채 온갖 추잡한 글을 쓰는 것을 보고 놀란다. 멀쩡한 직장인이 예비군 훈련복만 입으면 껄렁해진다거나, 술만 마시면 개가 되는 사람들의 이야기를 듣는다. 사람들은 그것은 본래의 자신의 모습이 아니라고, 실수로 그러한 모습을 한 것뿐이라고 변명한다. 그렇다면 무엇이 진짜 그 사람의 모습일까? 당연히 모두 다 그 사람의 모습이다. 단지 사람은 상황에 따라서 그중 하나의 모습을 하고 살아가는 것일 뿐이다.

몇몇 작품들은 지킬 박사와 하이드의 이야기를 일종의 초능력처럼 묘사한다. 사람들 중에는 지킬 박사가 갖고 있는 '하이드'라는 '능력'을 갖고 싶어 하는 이도 있다. 그런데 사람들은 모두 각자의 내면에 하이드가 있다. 사람들은 하이드를 억누르려 하지만, 살다 보면 하이드가 뛰쳐나올 때가 있다. 너무 화가 날 때, 술에 만취했을 때, 또는 정신적으로 아플 때 하이드는 언제나 우리와 같이 있으며, 죽는 순간까지 함께할 것이다.

뛰쳐나온 하이드의 모습을 보며 '저것은 내가 아니야.'라고 부정해서는 안 된다. 하이드는 지킬 박사와 별개의 사람이 아니다. 따라서 지킬 박사'와' 하이드가 아닌 지킬 박사'의' 하이드가 맞는 표현이다. 한편으로 지킬 박사는 하이드(Hyde) 뒤에 하이드(Hide)하였으니 역시 지킬 박사의 하이드라고 불러야 한다. 지킬 박사는 자신을 부정하다가 진짜 자신인 '헨리 지킬'로 돌아가지 못했다. 만일 우리가 잘못된 일을 했을 때 심신상실 제도 뒤에 숨어 자신을 부정한다면 지킬 박사처럼 진짜 자신을 잃어버릴지도 모른다.

19. 프리크라임의 폐지 이유

〰〰 영화 「마이너리티 리포트」와 범죄의 미수, 예비, 음모

> 형법 제25조(미수범)
>
> ① 범죄의 실행에 착수하여 행위를 종료하지 못하였거나 결과가 발
>
> 생하지 아니한 때에는 미수범으로 처벌한다.
>
> 형법 제28조(음모, 예비)
>
> ① 범죄의 음모 또는 예비행위가 실행의 착수에 이르지 아니한 때에
>
> 는 법률에 특별한 규정이 없는 한 벌하지 아니한다.

실패는 성공의 어머니

'목적하는 바를 이룬다.'라는 뜻을 가진 '성공'과 '일을 잘못하여 뜻
한 대로 되지 아니하거나 그르친다.'라는 뜻을 가진 '실패', 사람들은
살아가며 무수한 성공과 실패를 반복한다. 모든 도전에는 처음이
있기 마련이며 첫 도전에서부터 성공하기란 쉽지 않다. 사람의 인생
은 태어나면서부터 도전의 연속이다. 사람은 아기로 태어난 후 뒤집
고, 기어가고, 앉고, 서고, 걷고, 말하기 위해 여러 차례 도전과 실

패를 반복한다. 한 단계를 성공한다고 하여 끝이 아니며, 다음의 도전이 이어진다. 성인이 되면 더욱 어려운 과업에 도전한다. 뒤집고, 앉고, 서는 것은 대부분의 사람들이 성공하는 비교적 쉬운 일이다. 하지만 나이를 먹어감에 따라 도전의 난이도가 높아지고 아무리 도전하여도 실패하는 일들이 하나둘 생긴다.

그럼에도 사람들은 끊임없이 도전하고 또 실패한다. 실패는 성공의 어머니이며 사람들은 실패 속에서 배운다. 왜 실패했는지 연구하고 그 과정에서 알아낸 지혜를 다음 도전 또는 다른 분야에서의 도전에 활용한다. 포스트잇은 3M사의 실패한 초강력 접착제에서, 비아그라는 화이자사의 실패한 심장병 치료제에서 힌트를 얻어 성공한 제품들이다. 거대한 국가와 기업들도 그 시작은 미약했으나 무수한 실패를 겪으면서 차츰 성공을 거두었고 지금과 같은 영광의 시대를 얻게 된 것이다. 세상은 사람들에게 실패를 두려워하지 말고 끊임없이 도전하라고 부추긴다.

실패해야 하는 도전

하지만 모든 도전이 성공해야만 하는 것은 아니다. 때로는 영원히 실패하는 것이 바람직한 도전도 있다. 범죄의 시도가 그것이다.

사람을 죽이고, 남의 물건을 빼앗는 일은 성공해서는 안 되고, 시도조차 이루어지지 않는 것이 바람직하다. 하지만 안타깝게도 수많은 범죄 시도가 성공하고 있으며, 이로 인해 많은 범죄피해자가 발생한다. 범죄의 시도가 성공하는 것을 법에서는 기수(旣遂)라고 한다. 반대로 범죄를 저지르기 위한 실행에 착수하였지만 행위를 종료하지 못하였거나, 종료하였더라도 결과가 발생하지 아니한 경우, 쉽게 말해 범죄가 성공하지 않은 경우를 미수(未遂)라고 표현한다. 한편 법은 실행의 착수조차 하지 않고 범죄의 준비만을 한 경우를 예비(子備), 두 명 이상이 일정한 범죄를 실현하기 위하여 서로 의사를 교환하고 합의한 경우를 음모(陰謀)라고 한다.

영화 「마이너리티 리포트」

범죄의 미수, 예비, 음모와 관련하여 소개할 작품은 영화 「마이너리티 리포트」다. 마이너리티 리포트는 SF 문학의 거장 필립 K. 딕이 쓴 1954년 동명의 소설을 원작으로 2002년 스티블 스필버그 감독이 제작하고, 톰 크루즈가 주연을 맡은 작품이다. '프리크라임'은 범죄를 예지하는 신비한 능력을 가진 세 사람의 예언자들에 의해 작동하는 범죄예방 시스템이다. 영화의 배경이 되는 2054년, 프리크라임 시스템 덕분에 거의 모든 범죄는 세상에서 사라지게 되었다. 그런데 프리크라임 시스템은 프라크라임 팀장 앤더튼의 살인 범죄를 예언한다. 앤더튼은 자신이 함정에 빠진 것이라 생각하고 조사를 하던 중 예언자들의 예언이 다수의견과 소수의견으로 나뉠 수 있다는 것을 알게 된다. 앤더튼은 자신이 살인하지 않는다는 소수의견을 찾으려 한다. 이 과정에서 앤더튼은 프리크라임 시스템의 설립과 관련하여 벌어진 끔찍한 범죄를 밝혀낸다. 결국, 프리크라임 시스템은 해체되고 프리크라임 시스템에 의해 유죄 판결을 받고 수감된 많은 사람들은 사면된다.

하워드: 살인의 장애미수

영화 「마이너리티 리포트」에서는 기수에 이르지 못한 많은 범죄 상황을 보여준다. 영화의 첫 장면에서 예언자들은 아내의 불륜 사실을 알고 아내를 죽이려는 '하워드'라는 이름을 가진 남자를 찾아낸다. 앤더튼은 하워드가 가위로 아내를 찌르기 직전에 이를 막고 체포한다. 하워드는 "난 아무 짓도 안 했소.", "찌를 생각 없었어."라며 저항하지만 결국 체포되어 끌려간다.

형법 제25조 제1항은 "범죄의 실행에 착수하여 행위를 종료하지 못하였거나 결과가 발생하지 아니한 때에는 미수범으로 처벌한다."

라고 규정한다. 하워드는 분노한 표정으로 불륜 행각을 벌이고 있었던 아내의 목을 향해 날카로운 가위를 움직였다. 객관적으로 하워드는 아내의 목을 찌르려는 행위를 한 것이고, 앤더튼은 이를 막았다. 하워드는 범죄를 시도했지만 성공하지 못했다. 이처럼 행위자가 의외의 장애로 인하여 자신의 의사에 반하여 범죄를 완성하지 못한 경우를 장애미수(障碍未遂)라고 한다. 이는 범죄를 저지르려했지만 '실패'한 경우인 점에서 장애미수범을 처벌할 당위성은 충분하다.

국내에 출간된 필립 K. 딕의 작품들

앤더튼: 살인의 중지미수

다음은 앤더튼이 크로우와 대립하는 장면이다. 프리크라임 시스템은 앤더튼이 크로우를 죽일 것이라고 예언한다. 하지만 앤더튼은 크로우라는 사람의 이름을 듣지도 못했고, 얼굴을 본 적이 없다. 앤더튼은 결국 크로우의 은신처를 찾아내는데, 거기에는 앤더튼의 실종된 아들의 사진들이 있었다. 앤더튼은 크로우가 자신의 아들을 납치한 범인이라 생각하고는 크로우를 죽이기 위해 총구를 들이민다. 하지만 앤더튼은 자신이 수사기관으로서 법을 지켜야 하는 사람이라는 것을 상기하고는 크로우를 죽이려는 것을 포기하고 미란다 원칙을 고지한다.

형법 제26조는 "범인이 자의로 실행에 착수한 행위를 중지하거나, 그 행위로 인한 결과의 발생을 방지한 때에는 형을 감경 또는 면제한다."라고 규정한다. 이처럼 범죄의 실행에 착수한 자가 기수에 이르기 전 자의로 범행을 중지한 경우를 '중지미수(中止未遂)'라고 한다. 앤더튼은 총구를 크로우에게 겨누었지만, 스스로의 의사에 따라 살해 행위를 중지하였다. 중지미수범은 스스로 불법적인 행위를 포기하고 피해 발생을 막은 점에서 장애미수범보다 비난받을 여지가 적다. 법은 이러한 점을 참작하여 중지미수범에 대해서는 반드시 감형을 하거나, 또는 처벌을 아예 면제해야 한다고 규정하는 것이다.

이외에도 형법은 행위자가 범죄를 실행하였으나, 처음부터 결과 발생이 불가능하였던 경우를 '불능미수(不能未遂)'라고 하여 별도로 규정하고 있다. 불능미수범은 범죄의 결과가 발생할 위험성이 있었는지에 따라 처벌 여부가 결정된다. 예를 들어 소매치기가 빈 주머니에 손을 넣어 금품을 절취하려 한 경우 객관적으로 결과 발생은 불가능한 상황이지만, 절도라는 결과가 발생할지도 모른다는 위험성은 존재한다. 따라서 소매치기범은 절도미수죄로 처벌받아야 한다.

버지스: 살인의 예비

영화의 마지막 장면에서 프리크라임 시스템은 프리크라임 국장 버지스가 앤더튼을 살해할 것이라고 예언한다. 버지스는 총을 들고 있었다. 여기서 버지스는 딜레마에 빠진다. 버지스가 앤더튼을 죽이지 않으면 프리크라임 시스템에 오류가 발생한 것이다. 버지스가 앤더튼을 죽이면 프리크라임 시스템은 오류가 없지만 버지스 자신은 살인죄로 처벌받는다. 버지스는 결국 앤더튼에게 미안하다는 말을 하면서 스스로 목숨을 끊는다.

영화에서 버지스는 총구를 앤더튼에게 겨눈 것처럼 보이지만, 사실은 스스로 죽기 위한 준비를 한 것에 불과했다. 객관적으로는 총구를 겨눈 행위만으로도 실행의 착수가 인정될 것이다. 그러나 영화의 흐름 상 버지스는 프리크라임 시스템과 관련한 딜레마로 인해 총구를 겨누기 전부터 이미 자살하려고 했던 것으로 보인다. 버지스는 앤더튼을 살해할 마음이 있었고, 실제 총을 준비하였지만, 실행의 착수, 즉 앤더튼을 죽이려는 행위까지 나아가지 못했다. 법은 이처럼 범죄를 위한 준비행위를 예비죄로 처벌한다. 그런데 형법 제28조는 "범죄의 음모 또는 예비행위가 실행의 착수에 이르지 아니한 때에는 법률에 특별한 규정이 없는 한 벌하지 않는다."라고 하여 법에 '예비, 음모를 처벌한다.'라는 규정이 있는 경우에만 처벌하도록 하고 있다. 형법은 살인죄의 예비, 음모를 처벌하고 있다.

예비, 음모에도 이르지 못한 자의 처벌 문제

범죄가 미수의 단계까지 갔다면 언제든지 기수로 발전할 가능성이 있다고 보아야 한다. 따라서 미수의 종류가 무엇이든 간에 범죄의 발생을 사전에 예방한다는 차원에서 프리크라임 시스템은 매우 유용하다. 프리크라임 시스템이 없었다면 하워드의 부인은 하워드가 휘두른 칼에 찔려 최소한 중상해를 입었을 것이다. 그럼에도 프리크라임 시스템은 치명적인 문제를 갖고 있다. 예비·음모의 단계에도 이르지 못한 사람을 처벌한다는 문제다.

원작 소설에서 프리크라임 시스템은 보통 사건 발생 1~2주 전에 범죄를 예견한다. 이에 따라 대부분의 범죄자들은 사건 발생 1주일 전에 체포된다. 문제는 많은 사람들이 범죄를 저지를 것을 전혀 상상조차 하지 않는 상황에서 범죄자로 몰려 체포되고 처벌받는다는 것에 있다. 영화 속 프리크라임 시스템이 앤더튼의 살인 범죄를 예언할 당시 앤더튼은 크로우라는 사람의 존재조차 알지 못했다. 원작 소설 속 앤더튼과 피해자로 예견된 '캐플런'의 관계도 마찬가지다. 알지도 못하는 사람을 죽이겠다고 준비하거나 다른 사람과 모의하는 것은 불가능하다. 그럼에도 프리크라임 시스템이 '앤더튼의 크로우에 대한 살인'을 예언하자 사람들은 즉시 앤더튼을 체포하려한다.

범죄가 미수 또는 최소한 예비나 음모의 단계에 이른 경우라면 모를까 범죄가 발생할 것이라는 예언만 존재하는 상태에서 누군가를 범죄자로 몰아 처벌하는 것은 아무리 봐도 부당하다. 영화는 이처럼 처벌되어서는 안 되는 사람까지 처벌되는 문제점을 고려해 프리크라임 시스템이 결국 폐지되는 것으로 이야기를 마무리한다.

프리크라임이 폐지되어야만 했을까?

그럼에도 아쉬움이 남는다. 범죄를 막은 다음 실행 정도에 맞게 처벌한다면 나름 합리적인 활용이라 할 수 있지 않을까? 예상되는 범죄의 유형, 시각, 장소를 미리 공지한다면 그 자체로 범죄발생을 예방하는 효과를 낼 수도 있다. 영화 속 앤더튼은 미래를 본 후 자신이 누군가를 죽일 상황이 올지도 모른다는 생각에 더욱 조심했다. 프리크라임 시스템은 과도한 측면이 있지만, 본질적으로 유용하며 법적으로 문제 되는 부분만 수정하면 되지 않을까 하는 생각이 든다. 범죄 예방이라는 이익을 달성하면서도 무고한 사람의 처벌도 막을 방법을 찾아보자는 것이다. 감독은 프리크라임 시스템 폐지의 당위성을 이야기하기 위해 '예언자들의 인권 문제'와 '시스템 구축 과정에서의 범죄'라는 설정을 넣은 것으로 보인다.

하지만 그럼에도 불구하고 프리크라임 시스템은 폐지될 수밖에 없는 운명이다. 감독이 지적한 두 가지, 즉 예언자들의 인권 문제 및 시스템 구축 과정에서의 범죄는 오히려 문제가 될 것이 없다. 한 해 일어나는 수백 또는 수천의 범죄 발생을 막을 수 있다면 적정한 보상과 환경 개선, 치료 등의 방법으로 인권 침해 문제를 최소화할 수 있을 것이다. 시스템 구축 과정에서의 문제 역시 책임자를 벌하는 수준에서 마무리 짓고 비슷한 문제가 발생하지 않도록 예방책을 마련하는 것이 합리적이다.

인간에 대한 믿음의 문제

문제는 영화와 원작 소설 속 시스템은 아무리 봐도 예측이 아닌 예언이기 때문이다. 당연한 이야기지만 미래는 정해져 있지 않다. 법은 아무리 어떤 사람이 과거에 많은 범죄를 저질렀고 앞으로도 통계적으로 범죄를 저지를 확률이 높다고 하더라도 미리 처벌하지 않는다. 법은 아주 예외적인 경우에만 엄격한 절차를 거쳐 '처벌'이 아닌 '보호처분'을 내린다. 보호처분이란 다시 범죄를 저지를 것이 예상되는 사람을 시설에 수용하거나 감시하는 제도다. 이 제도는 주로 범죄의 습성이 병적인 수준에 이른 사람들에게 적용된다. 치료감호소나 전자발찌가 그 예라 할 것이다.

예언가 노스트라다무스: 법은 과학적 예측이 아닌 예언을 기반으로 누군가를 저지르지 않은 범죄로 처벌하는 것을 허용하지 않는다.

이는 미수, 예비, 음모에 대한 처벌에서도 볼 수 있다. 미수범은 원칙적으로 처벌하지만, 예비, 음모의 경우에는 법에서 특별히 규정한 경우에만 처벌 가능하다. 범죄의 도전조차 하지 않은 사람을 범죄자로 취급해서는 안 된다는 것이다. 법은 인간의 가능성을 믿으며 헌법에는 인간의 존엄성과 무죄 추정의 원칙이 규정되어 있다. 물론 인간이 원래 선하며 인간의 존엄성은 당연한 것이고 의심스러울 때 유죄인 경우가 적기 때문에 위와 같은 원칙이 규정된 것은 아니다.

실제 인간의 본성은 악하고 변하지 않으며 의심스러울 때는 유죄인 경우가 많다. 그러나 인간을 믿고 인간의 가치를 존중할 때 그렇지 않은 경우보다 더 세상이 잘 굴러간다는 것을 사람들은 역사적 경험을 통해 알게 되었다. 그렇기에 어떤 사람이 범죄를 저지를 것으로 예측되더라도 인간의 가능성을 믿고 그가 선한 선택을 할 기회를 주는 것이다. 범죄를 저지를 것을 예비, 음모한 사람에 대해서도 이렇게 대우하는데 하물며 예비, 음모에도 이르지 않은 사람에게 기회를 주어야 하는 것은 당연하다.

미수의 경우도 마찬가지다. 앤더튼은 크로우를 죽이고 싶었지만, 자의에 따라 포기하였다. 하워드는 바람난 부인을 죽이고 싶었다. 하지만 앤더튼이 하워드를 막지 않았을 때 실제 부인을 죽였을지는 알 수 없다. '미래는 정해져 있으며 인간은 결국 사악한 행위를 하게 된다.'라는 전제에서 구축된 프리크라임 시스템을 국가가 그리고 법이 받아들이기에는 너무 위험성이 크다.

실패를 향한 도전

범죄에 대해 응징의 차원에서 엄벌할 것인지 아니면 교화 차원에서 선처할 것인지는 형사법의 난제(難題)다. 미수범에 대해서도 아예 처벌해서는 안 된다는 주장에서부터 기수범과 동일하게 처벌해야 한다는 주장 등 다양한 견해가 존재한다. 하지만 어쨌든 법은 미수범을 기수범보다 가볍게 처벌하거나, 또는 처벌하지 않도록 하고 있다. 법은 사람들에게 범죄를 중단할 수 있는 기회를 주고 있는 것이다. 범죄라는 커다란 도전을 결심한 사람이 있다면, 그 도전의 용기를 살려 이번에는 범죄의 중단이라는 새로운 목표에 도전해 보기 바란다. 법은 당신에게 꽤 나쁘지 않게 보상할 것이다.

20. 인생을 낭비한 죄

영화 「빠삐용」과 자유심증주의

> 형사소송법 제308조(자유심증주의) 증거의 증명력은 법관의 자유 판단
> 에 의한다.

해태(獬廌)와 사실관계의 확정

법을 한자로 쓰면 法이다. 法이라는 글자의 원형은 灋이었으며 여기에는 해태를 뜻하는 글자(廌)가 들어간다. 이는 해태라는 짐승이 송사를 판결할 때 정직하지 않은 쪽을 들이받았기 때문이라고 전해진다. 그래서 사람들은 해태(廌)가 악을 물리친다는(去) 뜻에서 법이라는 글자를 만들어냈다. 해태는 과거 시시비비를 가리는 동물로서 사실관계를 확정하는 일, 예를 들어 살인죄가 발생했을 때 누가 범인인지를 밝히는 역할을 하였던 것으로 보인다.

전설 속 해태가 맡았던 사실관계를 확정하는 일은 재판에서 가장 중요한 부분이다. 사실관계를 확정한 후에야 그러한 행위가 범

죄에 해당하는지 판단할 수 있다. 사실관계를 확정하기 위해 검사는 수사를 하고 증거를 수집한다. 변호사는 검사 증거의 신빙성을 깨며 피고인을 변호하기 위한 논리를 개발한다. 판사는 제출된 증거와 법리를 고려하여 검사가 지목한 사람이 범인이 맞는지 아닌지를 결정한다. 만일 CCTV나 객관적 목격자가 있을 경우 판사는 비교적 쉽게 판단할 수 있다. 하지만 어떤 사건들은 범인에 대한 객관적 증거를 발견하지 못해 오랜 기간 미제로 남기도 한다. 한편으로 화성 연쇄 살인 사건의 8차 사건처럼 명확한 증거가 없음에도 유죄 판결이 선고되어 억울한 옥살이를 하는 경우도 볼 수 있다.

자유심증주의

사람들은 다툼이 있을 때 '증거 있어?'라는 말을 자주 한다. 재판에서 사실관계의 입증은 증거에 의해 이루어진다. 그런데 사실관계를 인정하는 증거란 대체 무엇이고 어느 정도 증거가 있어야 판사가 '그러한 사실이 있었다.'라고 확정할 수 있을까? 한편으로 증거라는 이름이 붙어 있으면 이를 그냥 믿어도 될까? 어떤 증거는 믿고 어떤 증거는 믿을 수 없을까?

증거가 믿을만한가, 즉 증거로서의 가치가 얼마나 되는지를 '증거의 증명력'이라고 한다. 그리고 우리 법에서는 이 문제에 관하여 '법관의 자유 판단'에 의한다는 원칙을 정해놓고 있다. 판사는 증거와 관련한 여러 정황을 면밀하게 고려하여 그 증거가 믿을만한 증거인지, 그리고 그 증거로 사실관계를 확정해도 되는지를 판단한다. 증거의 증명력 판단은 매우 어려운 문제다. 판사도 인간이기에 오판을 할 수 있다. 판사가 하는 오판의 대부분은 증거의 증명력 판단 과정에서 일어난다.

법관이 증명력을 자유롭게 판단할 수 있다고 하더라도 거기에는 한계가 존재한다. 증명력을 자유롭게 판단하라는 원칙은 '마음대로' 판단하라는 것이 아니다. 법관은 객관적인 시각에서 합리적인 논리에 따라 증거를 판단해야 하며, 이 과정에서 어떠한 편견을 가져서는 안 된다. 하지만 사람이 어떠한 판단을 할 때 편견을 갖지 않기란 쉬운 일이 아니다. 화성 8차 사건에서 억울하게 범인으로 몰린 윤씨는 '저학력 장애인 남성'이었다. 판사는 윤씨가 진범인지 판단하는 과정에서 윤씨의 이러한 배경을 알게 모르게 고려했을 것이다. 실제 수사 및 재판 현장에서 그 사람의 전과나 살아온 과정이 사실 관계의 판단에 영향을 미치는 것은 공공연한 사실이다. 우리 역시 누군가를 판단할 때 그 사람의 성별, 나이, 학력, 직업, 경력 등을 주요한 잣대로 삼고 있다.

영화 「빠삐용」

자유심증주의와 관련하여 소개할 작품은 영화 「빠삐용」이다. 빠삐용은 1973년 개봉된 프랭클린 J. 샤프너 감독, 스티브 맥퀸, 더스틴 호프만 주연의 영화다. 이 영화는 프랑스 작가 앙리 샤리에르(Henri Antonin Charrière)가 쓴 1973년 소설 「빠삐용」을 기반으로 제작된 영화다. 「빠삐용」의 내용은 실제 앙리 샤리에르의 경험을 기반으로 한 이야기라고 한다.

「빠삐용」의 줄거리는 다음과 같다. 빠삐용은 포주를 죽였다는 누명을 쓴 후 유죄 판결을 받고 프랑스령 기아나에 있는 수용소로 가게 된다. 빠삐용은 수용소로 가는 배에서 경제사범 드가를 만난다. 빠삐용과 드가는 가혹한 수용소 생활을 견디지 못해 탈출을 결심한다. 빠삐용과 드가는 여러 차례 탈출을 시도하지만 실패하고, 결국 절대로 탈출할 수 없는 '악마의 섬'으로 보내진다. 그러나 빠삐용은 또다시 탈출을 감행한 끝에 결국 성공한다. 빠삐용이 야자 열매 보트에 누워 "이 자식들아! 나 여기 있다(Hey you bastards! I'm still here!)!"라고 외치며 영화는 끝난다.

영화 「빠삐용」은 남아메리카 프랑스령 기아나 수용소의 참담한 인권 실태를 고발한다. 한편으로 여러 차례 실패하면서도 끊임없이 탈출을 시도하는 빠삐용의 도전 정신과 자유의 소중함을 이야기하고 있다. 그리고 「빠삐용」의 명장면 중 하나가 바로 빠삐용이 수용소에서 잠을 자면서 꿈을 꾸는 장면이다.

A Prisoner Of The State(1874)- Eastman Johnson (American, 1824~1906): 사람은 살면서 억울한 일을 겪는다. 그런데 하필 범죄 누명을 쓰게 되면 그로 인한 충격과 상실감은 상상할 수조차 없다.

인생을 낭비한 죄

빠삐용은 꿈에서 자신에게 유죄 판결을 선고한 판사를 만난다. 빠삐용은 판사에게 "왜 나에게 유죄 판결을 선고했습니까? 당신은 내가 죄가 없다는 것을 알지 않습니까?"라며 항변한다. 판사는 답한다. "그래, 너는 포주를 죽이지 않았다. 하지만 너는 죄가 있다. 바로 인생을 낭비한 죄이다."

참고로 원작 소설에서 빠삐용이 꿈에서 만난 것은 판사가 아닌 신이었다. 신은 자신이 왜 이렇게 고통받아야 하는지 억울해하는 빠삐용에게 '인생을 낭비한 죄'를 지었기 때문이라고 이야기한다. 빠삐용의 실제 모델 앙리 샤리에르는 살인죄로 체포될 당시 포주 생활을 하는 등 하층민의 생활을 했다고 한다. 결정적 증거가 없는 상황에서 판사는 증거들의 증명력을 판단하는 단계, 예를 들어 시신이 앙리 샤리에르의 범죄를 입증하는지 판단하면서 앙리 샤리에르의 직업, 경력 등을 고려했을 가능성이 높다.

편견에 관한 이상과 현실의 충돌

그런데 판사가 재판 과정에서 빠삐용의 직업, 경력 등을 사실관계 판단 요소의 하나로 삼은 행위를 잘못된 것이라고만 보기 어렵다. 판사가 오판한 것은 사실이지만 오판을 넘어서 자유심증주의를 위반하였다고 평가할 수 있는지는 다른 문제다. 화성 연쇄 살인 8차 사건의 판사, 최근 개봉 영화 「재심」의 실제 사례인 '익산 약촌오

거리 사건'에서 유죄 판결을 내린 판사를 비롯해 나중에 오판이라는 것이 밝혀진 수많은 사건, 그리고 유죄 또는 무죄 판결이 선고되었지만 뜨거운 여론 공방전이 펼쳐지는 많은 사건들을 판단한 판사들이 있다. 이들 판사들이 오판을 넘어 자유심증주의를 위반한 것일까?

여기서 편견에 관한 이상과 현실이 충돌하는 문제를 생각해야 한다. 정신병을 갖고 있다고, 경제적 형편이 어렵다고, 학력이 낮다고, 사회적으로 인식이 안 좋은 직업을 가지고 있다고 그 사람이 범죄를 저지를 확률이 높다고 함부로 판단해서는 안 된다. 사람의 성별, 나이, 학력, 경력, 재산 등을 갖고 그 사람을 재단하는 것은 옳지 않으며 특히나 누군가를 범인으로 의심할 때 더욱 조심해야 한다. 대표적으로 문제 되는 경우가 전과자다. 과거에 범죄를 저질렀다고 해서 그 사람이 또 똑같은 범죄를 저질렀을 것이라고 판단하는 것은 위험한 발상이다.

하지만 현실적인 측면을 무시할 수 없다. 실제 전과자가 범행을 저지를 확률은 비전과자가 범행을 저지를 확률보다 유의미하게 높다. 아무래도 없는 사람은 있는 사람에 비하여 남의 물건을 훔칠 동기가 생기기 쉬우며, 다수의 절도 범죄는 경제적으로 어려운 사람이 저지른다. 평소 방탕하게 사는 사람과 성실하게 사는 사람,

둘 중 누가 자신의 마음에 들지 않는 사람을 해할 가능성이 클지 생각해보자. 실제 범죄가 발생했는데 CCTV 등 객관적 증거가 전무할 경우, 경찰은 주변 거주인 중 동종전과자를 중심으로 수사를 시작한다. 하지만 사람들은 경찰에 대해 편견에 사로잡혀 생사람을 잡는다고 욕하지 않는다.

무죄 추정의 원칙

여기서 무죄 추정의 원칙이라는 형사법의 대원칙이 나온다. 무죄 추정의 원칙이란 그 사람이 범인이라는 점에 관하여 '합리적 의심의 여지가 없을 때' 유죄를 선고해야 한다는 원칙이다. 아무리 정황이나 통계적으로 누군가가 의심스럽더라도 확실한 증거가 없는 상황이라면 무죄가 선고되어야 한다. 그런데 이것 역시 쉬운 문제가 아니다. 억울한 사람을 만들어서 안 된다는 것은 법조인 누구나 알고 있다. 하지만 이 원칙을 기계적으로 적용할 경우 수많은 범죄자들은 법망을 피해가고 억울한 피해자가 늘어날 것이다. 이러한 현실에서 성별, 나이, 학력, 직업, 경력, 전과 등 그 사람의 여러 요소를 사실관계 판단에 고려하는 것은 어떤 문제점이 있을까?

예를 들어 절도 사건 현장 근처에 절도 전과자가, 살인 사건 현장

근처에 연쇄 살인 전과자가 어슬렁거리는 경우를 생각해보자. 현장에서 지문 등 결정적 증거는 하나도 나오지 않았고, 한편으로 전과자도 특별한 알리바이를 제시하지 못 하고 있다. 이러한 상황에서 범행 현장 주변의 전과자를 범인으로 의심하는 것은 합리적인 의심인가? 하필 많은 사람 중 전과자가 의심받은 것은 다름 아닌 전과자가 살아온 인생 때문이다. 전과자는 실제 범행을 저질렀는지와 무관하게 '인생을 낭비한 죄'의 대가를 치르는 것이다.

Not Guilty(1859)– Abraham Solomon(English, 1823~1862): 오랜 재판 끝에 무죄 판결을 받을 때의 희열은 이루 말할 수 없다.

효율성과 정확성의 충돌 문제

　이는 효율성과 정확성, 개인의 이익과 집단의 이익 간 충돌이라는 문제로 넘어간다. 편견이란 통계에 기반하여 효율적으로 문제를 해결하려는 하나의 수단이다. 회사가 신입사원을 뽑을 때 학벌을 본다. 학벌이 안 좋지만 일을 잘할 경우도 있고 그 반대의 경우 역시 존재한다. 그럼에도 회사가 학벌을 보는 것은 학벌이 좋은 사람이 그렇지 않은 사람보다 통계적으로 좀 더 일을 잘한다는 사실을 경험적으로 알기 때문이다. 회사가 그 사람이 실제 일을 잘할지 못할지를 제대로 판단하려면 시간과 비용이 소요된다. 회사는 학벌을 기준으로 사람을 뽑았을 때 얻게 되는 시간과 비용의 절약이라는 이득이 혹시라도 우수한 인재를 놓치게 되는 손해보다 크다고 보아 채용 과정에서 학벌을 고려하는 것이다.

　재판도 마찬가지이다. 재판은 공정해야 하고 단 1명의 억울한 사람이라도 없어야 한다. 9명의 악인을 놓쳐도 1명의 선인을 처벌해서는 안 된다는 법언(法諺)도 있다. 문제는 그 놓친 9명에 의해 9명 또는 그 이상의 피해자가 발생하는 것이다. 놓친 악인에 의한 범죄피해자 앞에서 '그래도 1명의 억울한 사람이 안 생겨서 다행이야.'라고 쉽게 말할 수 있는 사람은 없다.

그렇다고 오로지 악인을 잡는 것에만 몰두할 경우의 수 없이 많은 사람들이 억울하게 가해자로 몰리는 끔찍한 결과가 발생한다. 당연히 억울한 사람은 없어야 하고 그렇게 만들기 위해 노력해야 한다. 효율성을 강조하여 1명의 억울한 사람이 생겼을 때 그 사람을 향해 '계산해보면 우리 모두의 이익은 증가 되었으니 좋지 않니?'라고 자신 있게 말할 수 있는 사람은 없다. 어쩌면 지금 이 순간에도 수많은 사람들이 통계라는 허울을 쓴 편견 때문에 자신이 저지르지도 않은 일로 감옥에서 고통을 당하고 있을지도 모른다. 이들의 망가진 인생은 억만금의 돈으로도 보상될 수 없다.

누군가를 범죄자로 낙인찍는 절차

이 문제는 정답이 없다. 인류 역사의 시작과 함께 이어져 온 문제이며, 지금도 수많은 상황 속에서 국가와 법은 어떠한 답을 찾을 것인지 고민한다. 그러한 고민 끝에 시대별로 지역별로 정확성과 효율성 중 어느 것에 더 비중을 둘 것인지 나름의 기준을 만들었다.

그럼에도 재판 특히 형사재판은 효율성보다는 정확성을 중시하는 방향으로 운용되어야 한다. 민사재판의 경우 '소송경제'라는 명목으로 형사재판보다는 상대적으로 효율이 강조되는 경향이 있다.

그러나 형사재판은 다르다. 가해자와 피해자를 판단하고 누군가를 전과자로 만드는 일은 신중해야 한다. 그렇기에 검사와 변호사는 더 꼼꼼히 증거를 수집하고 분석해야 하며, 판사는 아무리 피고인의 나이, 성별, 전과 등 배경이 보여도 증거에만 집중하기 위해 노력한다.

빠삐용 이야기의 배경이 된 프랑스령 기아나 감옥

누명을 벗은 빠삐용

다시 『빠삐용』의 이야기로 돌아가자. 억울해하는 빠삐용에게 판사는 '인생을 낭비한 죄'를 이야기했다. 빠삐용은 이에 대해 반박하지 못하고 "유죄, 유죄…"라고 중얼거렸을 뿐이다. 빠삐용이 판사의 말에 동의하였는지는 알 수 없지만, 이후 영화에서 빠삐용이 자신의 억울함을 토로하는 장면을 찾아보기 어렵다. 그리고 빠삐용은 탈출을 하기 위해 온갖 노력을 한다. 빠삐용은 탈출에 실패하여 햇빛도 들어오지 않는 독방에 갇혔으나 포기하지 않았다.

빠삐용은 좁은 방에서 매일 운동을 하고 바퀴벌레까지 먹으며 삶에 대한 의지를 불태웠다. 결국, 빠삐용은 탈출에 성공한다. 빠삐용의 실제 모델 앙리 샤리에르는 탈출 이후 소설가와 배우로 활동하면서 사회적인 성공을 이루게 된다. 빠삐용은 감옥 안에서의 인생을 낭비하지 않았고, 결국 자신에게 씌워진 '인생을 낭비한 죄'라는 누명을 벗었다. 빠삐용은 포주에 대한 살인죄도, 인생을 낭비한 죄도 모두 무죄다.

21. 아비게일의 목소리가 증거입니다.

〰〰 영화 「크루서블」과 증인의 자격

> 형사소송법 제146조(증인의 자격) 법원은 법률에 다른 규정이 없으면
>
> 누구든지 증인으로 신문할 수 있다.

"피해자의 목소리가 증거입니다."

인터넷과 SNS 공간에서 한 뉴스 기자의 방송 캡쳐 장면과 함께 자주 볼 수 있는 문구다. 기자는 성범죄 사건의 피해자들이 목소리를 내기 어려운 현실을 꼬집으며 피해자의 목소리에 귀를 기울여야 한다는 취지로 위와 같은 발언을 했을 것이다. 그런데 최근 사람들이 한국 사법부의 성범죄 사건 처리 실태에 관하여 관심을 갖게 되었고, 한편으로 아무 증거 없이 피해자라고 주장하는 일방이 우기기만 하면 유죄가 될 수 있다는 문제점을 인식하기 시작했다. 이러한 변화 속에서 위 캡쳐 장면은 오히려 평소의 말과 행동이 일치하지 않는 사람들에 대한 조롱의 용도로 사용되고 있다.

예를 들어 평소 성범죄를 규탄하며 피해자 보호에 앞장섰던 사회적 유명인사가 막상 자신이 성범죄 가해자로 몰리는 상황이 되자 피해자의 호소는 '일방적 주장'에 불과하다며 태세를 전환하는 경우가 그렇다. 성범죄 피해자의 인권에 관심을 보였던 많은 정치인들이 막상 자신의 동료가 성범죄 가해자로 몰리자 '피해호소인'이라는 정체불명의 단어를 사용하는 경우 역시 마찬가지이다.

증거 & 증인의 객관성

법원은 사실관계에 다툼이 있을 때 '증거'에 의하여 판단한다. 증거는 크게 서류, CCTV와 같은 '물증(物証)'과 목격자, 감정인과 같은 '인증(人証)'으로 나뉜다. 사람들은 사실관계에 다툼이 있을 때 증거가 있으면 인정되고 증거가 없으면 부정되는 것을 당연하게 여긴다. 또한, 증거는 객관적이어야 하며 일방적인 진술만을 근거로 누군가를 범죄자로 만들어서는 안 된다고 생각한다. "피해자의 목소리가 증거입니다."에 대한 조롱의 기저에는 '피해자는 객관적인 사람이 아닌데 그의 목소리가 어떻게 증거인가?'라는 의문이 깔려 있다. 하지만 법의 세계는 그렇게 단순하지 않다. 형사 사건에서는 증거가 하나만 있는 것도 아니면 때로는 증거끼리 서로 충돌하기도 한다. 애초부터 객관적인 증거가 존재하지 않는 사건도 많다.

예를 들어 당신은 길을 가다가 A라는 사람으로부터 폭행을 당하였다. 당신은 A로부터 폭행을 당하였다고 경찰에 신고하였다. 하지만 당신이 폭행을 당하였다는 객관적 증거는 존재하지 않는다. 사람들이 생각하는 객관적 증거, 즉 목격자나 CCTV가 없기 때문이다. A의 폭행 증거는 피해자인 당신의 진술이 유일하다. 이 상황에서 경찰이 '피해자의 목소리는 객관적 증거가 아니므로 A를 처벌할 수 없다.'라고 판단하는 것을 당신은 순순히 받아들일 수 있겠는가?

이번에는 위 사례에서 두 명의 목격자가 있다고 가정해 보자. 목격자 B는 'A는 때리지 않았다.'라고 진술했다. 다른 목격자 C는 'A는 때렸다.'라고 진술했다. 이 경우 피해자의 목소리 외에 객관적인 증거로 목격자 C의 진술이 있다. 하지만 이와 반대되는 또 다른 목격자 B의 진술도 있다. 객관적 증거는 있지만 증거끼리 서로 충돌한다. 이 경우 B와 C 중 누구의 진술을 더 믿는가에 따라 A의 폭행은 인정될 수도 또는 부정될 수도 있다. 이처럼 객관적인 증거가 존재하지만, 사실관계가 부정되는 상황이 생길 수 있다.

영화 「크루서블(The Crucible)」

증거재판주의와 '피해자의 목소리가 증거인가?' 즉 증인의 자격을 설명하기 위해 가져온 작품은 영화 「크루서블(The Crucible)」이다. 크루서블은 미국의 작가 아서 밀러(Arthur Miller)가 1952년에 쓴 희곡을 바탕으로 1996년에 니컬러스 하이트너 감독이 제작한 다니엘 데이 루이스, 위노나 라이더 주연의 영화다. 크루서블의 이야기는 실제 역사적 사건을 기반으로 하며, 그 배경은 17세기 미국 메사츠세츠주의 '세일럼'이라는 마을이다.

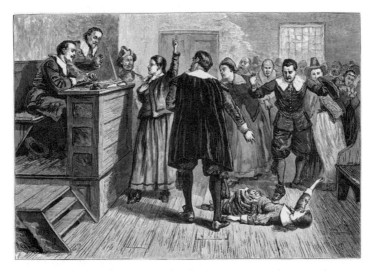

Witchcraft at Salem Village(1876)— William A. Crafts(1824~1900)

영화 크루서블의 내용은 이렇다. 세일럼 마을의 목사 페리스는 한밤중 마을 소녀들이 옷을 벗고 춤추는 광경을 목격한다. 목사와 마을 사람들은 소녀들이 악마에 홀린 것으로 생각했다. 아비게일을 비롯한 소녀들은 처벌받을 것이 두려워 평소 마음에 들지 않았던 마을 사람들이 악마와 결탁하였고 자신들을 악마에게 홀리도록 한 것이었다고 진술한다. 악마와 결탁한 것으로 몰린 사람들은 자신들의 무고함을 증명하기 위해 다른 증인들을 세운다. 하지만 아비게일을 비롯한 소녀들은 증인들도 악마와 결탁한 것으로 몰아 버린다. 결국, 아비게일은 자신이 벌인 짓을 감당할 수 없어 한밤 중 도망간다. 악마와 결탁했다는 억울한 죄목으로 사형 선고를 받은 수많은 마을 사람들이 처형되는 것으로 영화가 끝난다. 실제 역사에서는 100명 이상이 체포되었고 수십 명이 사형에 처해졌다고 한다.

증인의 자격

영화를 보다 보면 재판 진행 과정이 너무도 엉터리라 어디서부터 이야기를 해야 할지 난감하고 당황스럽다. 판사는 아비게일을 비롯한 소녀들의 일방적이고도 황당한 진술에 근거하여 어처구니없는 판결을 연속한다. 판사의 판결은 잘못되었고 그 판결은 돌이킬 수 없었다. 여기서 판사가 뭘 잘못했는지 생각해보자. 판사는 증거가 없는데 유죄 판결을 선고하였는가? 아니다. 마을 사람들이 악마와 결탁한 것을 보고, 듣고, 느꼈다는 아비게일과 소녀들의 증언이 있다.

그렇다면 이들을 '증인'으로 볼 수 있을까? 형사소송법은 증인의 자격에 관하여 "법원은 법률에 다른 규정이 없으면 누구든지 증인으로 신문할 수 있다."라고 규정한다. 즉 아비게일과 소녀들은 증인이 될 수 있고, 피해자인 아비게일의 목소리는 '증거'가 되는 것이다. 심지어 영화에서 증인은 아비게일 혼자만이 아니며, 다른 많은 소녀들이 마을 사람들과 악마의 결탁 장면을 보았다고 증언한다. 양(量)만 놓고 보면 그야말로 '증거가 차고 넘치는 상황'이다.

증거의 신빙성 문제

이처럼 증거가 차고 넘치는 상황임에도 영화 '크루서블' 속 판사는 잘못된 판결을 했다고 단언할 수 있다. 그 이유는 증거라고 해서 다 똑같은 증거가 아니기 때문이다. 증거 중에는 애초부터 증거로 사용할 수 없는 것도 있다. 이를 '증거능력'의 문제라고 한다. 예를 들어 위법한 조사를 통해 얻은 진술서 등은 증거로 사용되는 것 자체가 금지된다. 하지만 증거능력 있는 증거에 대하여 그 가치를 판단하는 것은 다른 문제다. 단순히 증거가 있다고 유죄판결이 선고되지 않는다. 증거가 믿을만한지, 즉 '신빙성'이 있는지를 따져봐야 한다. 이를 '증명력'의 문제라고 한다. 법관은 논리칙과 경험칙, 객관성과 합리성에 따라 증거의 가치를 판단한다.

증거로 쓸 수 있는가?	믿을만한 증거인가?
증거능력	증명력

아비게일과 소녀들의 진술은 증거로 사용할 수 있다. 법에 '누구든지 증인'이 될 수 있다고 되어 있기 때문이다. 하지만 아비게일과 소녀들의 진술이 증거로서 믿을만한지는 다른 문제다. 아비게일과 소녀들은 '본인들이 악마와 결탁한 것으로 몰려 처벌받을 위기'에 처해 있다. 따라서 이들은 거짓 진술을 할 동기가 있다. 진술의 내용 자체도 상식과 자연법칙에 맞지 않는다. 이들은 하나의 목소리를 내고 있으나, 아비게일과 소녀들의 관계를 고려할 때 충분히 사전에 입을 맞출 수 있었다. 아비게일과 소녀들의 진술은 논리칙과 경험칙, 객관성과 합리성이라는 기준에서 볼 때 신뢰할 수 없는 증거다. 따라서 마을 사람들에게는 응당 무죄 판결이 선고되었어야 한다.

피해자 한 명의 목소리만이 증거로 존재할 때

반대로 피해자 한 명의 목소리만 있는 경우라도 그 진술이 신뢰할만하다면 유죄 판결이 선고된다. 형사재판에서는 생각보다 피해자 한 명의 목소리만이 증거로 존재하는 경우가 많다. 범죄는 보통

많은 사람의 이목이 없는 곳에서 행해진다는 점을 생각하면 객관적인 증거를 찾기 어려운 것은 당연하다. 단 한 명의 피해자의 진술만 있음에도 유죄가 선고되고, 그것이 정당한 상황을 다룬 대표적인 작품이 공지영 작가의 소설 『도가니』 및 이를 원작으로 제작된 영화다.

특수학교 자애학원의 교장은 김연두라는 청각장애인 학생에게 성범죄를 저질렀다는 공소사실로 재판을 받는다. 김연두는 피해자인 동시에 교장의 범죄에 대한 유일한 증인으로서 법정에 서서 피해 상황을 증언한다. 교장 측 변호인은 김연두가 청각장애인임에도 "노랫소리를 들었다."라고 진술한 것을 두고 진술의 신빙성이 없다고 주장하였다. 하지만 실제 김연두는 노랫소리를 인식할 수 있는 것이 확인되었고 김연두의 진술은 신뢰할 수 있는 것으로 인정된다. 교장에게는 결국 유죄판결이 선고된다.

물론 피해를 호소하는 사람이 진짜 피해자였음에도 진술의 신빙성이 없다는 이유로 피해자로 인정받지 못하기도 한다. 만화가 허영만 화백의 동명의 작품을 원작으로 2007년 제작된 최동훈 감독의 「타짜」에서 그러한 상황을 확인할 수 있다. 영화 말미에 고니는 정 마담에게 밑장빼기로 패를 주는데, 아귀는 그것을 잡아낸다. 고니가 밑장빼기를 한 것인지 여부에 따라 승패를 가르기로 했는데

정 마담이 받은 패는 '사쿠라', 즉 당시 판에서 좋지 않은 패로 밝혀진다. '고니는 정 마담에게 좋은 패를 주어 이 판을 끝내기 위해 밑장빼기를 한 것이다.'라는 아귀의 논리가 힘을 잃었고 결국 아귀는 패배한다. 아귀는 "내가 봤어, 내가 봤어."라며 피해를 호소하지만, 이는 공허한 외침일 뿐이었다.

과학기술의 발전과 그에 따른 수사기법의 발달로 점점 객관적인 증거를 수집하는 게 용이해지고 있다. 그럼에도 많은 범죄들이 은밀하게 일어나고 있으며, 이때 피해자의 진술이 유일한 증거가 된다. 따라서 피해자의 진술이 증거라는 기자의 발언은 논리적으로, 법적으로 타당하며 조롱당할 이유가 없다. 김연두와 같은 피해자의 용기 있는 진술이 없었다면 수많은 범죄자를 잡지도 처벌하지도 못했을 것이다. 한편으로 아귀처럼 어렵게 용기 내어 피해를 진술했음에도 피해자로 인정받지 못하는 억울한 경우도 많을 것이다.

억울한 피고인의 문제

그럼에도 기자의 위와 같은 발언을 위험하게 생각하고 경계해야 하는 것은 반대의 상황, 즉 누군가가 억울하게 범죄자로 몰리는 경우를 막아야 하기 때문이다. 피해자의 보호와 무죄 추정의 원칙 모두 헌법에서 규정하고 있는 중요한 가치들이다. 사람들이 기자의 위와 같은 발언을 경계하는 것은 '피해자'라는 이름이 절대적 성역과 권력이 되어 무죄 추정의 원칙을 무너뜨리고 억울한 피해자를 양산할 것이 두렵기 때문이다. 실제 기자의 발언과 같은 논리가 악용되어 많은 사람들이 곤욕을 겪고 있다. 특히 정치권과 이익단체들은 진정 피해자를 보호하기 위해서가 아니라 정치적 프로파간다와 권력 강화를 위해 자신들의 입맛에 맞게 위와 같은 논리를 활용하고 있다.

여러 증거 중에 어떤 것을 믿고 어떤 것을 믿지 않을지, 그리고 증거가 1개밖에 없을 경우 어떻게 할 것인지는 결국 판사가 판단한다. 절대적 진실을 알 수 없기에 판사는 최대한 겸손한 자세로 합리적인 시각에서 증거를 분석해야 한다. 판사는 판결을 선고하면서 사람들에게 왜 그 증거를 믿었는지 또는 믿지 않았는지 납득이 되도록 설명하고 오해의 소지를 없애야 한다.

Samuel Sewall(1652~1730): 세일럼 마을의 재판을 담당하여 수많은 피해자를 만든 판결을 한 당사자. 훗날 자신의 잘못된 판결에 대해 공식적으로 사과했다고 한다.

일반인들로서는 납득하기 어려운 판결 이유

유죄판결문에는 이유를 적어야 한다. 그런데 '이유'라는 것이 사람들이 생각하는 것과 같이 구구절절이 증거에 대한 판단을 적는 것이 아니다. 법은 증거의 요지와 적용 법조 정도만을 기재하는 것도 판결문에 이유를 적은 것으로 인정하고 있다. 그래서 대다수의 유죄판결문에서는 '증거: 피해자의 진술' 정도만이 판결 이유로 기재된다. 문제는 이러한 판결문의 이유 기재 방식이 일반 사람들의 상식과 충돌한다는 점이다. 사람들이 생각하는 '판결 이유'란 증거의 요지만 간략히 적는 것이 아니라 증거에 관하여 구체적인 판단 논리를 적는 것이다. 그렇다 보니 유죄판결문을 받은 피고인들이 변호인에게 '판사가 판결을 하면서 판결 이유도 안 쓰는 것이 말이 됩니까?'라며 하소연하는 것을 쉽게 볼 수 있다. 다만 최근에는 무죄를 주장한 사건의 경우 증거에 관하여 세세하게 분석하는 소위 '사람들이 생각하는 판결 이유'를 기재하는 판결문이 많아지고 있다.

물론 사람들이 보기에 법원의 판결문 안에는 여전히 이해할 수 없는 논리들이 있다. 예를 들어 피해자가 일관되게 진술하면 판결문에 '피해자가 일관되게 진술하는 것을 보면 믿을만하다.'라고 기재된다. 한편 피해자의 진술이 모호하고 번복되면 '피해로 인한 정신적 충격 때문에 구체적으로 기억을 못할 수도 있는 점에서 오히려 이는 피해자 진술의 신빙성을 높인다.'라는 내용이 기재되기도 한다.

사건마다 사실관계가 다르고 증거가 다르니 판결문마다 기재되는 내용이 다른 것은 당연하다. 사람들이 절대로 오해하지 않을 표현을 쓰는 것은 비현실적이며 불가능하다. 그럼에도 사람들의 위와 같은 비판에 귀를 기울여야 하는 이유는 판결 이유를 사람들이 납득하지 못할 경우 이는 사법불신으로 이어지기 때문이다. 영화 「크루서블」의 판사와 현실의 판사가 대체 뭐가 다르냐고 생각하는 사람들이 분명 존재한다. '피해자의 목소리가 증거'라는 법적으로 타당한 발언이 왜 조롱의 수단으로 전락했는지 냉정하게 따져봐야 한다.

균형이 무너질 때의 참혹함

영화 「크루서블」에서 아비게일과 소녀들은 처음에는 악마에 홀린 마녀취급을 받는다. 하지만 아비게일과 소녀들은 자신들이 오히려 피해자라고 주장하였고, 판사는 이들을 피해자로 인정했다. 그 순간 아비게일과 소녀들은 자신들의 말로 마을 사람들의 생사를 좌지우지할 수 있는 막강한 권력을 얻게 되었다. 아비게일과 소녀들은 권력을 마음대로 휘둘렀고 그 결과는 참혹했다. 실제 역사 기록에 의하면 당시 사람들은 평소 자신의 마음에 들지 않거나 자신과 이해관계가 충돌하는 사람들을 악마로 몰아 재판에 부쳤다고 한다. 1950년대 미국에서는 맥카시즘이 광기를 부렸는데 마찬가지로 사람들은 실제 여부를 따지기보다는 모함하기 위한 수단으로 다른 사람을 공산주의자라고 몰아갔다. 아서 밀러는 이러한 광기를 비판하기 위해 희곡 「크루서블」을 썼다.

절대적 진실은 결국 신만이 알고 사람들이 재판이라 부르는 것은 실상 미천한 인간들이 '이것이 진실이라고 하자.'라고 선언하는 절차에 불과하다. 피해자의 보호와 피고인의 권리 간 균형의 조화가 필요하며 비판과 의심이 불가능한 성역을 만드는 것은 지양해야 한다. 균형이 무너질 때 그 빈틈을 악용하는 사람들이 생기며 영화 「크루서블」은 그로 인해 빚어진 참극을 그려냈다. 아비게일의 목소리는 증거가 맞다. 단 믿지 못할 증거였다. 왜 아비게일과 소녀들의 목소리에 의심과 비판을 할 수 없었는지, 그리고 오늘날 재판에서 비슷한 일이 벌어지고 있지는 않은지 성찰할 필요가 있다.

영화 「크루서블」에서 아비게일에게 무고당한 마을 사람들은 억울하게 죽어가는 순간 주기도문을 외웠다. 아마도 신은 자신들의 억울함을 알아줄 것이라고 생각했기 때문일 것이다. 인간의 잘못된 재판으로 희생된 모든 사람들에게 신이 제대로 된 판결을 선고해 줬기를 바란다.

22. 피노키오의 코가 길어지는 원리

▓ 동화 『피노키오』와 위증죄

형법 제152조(위증, 모해위증)

① 법률에 의하여 선서한 증인이 허위의 진술을 한 때에는 5년 이하의 징역 또는 1천만 원 이하의 벌금에 처한다.

거짓말의 탄생

사람들은 '거짓말'을 나쁜 것으로 인식한다. 사람들은 어려서부터 거짓말을 해서는 안 된다고 배우며 거짓말을 하는 사람에 대해 '거짓말쟁이'라고 손가락질한다. 거짓말은 단지 나쁜 것에 그치는 것이 아니라 법적인 문제를 일으키기도 한다. 법은 기본적으로 거짓말을 금지하며 일정한 경우 범죄로 보아 처벌하기도 한다.

한편으로 우리는 살아가면서 너무도 많은 거짓말을 듣고 있으며 또한 거짓말을 하기도 한다. 거짓말은 나쁜 것임에도 '선의의 거짓말'이라는 역설적인 단어가 존재한다. 선의의 거짓말을 어떻게 바라

보아야 하는지는 윤리학의 영원한 난제다. 최초의 인간 아담은 뱀의 거짓말에 속아 선악과를 따 먹고 에덴동산에서 추방당했다. 아담과 하와의 큰아들 카인은 아벨을 죽이고도 신에게 '나는 모른다.'라는 거짓말을 하였다. 거짓말은 인류 역사의 시작과 함께했으며 거짓말로 인해 수많은 역사적 사건들이 발생했다. 거짓말이 없는 세상에 관하여 다룬 작품이 2009년 제작된 영화 「거짓말의 발명(The Invention of Lying)」이다. 거짓말은 나쁜 것임에도 막상 거짓말이 없는 세상은 오히려 각박하다. 이러한 세상에서 주인공 마크 벨리슨은 최초로 거짓말을 발명한다. 영화에서는 그가 발명한 거짓말 덕분에 자살하려는 사람이 희망을 얻고, 죽음을 앞둔 사람이 두려움에서 벗어나는 놀라운 일들이 생긴다.

동화 『피노키오』

거짓말을 대표하는 캐릭터는 누가 뭐라 해도 '피노키오'일 것이다. 피노키오 이야기 중 거짓말에 관한 부분은 다음과 같다. 피노키오는 목수 제페토 할아버지가 만든 나무 인형이다. 그런데 파란 요정('파란 머리 천사'라고도 불린다.)이 피노키오에게 요술을 걸어 피노키오가 움직이게 만들었다. 제페토 할아버지는 피노키오를 학교에 보냈으나, 피노키오는 학교에 가지 않고 인형극을 보러 갔다가

욕심 많은 극장 주인에게 붙잡힌다. 파란 요정은 피노키오에게 나타나 왜 붙잡히게 되었는지 물었는데 피노키오는 거짓말을 했다. 그러자 피노키오의 코가 길어졌는데, 이는 피노키오가 거짓말을 하면 코가 길어지도록 파란 요정이 주문을 걸었기 때문이다.

피노키오는 이탈리아의 작가 카를로 콜로디가 쓴 동화다. 처음에는 어린이 잡지에 「꼭두각시 인형의 이야기」란 제목으로 연재되었다가 1883년 『피노키오의 모험』이라는 책으로 출간되었다. 피노키오는 전 세계적인 인기를 끌었고 월트 디즈니사에 의해 만화 영화로 제작되기도 했다. 특히 사람들은 피노키오가 거짓말을 하면 코가 커지는 것에 주목하였다. 이에 피노키오는 영화, 드라마, 만화 등 여러 작품에서 '거짓말쟁이' 캐릭터로 등장하였다. 곤란한 질문을 받은 피노키오가 어떤 답변을 하는가에 따라 코가 길어지거나, 또는 길어지지 않거나 하여 당황하는 모습은 피노키오가 등장하는 작품에서 볼 수 있는 전형적인 클리셰다.

위증죄와 피노키오

피노키오는 '거짓말쟁이'라는 캐릭터의 특색으로 인해 '위증죄'와 엮이는 경우가 많다. 신문이나 뉴스에서 위증 사범을 피노키오에

빗대는 기사를 쉽게 볼 수 있다. 사람들은 법정에서 거짓말하는 피노키오들을 자신 있게 비난한다. 하지만 정작 사람들이 거짓말, 특히 위증죄로 처벌받을 수 있는 거짓말에 대해 잘 알고 있는 것인지 따져보면 그렇지 않다.

피노키오가 등장하는 일부 작품에서는 거짓말을 하면 코가 길어지는 것을 일종의 능력처럼 묘사한다. 예를 들어 피노키오가 시험문제를 푸는 과정에서 오답을 쓰면 코가 커지다 보니 정답을 알게 되어 문제를 다 맞힌다. 여기에는 문제를 풀면서 오답을 쓰는 것은 '사실과 다른 말을 하는 것'이므로 거짓말에 해당한다는 전제가 깔려있다. 그런데 이러한 전제에 동의하지 않는 사람들도 많을 것이다. 시험문제에 대해 오답을 쓰는 것은 문제를 틀린 것일 뿐 거짓말을 한 것으로는 볼 수 없지 않느냐는 것이다. 어린아이가 문제를 맞히지 못했다고 그 아이에게 '거짓말쟁이'라고 놀리는 것을 정당하다고 생각할 사람은 없을 것이다. 무엇을 거짓말이라고 볼 것인지는 쉬운 문제가 아니다.

1883년 초판 『Le avventure di Pinocchio. Storia di un burattino』에 수록된 피노키오 삽화

위증죄의 요건

형법 제152조는 '법률에 의하여 선서한 증인이 허위의 진술'을 하는 행위를 '위증'으로 보아 처벌한다. 위증죄가 성립하려면 우선 '법률에 의하여 선서한 증인'이어야 한다. 따라서 아무리 거짓말을 하더라도 선서한 증인이 아니라면 사기죄나 명예훼손죄로 처벌받을 수는 있을지 몰라도 위증죄로 처벌받지는 않는다. 예를 들어 경찰이나 검찰에서 조사를 받을 때는 '선서'하는 절차가 없다. 이는 경찰이나 검찰 조사 과정에서 아무리 허위 진술을 했다고 하더라도 위증죄는 성립하지 않는다는 것을 의미한다.

위증죄의 핵심은 '허위의 진술'이다. '허위의 진술'이 무엇인지 알아보기 위해 사례를 하나 들어보겠다. 사례 속 피노키오는 거짓말을 하면 반드시 코가 길어진다는 것을 절대적인 명제로 두겠다. 거짓말쟁이의 대표 캐릭터 피노키오는 길을 걷던 중 '빨간 요정이 파란 요정을 폭행하여 파란 요정의 지팡이를 빼앗는 것'을 보았다. 파란 요정은 경찰에 신고하여 수사가 진행되었다. 검사는 빨간 요정을 파란 요정에 대한 강도죄로 기소하였다. 빨간 요정에 대한 형사재판이 열렸고, 목격자 피노키오가 증인으로서 진술하게 되었다. 피노키오는 법률에 의하여 "양심에 따라 숨김과 보탬이 없이 사실 그대로 말하고 만일 거짓말이 있으면 위증의 벌을 받기로 맹세합니다."라고 선서하였다.

> 검사: 파란 요정의 요술 지팡이를 빼앗은 범인의 색깔은 붉은색
> 이었습니까?
> 피노키오: 아니오.

하지만 피노키오의 코는 길어지지 않았다. 1심 판사는 피노키오의 코가 길어지지 않은 것을 보고는 피노키오가 진실을 말하는 것으로 판단하였다. 이에 따라 1심 판사는 빨간 요정에게 무죄판결을 선고했다.

하지만 범죄현장 맞은편 편의점의 CCTV에서 빨간 요정의 범행 장면이 담긴 영상이 발견되었다. 결국, 항소심에서 빨간 요정은 유죄 판결을 선고받았다.

거짓말의 기준에 관한 여러 해석

위 사례에서 피노키오는 사실과 다른 진술을 했지만, 코가 길어지지 않았다. 이러한 일은 실제로 발생할 수 있을까? 이에 대한 해답을 얻기 위해서는 무엇을 기준으로 진술의 허위성을 판단하는지를 살펴봐야 한다. 위증죄에서 말하는 '허위의 진술'에 관하여는 크

게 두 가지 해석이 대립한다. 한 가지 해석은 '객관적 진실에 반하는 진술'을 허위의 진술로 보는 견해다. 이러한 해석에 따를 때 위 사례의 피노키오는 객관적 진실에 반하는 진술을 하였으므로 거짓말을 한 것이며, 위증죄로 처벌받아야 한다. 독일에서는 이러한 해석에 따라 증인의 진술이 객관적 진실과 다를 경우 위증죄로 처벌한다고 한다.

또 다른 해석은 객관적 진실과 합치하는지와 무관하게 '기억에 반하는 진술을 하는 것'을 허위의 진술로 보는 견해다. 대법원은 "위증죄에서의 허위의 진술이란 증인이 자기의 기억에 반하는 사실을 진술하는 것을 말하는 것으로서 그 내용이 객관적 사실과 부합한다고 하여도 위증죄의 성립에 장애가 되지 않는다(대법원 1990. 1. 17. 선고 88도580 판결 등)."라고 판단하여 이러한 해석을 채택하고 있다.

수사 실무에서 사용되는 '거짓말탐지기'도 허위의 진술에 관한 대법원의 해석과 동일한 원리로 작동한다. 당연한 이야기지만 이 세상에 절대적 진실을 판단할 수 있는 기계는 없다. 따라서 거짓말탐지기는 사람이 본인의 기억과 반대되는 말을 할 때 오는 심리적 반응을 포착하여 진술의 신빙성을 판단한다.

이러한 한국 법원의 해석에 따르면 위 사례의 피노키오는 위증죄로 처벌받지 않을 가능성이 크다. 사람의 기억과 실제가 다른 경우는 빈번히 발생한다. 위 사례에서는 이러한 경우를 상정할 수 있다. 알고 보니 피노키오는 적록색맹의 장애를 갖고 있었고 이 때문에 빨간색을 잘 보지 못했던 것이다. 피노키오가 "파란 요정의 요술 지팡이를 빼앗은 사람이 붉은색이었습니까?"라는 검사의 질문에 "아니오."라고 한 대답은 객관적 진실과는 다르지만, 피노키오의 기억과는 일치한다. 따라서 피노키오는 위증죄를 저지른 것이 아니다.

한편 사람들은 살면서 범죄 장면을 목격하는 경우가 드물다. 이 때문에 사람들은 범행 장면을 목격할 경우 이를 생생하게 기억하기도 하지만, 한편으로 너무 큰 충격을 받은 나머지 당황하여 제대로 기억하지 못하기도 한다. 피노키오는 자신의 친한 지인인 파란 요정이 강도를 당하는 장면을 목격했고, 그 충격으로 인해 가해자의 색깔을 검은색 또는 노란색으로 기억했을 수 있다. 이 경우 역시 피노키오는 기억과 일치하는 진술을 한 것이므로 위증죄로 처벌받지 않는다.

피노키오는 자타공인 거짓말을 해야 사랑받을 수 있는 캐릭터다.

위증을 피하기 위한 꼼수

다만 실무에서 위증죄가 다루어지는지는 양상은 좀 더 복잡하다. 많은 증인들은 위증죄로 처벌받지 않기 위해 단정적으로 이야기하는 것을 회피한다. 증인들은 '내 기억에는…', '밤이라 정확하지 않은데…', '눈앞이 아니라 옆에 있다 보니 모두 본 것은 아니라…'라는 식으로 본인의 진술이 부정확할 수 있다는 가능성을 내비친다. 이 경우 증인의 진술을 거짓말이라고 단정하기 어려워 위증죄의 성립 가능성이 낮아지는 것은 사실이다. 영화 「슈렉 3」에는 이러한 맹점을 다룬 장면이 있다.

「슈렉 3」에서 슈렉은 후계자를 찾기 위해 다스리던 왕국을 비워 두고 모험을 떠난다. 그런데 왕국을 노리는 프린스 챠밍이 찾아와 피노키오에게 슈렉이 어디 있는지 묻는다. 피노키오는 슈렉이 떠난 사실을 말해서는 안 되지만, 그 특성상 거짓말을 하면 코가 길어지는 문제가 있다. 이에 피노키오는 결론을 말하지 않은 채 이야기를 주저리주저리 계속 끌고 간다. 피노키오가 주저리주저리 하는 말은 객관적 진실과 다르지 않고, 피노키오의 기억과도 배치되지 않는다. 이런 식으로 피노키오는 위기를 모면하려 하지만 피노키오의 말에 답답함을 느낀 다른 캐릭터(아기 돼지 3형제)가 진실을 말해 버린다.

다만 증인이 모호하게만 이야기하는 경우에도 '객관적으로 보아 명백하게 볼 수밖에 없는 상황이었음에도 못 본 것처럼 허위 진술한다.'라고 보아 위증죄로 처벌받을 수 있다. 따라서 혹시라도 증인으로 법정에 섰을 때 이러한 전략을 취하기 보다는 사실 그대로 말하는 것이 안전하다.

파란 요정은 어떠한 해석을 따랐을까?

여기까지 오면 위 사례에서 처음에 전제한 명제가 무언가 잘못되었다는 것을 알 수 있다. '피노키오가 거짓말을 하면 반드시 코가 길어진다는 것은 절대적인 명제'로 두었지만 무엇을 '거짓말'로 볼 것인지 그 기준을 명확하게 하지 않았다. 거짓말의 정의에 대해 독일법의 해석을 따를지 아니면 한국법의 해석을 따를지에 따라 피노키오의 코가 길어지는 원리가 달라진다. 그런데 사례에서는 피노키오가 객관적 사실과 배치되는 진술을 했음에도 코가 길어지지 않았다. 아마도 파란 요정은 피노키오에게 한국법의 기준에 따라 요술을 건 것으로 보인다.

위에서 언급한 일부 작품들의 설정, 즉 '오답을 쓰면 코가 커지다 보니 정답을 알게 되어 문제를 다 맞히는 피노키오'를 다시 한번 살펴 보자. 만일 파란 요정의 요술이 독일법의 해석을 기반으로 했다면 실제 피노키오는 오답을 쓸 때마다 코가 길어지게 되므로 그 능력을 활용하여 정답을 맞힐 수 있다. 하지만 파란 요정이 한국법의 해석을 기반으로 요술을 걸었다면 오답을 썼더라도 피노키오 입장에서는 정답이라고 생각하여 쓴 것이므로 피노키오의 기억에 반하는 것이 아니다. 따라서 피노키오의 코는 길어지지 않으며, 피노키오는 본인의 실력에 맞는 점수를 받을 것이다.

피노키오에게 생명을 주는 파란 요정: 파란 요정이 '거짓말'의 개념에 관한 초기 설정 작업을 어떻게 했는지에 따라 피노키오의 코가 길어지는 경우는 달라진다.

독일법의 해석을 두고 '사람이 기억을 잘 못 할 수도 있지 처벌까지 하는 것은 너무한 것 아니냐?'라고 생각할 수 있다. 다만 이는 위증죄에 관한 한국법과 독일법의 내용이 다르기 때문이다. 독일에서는 기본적으로 과실에 의한 위증죄를 처벌하고 있다. 허위 진술을 할 고의는 없었지만, 과실로 객관적 진실에 반하는 진술을 할 경우 국가의 사법 기능에 대한 침해가 발생하는 점을 고려하여 처벌하는 것이다. 이에 반하여 한국법은 '고의에 의한' 위증만을 처벌하고 있다. 따라서 무엇을 '허위의 진술'로 볼 것인지에 관하여 한국법과 독일법 간 해석 차이가 발생하는 것이다.

끝나지 않는 피노키오의 대모험

　CCTV와 블랙박스의 발달, 그리고 스마트폰 카메라의 발전과 보급으로 사람의 진술 외에도 다양한 증거들이 현출되는 시대가 도래했다. 그럼에도 증언은 여전히 중요한 증거이며 많은 사건에서 목격자의 진술이 범죄 해결의 실마리가 되고 있다. 거짓말은 역사의 시작부터 인류와 함께했고 지금도 전 세계에서 많은 사람들이 거짓말을 하고 있다. 그렇기에 19세기에 집필된 동화에 등장하는 피노키오는 시대와 지역, 소설과 만화, 영화와 신문기사를 뛰어넘어 사람들로부터 '거짓말쟁이'로 비난받고 또한 사랑받는 것이다.

작가 카를로 콜로디는 피노키오가 더 이상 거짓말을 하지 않아 파란 요정의 축복으로 진짜 소년이 되어 제페토 할아버지, 친구들과 행복하게 사는 것으로 『피노키오의 모험』을 끝냈다. 하지만 작가의 의도와 다르게 피노키오의 모험은 시대와 나라를 초월해 인류가 거짓말을 하는 한 계속될 것이다.

23. 프랑켄슈타인이 괴물을 만든 방법

▥▥ 소설 『프랑켄슈타인』과 아동학대

아동복지법 제2조(기본 이념)

① 아동은 자신 또는 부모의 성별, 연령, 종교, 사회적 신분, 재산, 장애 유무, 출생지역, 인종 등에 따른 어떠한 종류의 차별도 받지 아니하고 자라나야 한다.

② 아동은 완전하고 조화로운 인격발달을 위하여 안정된 가정환경에서 행복하게 자라나야 한다.

③ 아동에 관한 모든 활동에 있어서 아동의 이익이 최우선적으로 고려되어야 한다.

④ 아동은 아동의 권리보장과 복지증진을 위하여 이 법에 따른 보호와 지원을 받을 권리를 가진다.

제3조(정의) 이 법에서 사용하는 용어의 뜻은 다음과 같다.

⑦ '아동학대'란 보호자를 포함한 성인이 아동의 건강 또는 복지를 해치거나 정상적 발달을 저해할 수 있는 신체적·정신적·성적 폭력이나 가혹행위를 하는 것과 아동의 보호자가 아동을 유기하거나 방임하는 것을 말한다.

부모의 자식에 대한 사랑

사람들은 부모의 자식에 대한 사랑, 즉 모성애와 부성애를 무조건적이며 절대적인 것으로 생각한다. 수많은 문학 작품과 영화들이 부모의 자식에 대한 헌신적인 사랑을 다룬다. 봉준호 감독의 2009년 영화 「마더」에서는 아들을 구하기 위해 무슨 일이든지 하는 엄마가 등장한다. 조승우, 김미숙 주연의 2005년 영화 「말아톤」 속 엄마는 장애를 가진 자식을 위해 자신의 인생을 바친다. 인간만이 자식에 대해 절대적인 사랑을 주는 것이 아니며, 짐승의 세계에서도 자식을 위해 목숨을 버리는 어미의 모습을 쉽게 볼 수 있다.

부모의 자식에 대한 절대적인 사랑의 비밀에 관하여 오랜 세월 많은 학자들이 연구했고, 이에 관한 다양한 이론이 존재한다. 다만 확실한 것은 자녀를 아끼고 절대적으로 사랑하는 생명체가 그렇지 않은 생명체보다 세상에 살아남을 확률이 높다는 점이다. 어린 생명체가 세상에 살아남으려면 강한 존재의 도움이 필수적이다. 이러한 도움을 줄 수 있는 것은 바로 어린 생명체의 부모다. 그래서 많은 사람들은 생명체가 자신의 자녀를 절대적으로 보호하는 것은 세상에서 살아남기 위해 신 또는 자연법칙에 의해 프로그램된 것이라고 설명한다.

천륜을 거스르는 범죄: 아동학대

하지만 부모의 자식에 대한 절대적인 사랑에도 예외는 있다. 우리는 뉴스를 통해 친부모에 의해 행해지는 수많은 아동학대 사건을 접할 수 있다. 통계에 따르면 전체 아동학대 사건 중 상당 부분은 친부모에 의해서 이루어지며, 친부모가 자녀를 죽음에 이르게 했다는 소식도 종종 들려온다. 우리나라에서는 2015년에 발생한 친부에 의한 인천 11세 아동학대 사건이 계기가 되어 2016년도부터 초등학교 장기결석 아동에 대해 정기적으로 조사를 벌이고 있다. 그리고 조사 과정에서 수많은 아동학대 사건이 밝혀지고 있으며 이는 현재진행형이다.

아동학대는 피해자의 특성 및 피해자와 가해자의 관계를 고려할 때 매우 심각한 범죄다. 아동은 범죄에 대해 저항하거나 피할 능력이 부족하다. 아동은 본인이 피해를 당하는 것에 대해 인지하지 못하며 피해 상황으로부터 구해달라고 요청하기 힘들다. 아동을 학대하는 사람은 대체로 아동과 밀접한 관계가 있는 사람, 즉 부모인 경우가 많다. 자녀는 부모에 대해 정서적, 경제적으로 의지할 수밖에 없다. 따라서 부모로부터 학대를 당하기도 쉬우며, 학대를 당하더라도 저항하기 어렵고, 학대 상태에서 벗어나려 시도하는 것도 쉽지 않다.

아동학대의 가장 큰 문제점이자 슬픈 부분은 학대가 대물림된다는 것이다. 학대를 당한 아동은 나중에 어른이 되어 자녀를 낳게 되었을 때 자녀에게 학대를 행사할 가능성이 크다는 연구결과가 있다. 끔찍한 아동학대 사건의 가해자가 알고 보니 본인도 어린 시절 부모로부터 학대를 당했다는 뉴스를 쉽게 찾아볼 수 있다. 무엇보다 어린 시절은 그 사람의 인격이 형성되는 중요한 시기라 할 수 있다. 이런 시기의 학대 경험은 그 사람의 제대로 된 인격 형성을 방해한다. 학대당한 아동은 결국 비뚤어진 어른으로 자라며 그로 인해 수많은 사람들이 피해를 입게 되는데 이러한 악순환은 반복된다.

소설 『프랑켄슈타인』

아동학대의 설명을 위해 준비한 작품은 소설 『프랑켄슈타인』이다. 『프랑켄슈타인』은 영국의 여성 소설가 메리 셸리(Mary Wollstonecraft Shelley)의 1818년 발표 작품으로 원제는 '프랑켄슈타인: 현대의 프로메테우스(Frankenstein, or The Modern Prometheus)'다. 이 작품은 SF 문학의 효시로 알려져 있으며 발표 후 많은 인기를 끌었다. 프랑켄슈타인은 현대에 들어와서 여러 차례 영화로 제작되었다. '죽은 사람의 사지와 장기가 모여 만들어진

괴물'이라는 설정은 다른 여러 작품에서 차용되었으며, 이를 통해
다양한 모습의 괴물들이 탄생하였다.

FRANKENSTEIN;

OR,

THE MODERN PROMETHEUS.

IN THREE VOLUMES.

Did I request thee, Maker, from my clay
To mould me man? Did I solicit thee
From darkness to promote me?——
PARADISE LOST.

VOL. I.

London:
PRINTED FOR
LACKINGTON, HUGHES, HARDING, MAVOR, & JONES,
FINSBURY SQUARE.

1818.

1818년 프랑켄슈타인 초반 표지

프랑켄슈타인의 이야기는 이렇다. 스위스의 연구가 빅터 프랑켄
슈타인은 고대의 여러 과학자와 철학자들로부터 생명창조에 대한
영감을 받는다. 프랑켄슈타인은 결국 생명체(괴물, creature)를 만

들어내지만, 그는 너무나도 흉측한 괴물의 모습을 하고 있었다. 프랑켄슈타인은 생명체로부터 도망치는데, 생명체는 혼자서 세상을 살아가다가 프랑켄슈타인의 가족을 해친다. 생명체는 프랑켄슈타인에게 여자 생명체를 만들어주면 사람들이 없는 곳에 가서 조용히 살겠다고 약속한다. 하지만 프랑켄슈타인은 또다시 끔찍한 괴물을 만들지 모른다는 생각에 여자 생명체 만드는 작업을 중단한다. 분노한 생명체는 급기야 프랑켄슈타인의 친한 친구와 부인마저 살해하고 북극으로 도망간다. 프랑켄슈타인은 생명체를 죽이기 위해 쫓아가지만 끝내 잡지 못하고 비참하게 눈을 감는다.

사실 프랑켄슈타인은 '어린아이'?

사람들은 '프랑켄슈타인'이라는 이름을 들으면 자연스럽게 죽은 사람의 팔다리와 장기를 재조립해서 만든 괴물을 떠올린다. 이 괴물은 흉측하고 거대한 외모에 힘이 세고 초인적인 능력을 가지고 있다. 이는 미디어, 특히 프랑켄슈타인에 등장하는 생명체를 괴물처럼 묘사한 2차 창작물의 영향 때문이다. 하지만 소설 속 생명체는 흉측한 외모를 갖고 태어났지만, 한편으로 전형적인 어린아이의 모습을 보인다. 생명체는 말을 할 줄 몰랐지만 자신을 창조한 프랑켄슈타인, 즉 자신의 부모를 보고 웃는다. 태어난 지 얼마 되지 않아 말을 하지 못하는 아이가 부모를 보고 웃는 모습을 떠올려보자.

생명체는 무엇이 옳고 그르며 어떻게 행동해야 하는지 판단할 능력이 없었다. 생명체는 주변 사람들과 소통하고 인간관계를 맺을 줄 모르는 무지한 존재였다. 다만 창조자인 프랑켄슈타인의 설계 덕분에 뛰어난 신체 조건을 구비하였으며 생명체는 이를 활용하여 그럭저럭 살아갈 수 있었다. 소설에서는 신체의 미세한 부위를 만들려고 하다 보니 어쩔 수 없이 생명체의 키가 240cm인 거구가 되었다고 설명한다. 그런데 프랑켄슈타인은 자신이 만든 생명체, 어찌 보면 자신의 아들을 보고는 '끔찍하다'라는 반응을 보이며 생명체를 방치한다. 프랑켄슈타인은 친구가 자신의 집에 찾아왔을 때 생명체의 모습을 들킬까 봐 전전긍긍했고, 생명체가 사라진 것을 확인하고는 즐거워한다.

프랑켄슈타인의 방임

아동복지법에서는 아동의 학대를 금지하면서 아동학대의 한 유형으로 '방임'을 규정하고 있다. 방임이란 고의적, 반복적으로 아동 양육과 보호를 소홀히 함으로써 정상적인 발달을 저해하는 모든 행위를 말한다. 생명체는 좋든 싫든 프랑켄슈타인이 직접 만들어

낸 생명체다. 프랑켄슈타인은 생명체에 대한 창조주, 즉 아버지라 할 수 있다. 창조주, 아버지는 본인의 자녀에 대한 책임이 있다. 이를 법에서는 양육의무라고 한다.

프랑켄슈타인은 창조주로서 또한 아버지로서 자신이 만든 생명체를 양육할 의무가 있다. 그러나 프랑켄슈타인은 생명체의 외모가 흉측하고 무섭게 생겼다는 이유로 생명체를 경멸의 눈으로 바라보며 도망쳤다. 프랑켄슈타인은 생명체가 자신의 집에서 떠나 어디론가 가버린 것을 알았을 때 생명체를 찾아야겠다는 생각을 전혀 하지 않았다. 프랑켄슈타인은 오히려 흉측한 생명체가 없어졌다고 좋아했다. 프랑켄슈타인의 행동은 전형적인 아동에 대한 방임이다. 프랑켄슈타인은 아동학대범인 것이다.

아동학대의 결과

본인의 창조주, 아버지로부터 버림받은 생명체는 어떻게 되었을까? 생명체는 결국 홀로 방황하면서 간신히 음식을 구해 먹으며 생명을 부지했다. 생명체는 그 흉측한 외모 때문에 사람들로부터 멸시와 천대를 받았다. 생명체는 자신의 외모가 아름답지 않다는 것을 알고는 사람들의 눈에 띄지 않기 위해 노력했다. 생명체는 사람들을 몰래 엿보며 말과 글을 익히고 역사와 철학 등 학문을 배웠다. 제대로 된 교육을 받지 못했음에도 언어와 문자를 사용하고 철학적 사유를 하는 것을 보면 소설 속 생명체는 꾀나 영리한 존재로 보인다. 아마도 그 창조주인 프랑켄슈타인의 지능을 이어받았기 때문일 것이다.

그러나 생명체는 인간으로부터 멸시받는 경험을 반복했고, 결국 인간에 대해 증오심을 키운다. 생명체는 사랑과 관심을 갈구하며 호의를 갖고 인간들에게 접근했다. 하지만 인간들의 생명체에 대한 응답은 비명과 폭력이었다. 방임과 학대가 이어진 결과 생명체는 결국 처음에 가지고 있었던 인간에 대한 호의, 믿음을 상실했고 인간을 증오하는 존재가 되어 버렸다.

이후의 상황은 파국의 연속이다. 생명체는 자신의 문제, 즉 인간에게 멸시받는 천하고 외로운 존재라는 상황을 해결해 줄 이는 창조주인 프랑켄슈타인밖에 없다고 생각한다. 생명체는 프랑켄슈타인을 찾아가지만 결국 쌓여 있던 인간에 대한 증오가 폭발하여 프랑켄슈타인이 사랑하는 가족을 살해하게 된다. 프랑켄슈타인은 생명체의 행동에 분노하고 생명체를 더욱 경멸한다. 이에 다시 생명체가 프랑켄슈타인에게 실망하고 복수하는 악순환이 반복된다.

생명체는 프랑켄슈타인에게 여자 생명체를 만들어주면 인간세계에서 멀리 떨어진 곳으로 가 둘이서만 살고 인간들에게는 더 이상 해를 끼치지 않겠다는 타협안을 제시한다. 처음에 프랑켄슈타인은 생명체의 제안을 긍정적으로 받아들인다. 하지만 또다시 괴물을 만들지도 모른다는 두려움에 여자 생명체를 만드는 작업을 중단한다. 인간에게 기대한 마지막 호의마저 거절당한 생명체는 프랑켄슈타인이 사랑하는 모든 것을 파괴한다.

1931년 영화 프랑켄슈타인의 주인공 일러스트: 흔히 떠올리는 괴물의 모습은 영화가 만들어 낸 이미지의 영향이 크다.

프랑켄슈타인의 안이한 생각

일련의 과정에서 프랑켄슈타인은 심각한 오류를 범했다. 프랑켄슈타인은 자신이 만든 생명체가 '괴물'이라고 생각한다. 문제는 프랑켄슈타인이 만든 생명체가 처음부터 괴물이었던 것은 아니라는 데 있다. 프랑켄슈타인이 만든 생명체는 흉측한 외모를 하고 있었으나 그 심성은 흉측하지 않았다. 프랑켄슈타인은 생명체에게서 '비열함'을 느꼈다고 하나 세상에 갓 태어나 말도 제대로 못 하는 존재가 비열하려면 얼마나 비열할 수 있겠는가? 실제 소설 속 생명체가 태어난 지 얼마 되지 않아 사람들로부터 핍박받는 모습에서는 비열함이 아닌 순진함이 느껴질 뿐이다.

이러한 생명체가 사람을 증오하고 살인을 하게 된 것은 환경적 요인이 크다. 프랑켄슈타인은 생명체를 방치하고 증오했다. 갓 태어난 생명체의 눈에 들어온 것은 자신의 창조주이자 아버지가 보내는 경멸의 눈빛이었다. 이후 생명체는 홀로 살아야 했고 그 과정은 매우 혹독했다. 생명체가 아버지인 프랑켄슈타인과 제대로 된 인간관계를 맺었더라면 인간을 증오하면서 서슴지 않고 살인을 저지르는 존재가 되지는 않았을 것이다. 그럼에도 프랑켄슈타인은 생명체를 태생적인 괴물로 취급하면서 생명체가 당면한 문제에 아무런 관심을 기울이지 않았으며, 이를 해결해주려는 최소한의 노력도 하지 않았다.

또 다른 비극의 씨앗이 된 학대

　프랑켄슈타인은 생명체를 비난하였다. 하지만 비록 생명체가 살인을 저질렀다고 하더라도 그를 직접 만들고 방치한 프랑켄슈타인은 책임감을 느끼고 상황을 바로 잡기 위해 노력했어야 한다. 프랑켄슈타인이 생명체를 욕하고 저주하는 것은 방임의 차원을 넘어 적극적으로 정서적 학대를 가한 것이다. 비록 자신을 버린 비정한 아버지였지만, 그래도 문제를 해결해 줄 사람은 프랑켄슈타인밖에 없다고 생각했던 생명체로서는 더 이상 기댈 곳도, 믿을 사람도 없는 상황에 빠지게 되었다. 세상에 누구도 자신의 편이 없고 부모마저 자신을 증오한다면 그 사람은 무슨 선택을 할 수 있을까?

　프랑켄슈타인은 괴물을 만들었다. 하지만 프랑켄슈타인이 처음에 만든 것은 괴물이 아닌, 말도 못하고 선악에 대해 알지 못하는 그저 어린 생명체에 불과했다. 프랑켄슈타인은 생명체의 창조자이자 아버지로서 책임을 다하지 않은 채 방임과 정서적 학대를 가했다. 생명체는 바로 이러한 방임과 정서적 학대를 겪으며 진짜 '괴물'이 되고 만다. 이후 생명체가 저지른 범죄는 프랑켄슈타인이 뿌린 학대라는 씨앗의 열매라고 할 수 있다.

Birth Of Venus(1485)— Sandro Botticelli(Italian, 1444~1510): 탄생 때부터 축복받은 비너스와 달리 아름답지 못하게 태어났다는 이유로 생명체는 창조자에게 버림받고 학대당하였다.

생명체의 이름

사람들은 흔히 생명체의 이름을 프랑켄슈타인으로 알고 있다. 하지만 프랑켄슈타인은 생명체를 만든 사람의 이름이고 생명체 자체는 이름이 없다. 프랑켄슈타인은 자신이 만든 피조물에 대해 이름조차 붙여주지 않았다. 이러한 프랑켄슈타인의 행동을 보고 있노라면 태어난 자녀에 대해 출생 신고조차 하지 않고 학대와 방임을 일삼아 뉴스에 나온 부모들의 모습이 떠오른다. 프랑켄슈타인은 생명체에게 이름을 붙여주지 않았기에 결국 사람들은 괴물의 이름을 프랑켄슈타인으로 기억하고 있다. 이는 아동학대를 저지른 사람은 학대당한 아동이 벌이는 범죄로 인한 끔찍한 결과에 대해 책임져야 한다는 논리적 귀결을 보여준다.

소설 속 생명체는 이름도 없고, 창조주에게 버림받았고, 제대로 된 인간관계를 맺지도 못했다. 하지만 생명체는 오늘날 수많은 작품 속에 등장하며 가족을 이루기도 하고 친구들과 함께 역경을 헤쳐나가기도 한다. 몇몇 작품에서 사람들은 생명체에게 '프랑켄'이라는 애칭을 붙여줬다. 사람들은 프랑켄의 흉측한 외모 안에 숨겨진 고운 마음에 주목하였고 괴물이 아닌 영웅의 역할을 맡겼다. 더 이상 프랑켄은 괴물이 아닌, 좀 무섭게 생기긴 했지만 알고 보면 친근하고 착한 존재로 인식되고 있다. 프랑켄슈타인이 만든 이름 없는 괴물을 친숙하고 착한 영웅 '프랑켄'으로 만든 것은 다름 아닌 사람들의 따뜻하고 친근한 관심이었다는 것을 기억하자.

24. 조사실의 국선변호인

▥▥ 영화 「부당거래」과 국선변호제도

> 헌법 제12조
>
> ④ 누구든지 체포 또는 구속을 당한 때에는 즉시 변호인의 조력을
> 받을 권리를 가진다. 다만, 형사 피고인이 스스로 변호인을 구할
> 수 없을 때에는 법률이 정하는 바에 의하여 국가가 변호인을 붙
> 인다.

국선변호의 세계

필자는 2014년부터 2020년까지 6년간 서울서부지방법원 국선전
담변호사로 활동했다. '국선전담변호사'란 맡게 되는 사건 수에 관
계없이 법원으로부터 매월 고정적인 국선 변호료를 지급받되 오직
국선변호 사건만을 수행하기로 법원과 일종의 계약을 체결한 변호
사를 가리킨다. 임기는 2년인데 특별한 문제가 없으면 2번 갱신되
어 6년 동안 근무할 수 있다. 6년이 지나면 다시 신규 국선전담변
호사로 지원 후 선발되어야 국선전담변호사로서의 활동을 이어갈

수 있다. 필자의 동료 중에는 무려 16년 간 국선전담변호사로 활동 중인 사람도 있다.

　필자는 대한법률구조공단 소속 공익법무관으로 법조 경력을 시작했는데, 이 당시도 상당히 많은 국선변호사건을 처리했다. 국선전담변호사 활동을 끝낸 후에는 1년간 논스톱 국선변호인 활동을 하기도 했다. 논스톱 국선변호인은 국선전담변호사와 대비되는 '일반국선'의 일종이다. 순번을 정해 사건을 맡으며 영장 발부 단계에서부터 1심 판결이 선고 될 때까지 논스톱으로 피의자 및 피고인에게 국선변호 서비스를 제공한다. 사건 수나 국선변호료가 보장되지는 않으나 자유롭게 다른 사건의 수임이 가능하다. 이처럼 필자의 법조 경력 중 상당 부분은 국선변호인 제도와 연관되어 있다. 따라서 필자는 국선변호인 제도나 그 실상에 관하여 꽤 잘 안다고 자부한다.

국선전담변호사 사무실 모습

'국선변호인'을 단어 그대로 풀이하자면 국가(國)가 선임(選)한 변호인을 말한다. 세상 사람들은 국선변호인을 크게 두 가지 시선으로 바라본다. 하나는 돈 없고 힘없는 억울한 피고인의 권리를 보호해주는 정의의 수호자로 보는 시각이다. 또 다른 시각은 국선변호 사건은 돈이 되지 않는다는 이유로 대충대충 불성실하게 변론하는, 그래서 있으나 마나 한 무능력한 존재로 보는 것이다. 사람들의 이러한 시각은 어떤 과정을 통해 형성되었을까? 대부분의 사람들은 일생 동안 범죄에 연루되어 수사를 받거나 국선변호인을 만나거나 하는 경험을 할 일이 없다. 따라서 사람들이 국선변호인에 대해 갖는 이미지는 주로 영화나 드라마와 같은 미디어를 통해 간접적으로 얻은 정보에 기반하여 형성된 것으로 보인다.

미디어에는 상반되는 두 모습의 국선변호인들이 나온다. 미디어에서는 '불성실한 태도로 자신이 마치 경찰인 것처럼 피의자 또는 피고인으로부터 자백을 받아내려는 국선변호인'과 '정의감에 불타올라 발로 현장을 뛰며 피의자 또는 피고인의 마음을 헤아려 성심성의껏 변론을 하는 국선변호인'이 모두 등장한다. 사람들은 후자를 이상적인 국선변호인으로 생각하면서 전자를 비판한다. 그리고 실제 국선변호인의 조력을 받는 많은 피고인들은 자신의 국선변호인이 후자처럼 일해주기를 바란다. 세상에는 좋은 검사, 나쁜 검사가 있고 좋은 판사, 나쁜 판사가 있듯이 국선변호인도 좋은 국선변호인과 나쁜 국선변호인이 있다. 따라서 미디어에 나오는 국선변호인 역시 때로는 긍정적으로 때로는 부정적으로 묘사되는 것은 당연하다.

영화 「부당거래」

국선변호인 제도와 관련하여 소개할 작품은 2010년 개봉한 영화 「부당거래」다. 부당거래는 류승완 감독이 제작한 영화로, 황정민, 류승범, 유해진, 천호진, 마동석, 이성민 등의 연기파 배우들이 다수 출연했다. 특히 "호의가 계속되면 그게 권리인 줄 알아요." 등 여러 명대사는 지금도 사람들 사이에서 회자되고 있다. 부당거래에서 국선변호인이 나오는 장면은 다음과 같다. 경찰은 살인 사건의 해결을 위해 전과자 이동석을 잡아 고문하여 허위 자백을 받아낸다. 이동석은 '검찰 조사실'에서 국선변호인을 만나 자신은 억울하니 정신감정을 받게 해 달라고 요청한다. 이에 대해 국선변호인은 "나 30만 원 받아요. 내가 하루 30만 원 받고 검찰에 종일 남아 있어야겠어요?", "그러면 국선 아니면 내가 정신 나갔습니까? 당신 같은 사람 변호하게." "아이고 뭐가 그럴 일이 없어요, 그럴 일 없으면 돈 많이 주고 좋은 변호사 선임하세요. 네, 정신감정 같은 소리 하지 마세요."라며 나름의 명대사를 내뱉는다. 국선변호인은 이동석의 말을 들어주지 않으며 이동석에게 변호인으로서의 제대로 된 조력을 제공하지도 않는다. 참고로 국선변호인 역을 맡은 배우 황병국은 2016년 개봉 영화 「검사외전」에서도 국선변호인을 연기한, 나름 국선변호인 전문 배우라고 할 수 있다.

이동석의 국선변호인은 언제 선임되었을까?

미국 드라마나 영화에서는 경찰 조사를 받던 사람이 갑자기 "변호사를 불러 달라."며 진술을 거절하는 장면이 나온다. 이후 변호사가 와서 상담한 후 진술에 대해 이런저런 코치를 하고 경찰은 난감해한다. 하지만 우리나라의 국선변호인 제도 아래에서 이러한 장면은 보기 어렵다. 헌법에는 형사 피고인, 즉 검찰 수사까지 받고 기소된 사람에 대해 국선변호인을 선임해 준다고 되어 있다. 국선변호인은 '재판' 과정에서 선임되며 국가기관 중 법원이 피고인에게 국선변호인을 선임해준다. 원칙적으로 경찰이나 검찰 조사를 받는 사람(피의자)은 국선변호인의 조력을 받을 수 없다. 우리나라에서 경찰 조사를 받다가 미국 영화나 드라마처럼 "변호사 불러주세요."라고 하면 "댁이 알아서 부르세요."라는 말을 들을 것이다.

그렇다면 검찰 수사를 받고 있어 아직 기소되지 않은 피의자 이동석에게 국선변호인이 있는 것은 오류처럼 보일 수 있지만 실상은 그렇지 않다. 형사소송법은 구속영장이 청구된 사람에게는 국선변호인을 선임해 줘야 한다고 규정한다. 그리고 영장 단계에서 선임된 국선변호인은 영장이 발부된 경우 1심 재판이 끝날 때까지 국선변호인으로서의 지위를 유지한다. (형사소송법 제201조의 2(구속영장 청구와 피의자 심문) ⑧ 심문할 피의자에게 변호인이 없는 때에는 지방법원판사는 직권으로 변호인을 선정하여야 한다. 이 경우 변호인의 선정은 피의자에 대한 구속영장 청구가 기각되어 효력이 소멸한 경우를 제외하고는 제1심까지 효력이 있다.)

영장실질심사 법정 옆 피의자 접견 공간: 국선변호인은 영장심사 직전 이곳에서 이동석과 처음 만났을 것이다.

이동석은 살인이라는 중대한 범죄를 저지른 혐의로 구속되었다. 이동석은 스스로 변호인을 선임할 능력이 없었기에 영장심사를 담당한 판사는 법에 따라 이동석에게 국선변호인을 선정해줬을 것이다. 이동석에 대한 영장은 발부되었으므로 국선변호인의 지위는 1심 재판까지 계속 유지된다. 경찰 및 검찰 수사단계에서도 해당 변호인은 계속 이동석의 국선변호인이다. 따라서 이동석의 검찰 수사과정에서 국선변호인이 조사실에 방문하여 이동석과 면담을 하는 것은 법적으로 가능한 장면이다.

생각보다 성실한 이동석의 국선변호인?

하지만 실무에서 저런 장면은 거의 찾아보기 힘들다. 현실적으로 영장 단계 국선변호인이 경찰 및 검찰 조사에 참여하는 등 실질적인 변론을 진행하는 것은 매우 이례적이다. 검찰은 피의자를 조사하기 전 국선변호인에게 연락하여 '조사에 참여하실 것인지' 물어보지만, 대부분의 국선변호인은 '참여하지 않겠다.'고 답변한다. 필자도 피의자가 '국선변호인 없이는 조사를 절대 받지 않겠다.' 하여 조사가 제대로 이루어지지 못하는 상황에서 검찰 수사관의 간곡한 요청에 따라 조사실에 방문한 적이 몇 차례 있을 뿐이다. 국선변호인은 사건이 법원으로 넘어가면 그때 비로소 구치소를 찾아가 '피고인'을 만나는 것이 보통이다. 국선변호인이 수사 중인 사건과 관련하여 검사실에 찾아가는 것은 매우 드문 일이다.

그런데 놀랍게도 영화 속 국선변호인은 검찰 조사실에 찾아가 조사를 받으려는 이동석과 '면담'이라는 것을 진행했다. 국선변호인은 심지어 '경찰 조사 때는 바빠서 못 갔다.'라며 이동석에게 형식적인 사과까지 했다. 사람들은 영화 속 국선변호인이 '30만 원'을 강조하며 불평하는 모습만을 기억한다. 하지만 대부분의 국선변호인들이 기소 전에는 구치소 접견도 잘 가지 않는 점을 고려할 때, 검찰 조사실까지 찾아가는 이동석의 국선변호인은 평균보다 훨씬 친절하고 성실한 국선변호인이라고 할 것이다.

국선변호인의 이상과 현실

사람들은 국선변호인에게 '돈 없고 힘없는' 피고인의 '억울함'을 풀어 줄 것을 기대한다. 그래서 국선변호인은 비록 적은 보수를 받더라도 사건 현장을 뛰며 '거대한 악의 세력'을 무너뜨릴 '증거를 찾아 주는 역할'을 해 주기 원한다. 그러나 이는 수사 및 형사재판의 현실을 잘 모르고 하는 생각이다. 국선변호를 받는 피고인이 꼭 돈 없고 힘없는 사람만 있는 것은 아니다. 필자가 만난 국선피고인들 중

건물주가 한둘이 아니다. 피고인들 상당수는 별로 억울할 것이 없다. 전체 사건 중 무죄 판결이 차지하는 비율은 미미하다. 거대한 악의 세력은 애초부터 존재하지 않는다. 증거는 이미 경찰과 검찰이 잘 조사한 경우가 대부분이다. 영화나 드라마에서 나오는 수사기관의 고문은 오래전에 근절되었다.

검사실: 국선변호인이 피의자 조사 참여를 위해 검사실에 방문한다는 것은 매우 이례적이다.

어떤 변호사는 국선변호를 하는 과정에서 증거를 살펴본 후 나름대로 피고인의 무죄를 확신했다고 한다. 이에 성심성의껏 변론을 했으나 피고인에게는 최종적으로 유죄 판결이 선고되었다. 문제는 그 사건이 사회적으로 큰 물의를 일으킨 반인륜적인 범죄였다는 점이다. 사건이 여론의 조명을 받자 사람들은 국선변호인에 대해서 엄청난 비난을 퍼부었다. 필자도 국선전담변호사 활동을 하는 과정에서 검찰 측 증거와 법리에 큰 문제가 있다고 생각한 사건이 있었다. 필자는 국민참여재판까지 진행하면서 열심히 변론했고, 배심원들은 필자의 변론에 공감하여 4 대 3의 무죄 평결을 내렸다. 그러나 재판부는 평결을 뒤집고 피고인에게 유죄 판결을 선고했다. 문제는 이 판결이 뉴스에 나오자 인터넷 기사에는 피고인은 물론이고 국선변호를 한 필자까지 조롱하는 댓글이 달려 곤혹스러웠던 적이 있다.

국선변호인도 사람이고 욕먹는 것을 원하지 않는다. 게다가 공무원인 판사나 검사와 다르게 국선변호인은 기본적으로 자영업자인 변호사이다 보니 고정적인 월급을 받지 않는다. 국선전담변호사는 월급 비슷하게 고정적인 돈을 받지만 보통 임기가 6년밖에 되지 않는다. 국선전담변호사가 받는 돈은 '국선 변호료'이며 이는 급여가 아닌 매출이다. 이 매출에서 사무실 운영비, 직원 월급 등을 직접 지출해야 한다.

국선변호인은 왜 의욕이 없을까?

변호사도 평판을 관리해야 하고 나중을 생각해야 하는데 결과가 어떻게 될지 모르는 도박을 할 이유가 없다. 우리나라의 형사재판 무죄율은 3%가 채 되지 않는다. 피고인이 무죄를 받을 확률이 절대적으로 낮은 상황에서 피고인에게 유죄가 선고될 경우 여론의 엄청난 비난을 받을 것이 예상된다면 국선변호인에게 열정적인 변론을 할 동기가 있을까? 특히 죄명이 살인, 강간과 같은 반인륜적 범죄라면 말이다.

영화 속 이동석의 국선변호인이 이동석을 위해 최선을 다해 변론했다고 해보자. 영화에서는 DNA 검사를 통해 이동석이 진범이었던 것으로 밝혀진다. 이러한 사정이 뉴스에 나올 경우 국선변호인은 아동연쇄살인범을 감싼 추악한 인간으로 온갖 조롱을 당할 것이다. 무죄 변론은 필연적으로 범죄 피해자에 대한 공격이 될 수밖에 없다. 자녀를 잃은 부모의 가슴에 대못을 박은 냉혈한 변호사가 되어 여론의 조리돌림을 당할 것이다. 30만 원 받고 수행한 사건 때문에 사무실에는 항의 전화가 폭주할 것이다.

여기서 자백권유의 문제가 나온다. 무죄가 나올 확률은 낮은 반면 무죄를 주장하는 것은 '반성을 하지 않는다.'라는 불리한 양형

요소로 작용한다. 이러한 상황에서 마냥 무죄를 주장하는 것이 과연 피고인의 이익을 위한 것인지도 생각해봐야 한다. 통계적으로 무죄 확률이 높지 않고 무죄 주장을 했을 때 얻게 되는 불이익이 크다면, 무죄 주장을 계속하는 것과 억울하지만 자백하는 것 중 어느 것이 피고인의 이익에 더 부합하는가? '진실을 밝히는 것'이야말로 피고인에게 가장 이익이 되겠지만, 그 진실이라는 것이 정말 존재하는지, 그리고 밝혀질 수 있는 것인지 생각해 볼 필요가 있다. 특히 폭행, 절도, 명예훼손과 같은 경미한 범죄에서는 더욱 그렇다.

서울남부구치소 건물: 보통 국선변호인들은 검찰 조사실이 아닌 구치소에서 피고인과 최초 접견을 진행한다.

돈 문제 역시 언급하지 않을 수 없다. 물론 변호사가 돈만 밝히면서 속물적인 모습을 보이는 것은 바람직하지 않다. 하지만 변호사도 먹고 살아야 하고 어떻게 하면 돈을 잘 벌 수 있을지 '효율'이라는 면을 생각해야 한다. 이동석의 국선변호인이 말한 30만 원은 10여 년이 지난 지금 40만 원으로 인상되었다. 여기서 3.3%의 세금을 공제한 38만 6,800원이 사건이 종결된 후 국선변호인의 통장으로 입금된다. 이동석의 국선변호인은 영장 단계부터 사건을 담당 했으므로 10만 원이 추가로 지급된다. 공판기일에 여러 차례 출석하였거나 구치소 접견을 많이 한 경우라면 약간의 금액이 증액된다. 하지만 증액되는 금액이 크지 않기 때문에 변호사 입장에서는 사건을 빨리 끝내고 다른 사건을 맡는 것이 효율적이다.

국선변호인들이 검찰 조사에 참여하는 경우를 거의 찾아볼 수 없는 것도 이 때문이다. 검찰 조사는 아무리 짧아도 2시간이 소요되고 경우에 따라 5~6시간 동안 진행되기도 한다. 조사 참여는 상상하는 것보다 훨씬 지루하고 피곤한 과정이다. 그러나 국선변호인이 조사에 참여해도 몇만 원 증액되는 것이 전부다. 몇 건을 수행하든 월수입이 고정적인 국선전담변호사들은 효율성을 추구할 동기가 더 크다. 어렵고 힘든 사건을 아무리 많이 맡아도 받는 돈이 똑같다면 굳이 고생할 이유가 없다. '사명감'이라는 미명하에 국선변호인에게 열정적인 변론을 요구하기에는 세상이 바뀌었다.

'선'을 정할 필요

필자가 국선전담변호사 출신으로서 일부 동료 국선변호인들의 불성실한 변론을 옹호하려는 것은 아니다. 현실과 이상의 차이 그리고 현행 제도의 한계를 인정하면서 국선변호인이 지켜야 할 최소한의 '선'을 정하자는 것이다. 세상은 국선변호인에게 과도한 기대를 갖거나 무리한 요구를 하지 말고, 국선변호인도 법이 정한 본인의 최소한의 본분을 지켜야 한다. 국선변호인은 억울한 피고인을 구해주는 사람이 아니다. 억울하지 않은 피고인도 절차적으로 부당한 일을 당해서는 안 된다. 피고인이 설령 억울할 것 하나 없는 사람이더라도 수사와 재판을 받는 과정에서 발생할지 모르는 권리의 침해를 최소한으로 막아주는 것이 국선변호인의 역할이다.

영화에서는 부당한 거래가 끊임없이 이어진다. 경찰은 무고한 사람을 잡아 고문 후 자백시키지만, 잡힌 사람은 무고한 사람이 아닌 진범이었다. 검사는 경찰 수사과정에서 벌어진 위법을 눈치채지만 이후 검사와 경찰은 술자리를 함께하며 호형호제 한다. 검사가 엮인 거대한 비리가 드러나지만, 해당 검사는 승승장구한다. 이러한 부당한 거래의 와중에 국선변호인은 아주 작은 비중을 차지한다. 하지만 사람들은 언젠가 진실이 밝혀지고 정의가 세워질 것이라 기대한다. 그리고 역사는 그렇게 흘러가고 있다고 믿고 있다. 나중에 부당한 거래가 모두 밝혀졌을 때 세상은 미미한 역할을 했던 국선 변호인에 대해서도 다시 평가할 것이다.

　사람들은 이동석의 국선변호인을 불성실한 변호인으로 인식한다. 사람들의 기억에는 이동석의 국선변호인이 '30만 원' 운운한 것만 남아 있다. 하지만 이동석의 국선변호인은 검찰 조사실까지 찾아가 피의자와 면담을 진행한 매우 성실한 국선변호인이었다. 이동석이 진범이었다는 점을 고려할 때 '괜히 쓸데없는 주장을 해서 형량을 더 높이지 말라.'라는 국선변호인의 조언은 결과적으로 정확했다. 국선변호인이 지켜야 할 최소한의 선을 정하는 작업은 이동석의 국선변호인 정도면 사실 꽤 성실한 변호인이라는 현실을 인정하는 것에서부터 시작해야 하지 않을까?

참고문헌

---

01. 선악과

- 최종고, 『제3전정신판 법학통론』, 박영사, 2014

- 장 자크 루소, 박은수 역, 『사회계약론 외』, 올재, 2011

- 성낙인, 『제10판 헌법학』, 법문사, 2010

02. 개구리들의 임금님

- 성낙인, 『제10판 헌법학』, 법문사, 2010

- 이솝, 이다온 엮음, 『재미와 교훈이 있는 이솝이야기』, 대일
  출판사, 2020

- 이종택, 「시리아 국내갈등 해결전망」, 중동문제연구, 제12권
  2호, 2013

- 정의길, 『이슬람 전사의 탄생 - 분쟁으로 보는 중동 현대사』,
  한겨레출판, 2015

03. 대니쉬걸

- 박기주, 「성전환자의 성별 기준에 관한 입법적 과제」, 입법과
  정책, 제5권 제2호, 국회입법조사처, 2013

- 임웅, 『제7정판 형법각론』, 법문사, 2016

- 박해현, 「[만물상] 성전환자의 성별」, 조선일보, 2019. 12. 18.

04. 300

- 성낙인, 『제10판 헌법학』, 법문사, 2010
- 이훈희, 「장애인 권익 관점에서 본 영화 〈300〉」, 오마이뉴스, 2007. 4. 2.
- 임용한, 「변화 두려워한 10만 페르시아군, 5,000명에게 참패」, 이코노미 조선, 2018. 8. 6.
- 이희수, 「키루스 대왕의 지혜가 필요할 때」, 중앙일보, 2019. 6. 6.

05. 양치기 소년

- 성낙인, 『제10판 헌법학』, 법문사, 2010
- 유민상, 박종석, 「한국의 아동노동: 아동노동은 어떻게 이용되고, 규제되고 금지되었는가?」, 어린이재단 연구논문 모음집, 초록우산 어린이재단, 2016

06. 플랜더스의 개

- 성낙인, 『제10판 헌법학』, 법문사, 2010
- 위다, 이상미 역, 『플랜더스의 개』, 한국삐아제, 2009

07. 개미와 베짱이

– 성낙인, 『제10판 헌법학』, 법문사, 2010

– 석재은, 「기초연금 도입과 세대 간 이전의 공평성」, 보건사회
연구 35(2), 2015

– 한정숙 외 11명, 「이솝우화, 「개미와 베짱이」 다시 읽기」, 초
등우리교육 1998. 12, 우리교육

08. 강철중: 공공의 적 1-1

– 이상수, 「미국 법규상 기업 내 위법행위와 기업변호사윤리 그
리고 그 함의」, 서울대학교 법학 49(4), 2008

09. 토끼의 재판

– 이시윤, 『제5판 신민사소송법』, 박영사, 2010

10. 솔로몬의 재판

– 이시윤, 『제5판 신민사소송법』, 박영사, 2010

– 임미나, 「변호인에게 "한심하다 한심해." … 막말 판사 여전」,
연합뉴스, 2016. 1. 20.

11. 오디세이아

- 호메로스, 김대웅 역, 『오디세이아』, 아름다운날, 2018
- 지원림, 『제9판 민법강의』, 홍문사, 2011

12. 아버지의 유언

- 지원림, 『제9판 민법강의』, 홍문사, 2011
- 맥스 I. 디몬트, 김구원 역, 『책의 민족- 유대인 디아스포라 4천 년의 역사』, 교양인, 2019

13. 블레이드 러너

- 필립 K. 딕, 박중서 역, 『안드로이드는 전기 양의 꿈을 꾸는가?』, 폴라북스, 2013
- 복도훈, 「안드로이드- 리플리컨트 프롤레타리아트의 출현 (『안드로이드는 전기양의 꿈을 꾸는가?』(1968)와 「블레이드 러너」(1982;1983)를 중심으로)」, 한국예술연구 2017(16), 한국예술종합학교 한국예술연구소
- 이해원, 「인공지능과 제조물책임」, 정보법학 제25권 제2호, 2021
- 지원림, 『제9판 민법강의』, 홍문사, 2011

14. 삼국지

- 나관중, 이문열 평역, 『삼국지』, 민음사, 1988

- 남민준, 「조조에게 간 장합, 원소가 전직금지 가처분 신청한
  다면?」, 머니투데이, 2020

- 김범희, 「기업의 영업비밀 보호와 퇴사 근로자에 대한 전직금
  지 청구」, 발명특허 29건 제9호, 2004

- 사법연수원, 『부정경쟁방지법』, 2010

15. 베니스의 상인

- 맥스 I. 디몬트, 김구원 역, 『책의 민족- 유대인 디아스포라
  4천 년의 역사』, 교양인, 2019

- 지원림, 『제9판 민법강의』, 홍문사, 2011

- 이시윤, 『제5판 신민사소송법』, 박영사, 2010

- 사법연수원, 『민사집행법』, 2018

16. 중재자 여우

- 지원림, 『제9판 민법강의』, 홍문사, 2011

- 이시윤, 『제5판 신민사소송법』, 박영사, 2010

17. 카인과 아벨

- 성낙인, 『제10판 헌법학』, 법문사, 2010

- 신호진, 『2011년판 형법요론[총론]』, 문형사, 2011

- 이동희, 「[말씀이 있는 그림(4)] 인류최초의 살인 사건- 카인
  과 아벨 이야기」, 기독교사상 53(4), 기독교사상, 2009

18. 지킬 박사와 하이드

- 로버트 루이스 스티븐슨, 김세미 역, 『지킬 박사와 하이드』,
  2004, 문예출판사

- 신호진, 『2011년판 형법요론[총론]』, 문형사, 2011

19. 마이너리티 리포트

- 신호진, 『2011년판 형법요론[총론]』, 문형사, 2011

- 필립 K. 딕, 조호근 역, 『마이너리티 리포트』, 폴라북스, 2015

20. 빠삐용

- 최용현, 「영화 빠삐용(Papillon)」, 전력전자학회지 18(4), 전력
  전자학회, 2013

- 사법연수원, 『형사증거법 및 사실인정론』, 2008

21. 크루서블

- 사법연수원, 『형사증거법 및 사실인정론』, 2008

- 노동욱, 「아서 밀러의 크루서블에 나타난 폭력 메커니즘 다시 읽기」, 한국문학과종교학회 21(4), 문학과 종교, 2016

- 양정호, 「1692년 세일럼 마녀재판을 통해서 본 17세기 뉴잉글랜드의 종교문화」, 젠더와 문화 8(2), 계명대학교 여성학연구소, 2015

22. 피노키오

- 카를로 콜로디, 이윤진 역, 『피노키오』, 한국삐아제, 2009

- 장정희, 「카를로 콜로디의 「피노키오의 모험」과 로베르토 베니니의 〈피노키오〉: 욕망의 방출과 길들이기」, 문학과 영상 4(2), 문학과영상학회, 2013

- 임웅, 『제7판 형법각론』, 법문사, 2016

23. 프랑켄슈타인

- 메리 셸리, 임종기 역, 『프랑켄슈타인』, 문예출판사, 2004

- 오세연·강현아, 「아동학대 정책 변화 시점별 뉴스 분석(텍스트마이닝을 활용하여)」, 한국아동복지학 70(3), 한국아동복지학회, 2021

- 한국보건복지인력개발원, 「아동학대실태조사(방임 아동을 중심으로)」, 2006년도 인권상황실태조사 연구용역보고서